超越の道シリーズ❹

ブッダの道

The Disecipline of Transcendence

OSHO

市民出版社

Originally English title: The Discipline of Transcendence vol.4

この本の内容は、OSHOの講話シリーズ からのものです。
本として出版されたOSHOの講話はすべて、音源としても存在しています。
音源と完全なテキスト・アーカイヴは、www.osho.comの
オンラインOSHO Libraryで見ることができます。

Japanese language translation rights arranged with OSHO International Foundation,
Zurich,Switzerland through Tuttle-Mori Agency, Inc.,Tokyo

はじめに

この本はブッダの生についてのものではなく、ブッダという人物や、そのマインドについてのものでもない。それは仏教経典についての注釈ではなく、ブッダが語る考えの収集でもない。それは仏性(ブッダフッド)についてのものではない。実のところ、それは全く仏教についてのものではない。

そして一つおきに載せられている章はブッダの言葉で始まるが、あなたはそこに老子、キリスト、クリシュナ、マハーヴィーラ、モハメッドをも読み取るだろう。これは比較宗教学の本ではない。それは全く宗教に関するものではない。

ＯＳＨＯは経典とそれの著者について、注釈者が経典の意味を分析しようとするような仕方では話さずに、そのメッセージをより理解できるようにさせ、そして近づきやすくさせる。彼がそれらに言及するなら、それはブッダと同じ側からその景色を見ている人のものになり、その景色についての描写や、その外側にいる私たちに届く伝言のすべてが経典そのものになる。

この本は経典だが、それは何世紀にもわたる誤解と偏見に囲まれた別の時代からの、死んだ経典ではない。それは私たちの時代のための経典であり、その影響力は即時で力強い。それは古くからの問題の今日的バージョン――男性と女性のエネルギーの違い、スピリチュアルな冒険と実験に対する貪欲さ、現代的な教育と社会の抑圧的影響、セックスへの没頭、自己認識の喪失と自己表現の必要性――で生きている人々に対して語りかける。

しかし、この本はただ書かれた経典であるだけで、生きている真実ではない。それを見つけて体験するためには、あなたは彼のアシュラムがあるここまで旅をしなければならない。そこではＯＳＨＯが生きていて、他のすべての光明を得た人たちや、他のすべての覚者（ブッダ）たちのスピリチュアルな一群の中で、彼らの側から見た信じられないほど美しい世界の景色について毎朝私たちに語りかけ、彼らに加わるよう永遠に促し、招いている。

スワミ・アナンド・ヴィートモハ

ブッダの道

◉目　次

CONTENTS

第一章 八正道

The Eightfold Way

ブッダは言った。

道に従う者とは、単独で多数の敵と戦う戦士のようなものだ。
彼らはみんな鎧兜に身を固めて、砦から出て行くかもしれない。
だが、彼らの中には臆病な者もいれば、途中まで行って退却する者、
戦いで殺される者、そして勝利を収めて我が家に帰る者もいる。
おお僧侶よ、もし光明を達成したいと思うなら、
断固たる心と勇気を持って着実に自分の道を歩むべきであり、
どんな環境に遭遇しても恐れ知らずでいなければならず、
あなたが出くわす可能性のあるすべての悪い影響を、打ち砕かなければならない。
このようにしてあなたは目標に到達する。

ゴータマ・ザ・ブッダには、抽象概念や哲学、形而上学への傾倒はない。彼は非常に実践的で、地に足がついた実用的な人だ。彼は非常に科学的だ。彼のアプローチは思想家のものではない。そのアプローチは実存的だ。彼が達成してブッダになった時、神々の中の神ブラフマーが彼のところ

に来て、「あなたの証人は誰なのだ？　あなたはブッダになったと宣言するが、あなたの証人は誰なのだ？」と尋ねたと言われている。ブッダは笑い、手で大地に触れて、「この大地が、この固い大地が私の証人だ」と言った。

彼は非常に素朴で、大地を自分の証人にした。彼は空が証人だと言えただろうが、そうは言わなかった。彼は太陽や月、星が証人だと言えただろうが、そうは言わなかった。彼は大地に触れて、「この固い大地が私の証人だ」と言った。彼のすべてのアプローチはそのようなものだ。

これらの経文に入る前に、彼の基本的な段階を理解しなければならない。

ブッダの道は「八正道」と呼ばれている。彼はそれを八つの部分に分けた。それらの区分は任意的で、ただ実利的なだけで、道は一つだ。それは本当は分割されてはいない。それはあなたが簡単に理解できるように分割されている。これは非常に基本的なものだ。あなたが道についてのこれら八つの段階を、八つの分割を理解できるなら、道はまさにあなたの前に開かれる。あなたは既にその道に立っているが、それに気づいていない。あなたのマインドはどこかを彷徨っている。道はあなたの前にある。だから、できるだけ深くこれらの八つの段階を理解しようとしてごらん。

一つ目は、正しい見方（正見）だ。

そしてこれら八つの段階は、すべて正しさに関係している――正しい見方（正見）、正しい意図（正思惟）、正しい発言（正語）、正しい道徳（正業）、正しい生活（正命）、正しい努力（正精進）、正しい留意（正念）、そして八番目は、究極の正しいサマーディ（正定）だ。「正しい」という言葉がまず理解されなければならないのは、サムヤック samyak というサンスクリット語がとても意味深く、含蓄に富んでいるので、それを翻訳することはできないからだ。「正しい」は、多くの理由で実にお粗末な翻訳だ。

まず、「正しい」という言葉は、まるでそれが、間違いの反対であるかのような考えをすぐに抱かせる。サムヤックは決してそんな考えを抱かせない。サムヤックは間違いの反対ではない。ブッダの「正しさ」は間違いの反対ではない。それはブッダが「間違いは多く、正しさは一つだ――それならどうして、正しさが間違いの反対であり得るだろう?」と言っているからだ。健康は一つで、病気はたくさんある。病気と同じだけ多くの数の健康はない。だから健康は病気の反対ではあり得ない。そうでなければ、実に多くの健康があっただろう。ある人は結核を患っていて、それから彼は健康になる。ある人は癌を患い、そして健康になる。ある人はインフルエンザにかかり、そして健康になる。これらの三つの健康は、健康が三つあるわけではない。病気は違うが、健康は一つだ。そして一つは多くのものの反対になることはできない。

正しさと間違いについても全く同様だ。正しさは一つで、間違いは数多い。間違いを考え出し続けることはできるが、正しさを考え出すことはできない。それはあなたに左右されない。正しさとはあなたが全体と調和している状態のことだ。それは健康を意味してもいる。全体と調和している時、あなたは健康だ。音楽があなたと全体の間を流れていて、そこに邪魔物はない。あなたは幸せを感じる。雑音はなく、すべては調和している。個人が普遍的なものと調和している時、正しさが存在し、健康が存在する。調和しない時、とても多くの間違いが生じる——それらに限界はなく、終わりはない。そしてあなたは新しい間違いを考え出すことができる。

人類は、以前には蔓延していなかった多くの新しい病気を生み出した。古い経典、アーユルヴェーダの経典では、それらの多くの病気について言及されていない。人々は、それらの病気が言及されていないのはアーユルヴェーダがまだ科学について充分ではなかったからだ、と考えた。だから彼らはそれらの病気を診断できなかったのだ、と。それは真実ではない。アーユルヴェーダは完全な科学になっていた。だがそれらの病気は存在しなかった。どうすれば、存在しない病気を診断できるだろう？　それらは存在していなかった。裕福な人々に、非常に金持ちだけがかかる病気がわずかにあった。それらは宮廷病と呼ばれた。結核は「王族」と呼ばれた。それは普通の病気ではなかった。今や全世界は王族になった。現在、全世界は裕福さに、豊富さに苦しんでいる。余暇は多くの物事を、多くの新しい病気を入手可能にした。

癌は非常に新しい病気だ。それはマインドが非常に心配している時にだけ、心配が傷のようになる時にだけ存在できる。そして精神にあるその微妙な傷の周りで、それに対応する身体の病気が生じる。それが癌だ。だから癌は不治のように見えるのだ。身体側から治療する方法はない。それはマインドの側からだけ治療できる。基本的にそれがマインドで生じるからだ。
それぞれの時代に独自の病気がある。それぞれの時代に独自の悪習がある。そしてそれぞれの時代は、独自の罪を作り出す。しかし美徳は永遠であり、時代を超えている。聖人であることは、どんな時代とも、どんな時期とも関係がない。それは歴史的なものではない。それは実存的なものだ。

ブッダは、正しさはあなたが考え出したものではない、と言う。それは既にそこにある。それから遠ざかるなら間違いになり、それに近づくなら正しい。近づけば近づくほど、あなたは正しい。ある日、あなたがまさに我が家にいる時、あなたは完全に正しい。サムヤックとサマーディは、同じ語源サムから派生している。サムヤックはサマーディへの段階だ。サムヤックを理解しなければ、サマーディを理解することはできない。

だから、七つの段階は究極的には最終的な段階に繋がる。「サマーディ」とは、今すべてが存在と調和したことを意味する。不備な点は存在しない。その音楽は全く完璧だ。しかし英語には「正しい」より良い言葉がないので、あなたはそれを理解しなければならない。仏教的な意味での「正しい」という用語は、バランスが取れていて、中心が定まり、地に根差して、調和して、穏やかであること、これらすべてのことを意味する。だが、それを翻訳する同義語が英語に存在しなくても、基本的なことは理解できる。

しかし覚えておきなさい。それは間違いとは関係がない。間違いは人間が考え出したものであり、正しさは神だ。正しさとは、あなたがしなければならないことではない。あなたは正しく誕生した。間違いは、あなたがしなければならないことだ。あなたは間違って誕生していない。すべての子供は調和して誕生する。だから子供はとても美しいのだ。これまで醜い赤ん坊を見たことがあるだろうか？　それは起こらない。すべての赤ん坊は美しいが、すべての大人たちが美しいわけではない。だから何かがどこかで間違ってしまったに違いない――なぜなら、すべての赤ん坊は美しいからだ。彼らがどんな訓練とも無関係な優美さを、途方もない優雅さを持っているのは、彼らには何かを訓練する時間がないからだ。彼らはどんな下準備もなしに世界に入って来る。彼らはただそこにいて、とても幸福でとても静かで、とても調和が取れている。大変な優美さが彼らを取り囲んでいる――まるで存在全体が彼らを保護しているかのように。それから次第に、彼らは人間の方法を学んで間違うようになる。そうして醜さが現われる。それから美しい目はぞっとするものになり得る。美しい顔は嘆かわしい顔になり得る。美しい身体はすべての優美さを失い得る。そして美しい知性は……。すべての子供は知的に誕生する。それが物事のあり様だ。知的な子供は愚かに、平凡になり得る。これらは人間の仕業だ。

間違いは人間の仕業であり、正しさは神のものだ。あなたはそのために何もすべきではない。間違いを生み出すためにしてきたことを、すべて止めればいい。そしてそこに正しさがある時、あなたは自分が正しいとは感じない。だから再び繰り返すが、それは間違いの反対ではない。あなたが正しい時、あなたは単に自然でいる。あなたには正しいという感覚がない。あなたには自分は偉大な聖人だという感覚がない。その感覚があるなら、あなたはまだどこかで間違っている――なぜなら、そのエゴは耳障りな音色だからだ。それは音楽が流れるのを許さない。

「正しさ」はバランスが取れていて、緊張がなく、中心が定まっていることを意味する。あなたは存在において見知らぬ者ではない。それが「正しい」の意味するところだ。あなたは家にいる。この存在はあなたの家族だ。あなたは異質な者ではない。西洋でも東洋でも、現代のマインドは絶えず疎外感について話したり考えたりする。つまり、人は部外者になり、見知らぬ者になった、私たちはまさに地球上の偶発的な存在のように思える、と。実存主義者はそれにふさわしい言葉を持っている。彼らが言うには、私たちはここに放り捨てられたことになる。放り捨てられただと？　見捨てられた！　追放された！　罰せられた！　そしてこの存在は私たちに敵対している。あなたはそれを証明できる。とても多くの病気がある――死がある。とても多くの挫折、失敗がある。人々は、人が事を計り、神が事を成す、と言い続ける。

そう、もちろん人は運命づけられている。まさに最初から運命づけられている。人は大きな欲望を持ちながら、全くどんな実現の可能性もなしに生まれてくる。どうしてこの存在があなたの我が家であり得ようか？　それはあなたの家族ではあり得ない。

正しさは、あなたが自分は我が家にいると感じ始める時にある。何も異質ではなく、何も見知らぬものではない。

ブッダは、あなたがいるなら、あなたは間違っている、と言う。なぜならあなたがいる時はいつでも、あなたは存在から離れているからだ。あなたがいない時、あなたは正しい。この逆説に耳を傾けてごらん。それは最も美しい逆説の一つだ。ブッダは、あなたがいる時、あなたは間違っている、と言う。あなたの存在が間違いになる。「私は在る」というまさにその分離そのものが、障壁を作り出す。そうするとあなたは溶けず、凍って角氷のようになり、死んで閉じてしまう。それからあなたは境界を持つようになる。

あなたが溶け始め、「存在はある、そして私は一部分に過ぎない」と感じ始め……そしてくつろぎ、手放しがある時、あなたは消える。その時あなたは正しい。あなたがいない時、あなたは正しい。

これらの八つの段階は、やがてあなたが量子的跳躍をして全く消え去る、その途方もない勇気に、その究極の勇気に至る方法についての指標に過ぎない。自己が消える時、普遍的な自己が生じる。

一つ目は正見だ。

ブッダは、どんな見解も持たずに物事を見なさい、さもなければあなたは決して現実（リアリティ）を見ることはない、と言う。どんな哲学もなく、どんな先入観もなく、どんな教義、信条、経典もなしで物事を見なさい。ただ見なさい。物事をあるがままに見なさい。事実に基づいていなさい。虚構を作り出してはいけない。先入観を持って何かを探しているなら、あなたはそれを見つけるだろう――それがトラブルになる。既に信念でいっぱいなら、あなたはそれを見つけ出す。なぜならマインドはとても創造的で、とても想像豊かで、自己催眠の能力に長けていて、それが信じるものは何でも創造できるからだ。ブッダは、どんな信念も持たずに現実（リアリティ）に生きなさい、と言う。信念は障壁だ。

あなたはそれを見たことがあるに違いない。

あなたがヒンドゥー教徒として誕生するなら――つまり、幼年期からヒンドゥー教徒によって条件付けられるなら――それはあなたがヒンドゥー教の犠牲者であることを意味する。そしてイスラム教徒やキリスト教徒、ユダヤ教徒、ジャイナ教徒、共産主義者にも同じ事が言える。人類全体は、この宗派やその宗派の、この先入観やその先入観の、この信念やその信念の犠牲者だ。

あなたがヒンドゥー教徒として誕生し、特定の教義で条件付けされ、そして瞑想し始めるなら、あなたはクリシュナやラーマの幻影を見始めるだろう。それはあなたが教えられてきたものに、あなたのマインドに押し付けて刻み込んだ者に依存する。だが、キリストは決してあなたのところには来ないだろう。キリストはキリスト教徒のところに来る、ブッダは仏教徒のところに来る、マハーヴィーラはジャイナ教徒のところに来る。モハメッドは決して、ジャイナ教徒のところには来れない。それは不可能だ。その考えを思いつくことさえ不可能だ。夢の中でさえ、モハメッドはジャイナ教徒のところに来ない。何が起こっているのだろう？　これらのブッダたちやマハーヴィーラたち、キリストたちは本当に来ているのだろうか？　または、あなた自身の信念が彼らを生み出しているのだろうか？　あなた自身の信念が彼らを生み出しているのだ。

共産主義者のところには、誰も来ない。彼の信念は、すべての宗教はナンセンスであり、人々にとっての阿片であり、できるだけ早く取り除かれるべき危険な毒だ、というものだ。それなら誰も来ない。それはあなた次第だ。あなたに信念があるなら、まさにその信念が夢になる。そしてあなたが非常に敏感で受容的なら、その夢は現実よりも本物に見える。実際、これは非宗教的な人々においても毎日起こっている。あなたは夜に夢を見て、夢を見るとその夢はまさに現実のように見える。あなたは一生夢を見てきて、毎朝それを非現実だと言って取り消す。しかしまた次の夜、あなたは夢を見て、その夢の中で再び現実のように見る。

夢を見る能力は信念に基づいて生きている。あなたが強い信念を持っているなら、夢を見る能力は信念と一緒になり、そのエネルギーを信念に注ぎ込み、その信念を現実にし、あなたは幻影(ビジョン)を見始める。ブッダはどんな幻影にも賛成していない――なぜなら彼は「幻影は必要ない。見るための明晰さだけが必要だ」と言うからだ。あなたのマインドはどんな夢も、偉大な聖者たちの、天国や地獄の素晴しい夢も見る必要はない。これらはすべてあなたの創造物だ。

正見とは、何であれ先入観を持たず、信念を持たず、意見を持たないことだ。それは難しい……。ブッダの道は骨が折れる。彼はあまりにも多くを要求する。それはほとんど超人的な偉業であるように思える。しかしそれは可能だ――そして、それが真実への唯一の道だ。

あなたに何らかの意見があるなら、あなたは真実に自分の意見を押し付けるだろう。あなたは毎日それをする。あなたが、この人は善良だという意見を私のところに持って来るなら、あなたはこの人は善良だと確信するようになる。この人は悪いという意見を持って来るなら、この人は悪いと確信するようになる。あなたの信念は、常にそれが見つけたいものを見つける。信念は非常に選択的だ。

私は聞いたことがある……。

ある少年が自動車のホイールキャップを盗んだ罪で告発され、再び法廷に連れて来られた。治安判事は彼の父親に訴えることに決めた。「ごらんなさい、」と判事は言った。「あなたの息子さんは、何度も窃盗罪で告発されてこの法廷にいたことがある。私はここで彼を見ることに、うんざりしている」

「私はあなたをとがめません、判事殿」と父親は言った。

「そして私は、あなたと同じくらいここで彼を見ることにうんざりしています」

「それならなぜあなたは、彼にどう行動すべきなのかを教えないのだ？　彼に正しい道を示しなさい。そうすれば彼はここに来ないだろう」

「私は既に、彼に正しい道を示しました」と父親は言った。

「しかし彼には学習能力がないようです。彼はいつも捕まります！」

さて、正しい道は判事と父親にとって違う。父親自身が泥棒だ。彼もまた少年が、二度と再び捕まえられないように「正しい道」を学ぶことを望んでいる。しかし彼の正しい道は、彼なりの正しい道だ。

マレーヴィは一生の夢を実現するために休暇を取ってスイスに行き、マッターホルンに登ることに決めた。彼はガイドを雇った。そして頂上に近づいたちょうどその時、彼らは雪崩に遭った。

三時間後、セントバーナードが顎の下にブランデーの小さな樽を結び付けて、彼らのところまで苦労しながら近づいて来た。

「やった！」とガイドは叫んだ。「人間の最良の友がやって来たぞ」

「ああ、」とマレーヴィは言った。「そして犬が持ってきたそれの大きさを見てごらんよ！」

さて、一人にとっては犬が人間の最良の友であり、もう一人にとっては犬の持参したボトルだ。

「ああ、」とマレーヴィは言った。「犬が持ってきたそれの大きさを見てごらんよ！」

それはあなたがどのように物事を見るかによる。あなたは同じ物を見ることができるが、同じ物を見ていないかもしれない。信頼して私の言うことを聞くなら、あなたは違ったように聞く。疑惑の念で私の話を聞くなら、あなたは私の話を違ったように聞く。弟子として聞くなら、あなたは違ったように聞く。あなたがただの部外者、訪問者として聞くなら――ほんのついでに、友人と一緒に来ただけなら、あなたは違ったように聞く。私が言うことは同じだが、それをどう解釈するかはあなた次第だ。正しい聞き方とは、あなたが誰でもない者として聞くことだ。賛成でも反対でもなく、何の先入観もなしに、ただ聞くことだ。マインドにどんな考えもなしに物事を見ることができるなら、ブッダはそれが正見だと言う。

正しい見方(正見)に概念化は必要ない。だからブッダは、私にどんな理論的な質問もしてはいけない、と言う。彼は神について何も言わない——神はいないということではない。彼がそれについて何も言わないのは、理論の構築は無意味だからだ。彼はあなたの目をそれに向けて開かせようとする。彼は、真実を知るためには目が必要だ、と言う——ちょうど、どんなに試みても、盲目の人に光がどんなものかを教えられないように。盲目の人に光について何も教えることはできない。もちろん、あなたは好きなだけ多くのことを教えて、彼はあなたが伝えるすべての情報を学ぶかもしれない。だがそれでも実際には、彼は光が何であるかを想像できないだろう。彼は理解できない。

それは起こった。

盲人がブッダのところに連れて来られた。彼は村を通過していて、村の人々は盲人にうんざりしていた。彼が非常に論理的で、非常に哲学的だったからだ。彼はとても議論好きだったので、光が存在しないことを証明していた。

彼はこう言った。「ちょっとそれを持って来てくれ。私はそれに触れたいのだ」または、「私が味わうことができるように、それを持って来てくれ」

あるいは、「それを持って来て、少なくともその匂いを嗅がせてくれ」、または、「それを持って来て、私がそれを聞けるように、太鼓のようにそれを叩いてくれ」と言った。

もちろん、光を太鼓のように叩くことはできないし、味わうことはできないし、その匂いを嗅ぐことはできない。それに触れることはできない。盲人は笑い、勝利に笑って、こう言った。

「あなたは馬鹿だ！　あなたは在りもしない何かを私に証明しようとしている。私には四つの感覚がある。それを証明してくれ！　私は用意ができている。私は心を開いている」

彼らはそれを証明できなかったので、盲人は彼らがこの光について、自分をただ騙そうとしているのだと思い始めた。

「やっている事の全体はまさに欺瞞、詐欺だ。実際のところ、彼らは私が盲目であることを証明したいのだ。彼らは私を侮辱している。私は盲目ではない。なぜなら光は存在しないからだ。では何の意味があるだろう？　光が存在しないなら、目の必要はない。目は単なる虚構だ」

彼は「あなた方はみんな盲目だが、あなた方は存在しない何かを夢見ている」と言う。

彼らがその男をブッダのところに連れて行くと、ブッダはこう言った。

「彼を私のところに連れて来てはいけない。私は医師を知っている——なぜなら彼には信念ではなく、光を見る視力が必要だからだ。彼には目が必要だ。彼には治療が必要で、光についての理論は必要ない。私は医師を知っている」

ブッダには非常に博学で立派な医師がいた。彼は王により、ブッダの身体の世話をするためにブッダのところに遣わされていた。盲人は医師のところに連れて行かれた。医師は盲人を治療し、六ヶ月以内に彼は見ることができた。

その頃までにブッダは別の町に移動していた。その男は走って踊りながらやって来た。彼は歓喜に震えていて、ブッダの足元に伏して「あなたは私を納得させました」と言った。

ブッダは言った。「馬鹿げた事を言ってはいけない。私は何もしていない。あなたの目があなたを納得させたのであって、他に方法はない」

ブッダはよく、私は哲学者ではない、私は医師だ、と言っていた。私はあなたの内側の目を治療したいと思う。そして最初の段階は正見だ。「正見」が本当に意味するものは、見解なしのマインドだ。あなたに何らかの見解があるなら、それは間違った見解だ。どんな見解もないなら、あなたは全く開いていて澄み切っている。その時あなたの窓は完全に開いていて、あなたにはどんな障害物もない。手に入れられるものは何でも見ることができる。ブッダはあなたが見るものについては、決して何も言わない。彼はあなたの盲目状態を治療する方法について、あなたの盲目状態から抜け出す方法について話すだけだ。

政治学を勉強しているムラ・ナスルディンの息子が父親に尋ねた。

「パパ、政治においてどんな人が裏切り者なの？」

「我々の政党を離れる者は、」とムラは言った。「そして他の政党に移る者は誰でも裏切り者だ」
「じゃあ、彼の政党を離れてあなた達のところに来る人はどうなの？」と若者は尋ねた。
「彼は改心者だ、息子よ」とナスルディンは言った、「本物の改心者だ」

さて、誰かがあなたの政党から別の政党に行く時、彼は裏切り者であり、誰かが他の政党からあなたの政党に来る時、彼は改心者だ。ヒンドゥー教徒がキリスト教徒になる時、ヒンドゥー教徒にとって彼は裏切り者であり、キリスト教徒にとって彼は改心者だ。そしてキリスト教徒がヒンドゥー教徒になる時、彼らは彼を歓迎する。彼の理解は戻り、彼は真実が何であるかを理解した。しかしキリスト教徒にとって、彼は裏切り者だ。

見解を持って生きるなら、どんな真実も見ることができない。見解は常に障壁になる。それは妨げ、歪めて、物事をあるがままに見るのを許さない。そして神はそうあるものだ。本物(リアル)を知るために、どんな見解も持つ必要はない。実のところ、本当に本物(リアル)を知りたいなら、見解を落とさなければならない。それがブッダが教える最初の放棄だ。すべての見解を落としなさい。すると正見が生じる。すべての見解は間違った見解だ。ヒンドゥー教徒、キリスト教徒、仏教徒、すべての見解は間違った見解だ。

見解のない人、意見のない人、固執すべき考えを持たない人、単なる鏡である人は現実(リアリティ)を反映する。

女性は伝道師が戒律を読み上げるのを聞いて、すべての戒律の後で彼女は「アーメン！」と叫んで残りの聴衆に加わった。

彼が「汝姦通するなかれ」という戒律に来た所で、彼女は言った。

「今、彼は余計な世話を焼き始めているわ」

何かは、それがあなたに適合しなくなるまでは完全に正しく見える――まるであなたが真実の試金石であるかのように、まるであなたが真実の基準であるかのように。それがあなたに適合していない瞬間、それは間違っている。これは間違ったアプローチであり、あなたがこのアプローチを取っているなら、あなたは本物（リアル）に決して到達しない。何かがあなたに適合しないと、自分に適合しないからそれは間違っているに違いない、と考えて問題を解決するのを急いではいけない。それはあなたに適合する必要はない。神にはあなたに適合する義務はない。現実（リアリティ）には、あなたに適合する義務はない。それがあなたに適合しないなら、正しく理解する人は、現実を否定するよりも彼自身を変えるだろう。

だからそれが苦痛を与えたり、現実が苦痛を与えたり、自分は適合していないと感じる時はいつでも、適合していないのはあなたであって現実ではない。そして見解がない人は、自分と現実の間に対立があることに決して気づかない。彼は常に現実に適合し、現実は彼に適合する――ちょうど手袋が手に合うように。これが正見だ。

二つ目の段階は、正しい意図(正思惟)だ。

私たちは結果指向で、ゴール指向で生き、意図を持って、欲望を持って生きている。「物事はこのようにあるべきだ。それなら私は幸福になる。このようにならなければ、私は不幸になる」。だから私たちはとても不満を抱えている。ブッダは、あなたの不満はあなたの意図から生じている、と言う。あなたの意図は現実(リアリティ)に逆らっているようだ。そのためあなたは失望する。

意図を捨て、欲望を捨て、現実と共に、それがどこへ導こうと、ただ瞬間から瞬間へ動きなさい。ただ流木になりなさい。ただ流れと共に漂いなさい。するとあなたは決して不満を感じないだろう。あなたと現実との間に対立がある時は、いつでも不満が生じる。そして覚えておきなさい、現実があなたに打ち勝ち、あなたが現実に打ち勝つことはできない。誰も神に勝つことはできない。それはあり得ないし、それは起こらない。

あなたは神と共にあってのみ、勝つことができる。あなたが成功する時はいつでも、どういうわけか、偶然あなたは神と共にいたに違いない、と覚えておきなさい。すべての成功は、単に次のことを意味している。つまり、知らないうちにあなたは神と共に歩いていたに違いない、それがあなたが成功した理由だ、ということだ。失敗とは、知らないうちにあなたは神に逆らって歩いていたに違いない、という意味になる。失敗は一つの表示であり、成功は一つの表示だ。

これを学んだ人はすべての意図を落とす。彼には個人的な欲望はない。彼はまさに、イエスが十字架の上で言ったことをそのまま言う。「御国を来たらせたまえ、御心のままに」と。彼は明け渡す。ブッダには神の概念がない。彼のアプローチはイエスのものよりも科学的だ。イエスはより詩的だ。神は詩であり、美しい詩だ。ブッダは詩人ではない、彼は非常に数学的だ。彼は、神について話す必要はない、と言う。たった一つのことを理解すればいい。それは意図を落とすことだ。どんな意図もない時、あなたには正しい意図（正思惟）がある。そしてあなたは八つのすべての段階で、この逆説を覚えていなければならない。

「正思惟」は、あなたの側に意図がないことを意味する。その時、宇宙があなたを通って流れる。それで宇宙は、あなたを通してその意図を成し遂げ続ける。あなたは乗り物になる。

「お願いです、」と小さな男は祈った。「あなたは私を知っています。私はいつもあなたに祈っていますが、それでも私の一生は不運と惨めさ、病気と絶望以外に何もありませんでした。そして隣の肉屋を見てください。彼は人生で一度も祈ったことがないのに、繁栄と健康、喜びしかありません。私のような信じる者が常に困難に遭っていて、どうして彼は常に良いことになっているのですか？」

突然、大きな轟く声が彼の耳の中で響いた。

「なぜなら肉屋は、そんなに私をうるさく悩ませないからだ。それが理由だ！」

さて、あなたの祈りは「うるさく悩ませる」ものになり得る。

あなたの祈りとは何だろう？――あなたの祈りはあなたの意図であり、あなたが満たしたい欲望だ。あなたの祈りとは何だろう？――あなたの祈りは常に神に反している。その馬鹿らしさを見てごらん。あなたは神に祈っているが、祈りは基本的に神に反している――なぜならそれが神に反していなければ、祈る意味はないからだ。あなたは病気だ。あなたが神を信頼する意味は、神はあなたが病気でいることを望んでいて、それをあなたは知っている、ということだ。あなたがこの瞬間にいる方法はこれだ。これこそが神の意志だ。あなたはそれを受け入れる。その時、あなたの祈りはただ感謝でしかない。あなたは何も請い求めず、ただ神に感謝するだけだ。「私を病気にしてくださってありがとうございます。あなたに感謝します。私はそれが必要であるに違いないことを知っているからです。私は理解していないかもしれませんが、必要なものは何でも、それが必要な時はいつでも、あなたが私に与えてくださっているのを私は知っています」

あなたは寺院や教会、モスクに行って助けを求めたりしない。もし求めるなら、あなたは神に逆らっている。既に起こったものは、それが何であれ、全体の意志に反して起こることはあり得ない。それが暗い夜なら、あなたは暗い夜を必要としているに違いない。

あるスーフィーの神秘家は、毎日の祈りでこう言っていた。

「ありがとうございます、我が神よ――あなたは常に、何でも私に必要なものを与えてくれます」

彼の弟子たちは非常にこれに悩まされた。なぜなら彼らは、彼が貧しく、空腹で、夜休む場所がどこにもない時を何度も見てきたからだ。それでも、彼は一日に五回神に祈るし、「ありがとうございます。私は何と感謝したらいいのでしょう――私に必要なものは何でも、あなたは常に与えてくれます」と言う。

ある日、それは度が過ぎていた。彼らは三日間空腹で、誰も彼らに食べ物を提供しなかった。三日間、彼らは町の外にある木の下で眠っていた。その町は非常に敵対的で、彼らを殺す用意があった。そして四日目の朝、神秘家は再び祈り、こう言っていた。

「ありがとうございます。私に必要なものは何でも、あなたは常に与えてくれます」

一人の弟子は我慢ができず、こう言った。

「この馬鹿げたことを止めてください！　すべてには限度があります。あなたは神に何を感謝しているのですか？　三日間私たちは空腹で、喉が渇いていて、雨宿りの場所もありません。夜は寒くて凍え死にそうなのに、あなたは感謝しています！　何のためにですか！　神はあなたに何を与えたのですか！」

神秘家は笑って言った。「この三日間、私は空腹でいる必要があり、雨宿りの場所もなしでいる必要があった。それは私の成長の一部だった。この三日間は、私に途方もなく良いことをしてくれた。それは大きな恩恵だった。それは必要なものだった。神は何であれ常に必要なものを与えてくれる」

実際に、神が与えるものは何でも、何であれ必要なものだ。

しかしあなたが祈る時、あなたの祈りは常に「うるさく悩ませる」ものだ。あなたは不満を言っている。あなたは気難しくて、不機嫌だ。あなたはこう言っている。
「何も正しくはなく、すべては間違っています。それを正しくしてください！　さもなければ私はあなたを、もはや信じなくなるでしょう。あるいは無神論者になるつもりです。あなたが存在するなら、これらの事をしてください。あなたが存在しないなら、もう終わりです。私はもうこれ以上、祈るつもりはありません」

あなたの祈りは一種の賄賂なのだろうか？　あなたは自分の欲望を満たすように、神を説得するためにだけ神を賛美するのだろうか？　ブッダは、真に宗教的な人は彼自身の意図を持っていない――そしてそれが彼の正しい意図だ、と言う。彼は私的な生を生きておらず、分離した生を生きていない。彼は宇宙と共に動く。彼は宇宙と一つだ。彼には分離したゴールは、分離した運命はない。全体の運命が彼の運命だ。その時、その人は神聖になる。

もちろん、意図を持たない人は瞬間から瞬間へと生きる。彼は未来のためには計画できない。何であれこの瞬間に必要なものに対して、それに応じて応答する。彼は自発的であり、応答能力がある。私が「応答能力 responsible」という言葉を使う時、私はその本来の意味で使う。彼は応答 response の能力がある able。彼は応答することができる。完全に応答することができる。なぜなら彼には彼自身の意図がないからだ。彼はただ単に「イエス！」と言うことができる。そして彼は全面的にそれを言うことができる。彼は何も差し控えない。彼のイエスは、嫌々ながらのイエスではない。それは花のようなもの……開花して、存在にその香りを放っている花のようなものだ。

正しい意図の人は、どんな緊張もなく生を生きる。「意図 intention」という言葉を見てごらん。それは緊張で作られている。すべての意図は緊張を引き起こす。それは「内 in」と「緊張 tension」の二つの言葉で作られている。あなたの内側の現実（リアリティ）が緊張している時、それはIN TENSIONになる。あなたの内側の現実がくつろいでいて、緊張がない時——あなたはどこにも行こうとしていなくて、何も追いかけてなく、何も求めていない。あなたはただ、ここと今にいて、くつろいでいる——その緊張のない、または意図のない状態をブッダは正しい意図と呼ぶ。なぜならその時突然、宇宙があなたの中を流れ始めるからだ。あなたは中空の竹のようになる。あなたはフルートになる。

三つ目は正しい発言（正語）だ。

ブッダは、そう在るものだけを言いなさい、と言う。決して虚構の中に入ってはいけない。真実で本当のことだけを言いなさい。あなたが体験したことだけを言いなさい。決して、他人の経験について話してはいけない。あなたが神を知らないなら、神については何も言わないようにしなさい——あなたが言うことは何でも歪曲になり、冒涜になり、罪になるからだ。あなたが言うことは、何でも間違いになるからだ。あなたが神を知っていたなら、その時にだけ言いなさい。さもなければ言ってはいけない。正しい発言（正語）というブッダの格言が聞き入れられるなら、世界はより美しくなり、混乱は少なくなる。彼は、あなたが体験し、あなたの体験に基づいていて、あなたの体験に根差していることだけを言いなさい、と言う。決して他の何かを言ってはいけない。

ちょっとそれについて考えてごらん……私たちは、自分が決して体験したことがなく、何も知らない物事をどれほど多く話し続けていることだろう。聞いたことがあるかもしれないし、読んだことがあるかもしれないが、それは何かを発言できるようにさせるものではない。それはすべて借りもので、借りものは決して真実ではない。そう在るものだけを話しなさい。虚偽ではなく、事実に基づいていなさい。

ブッダは神話を作らなかった。彼の声明には詩や作り話が、装飾が一切ない。彼は決して自分の声明を飾らない。それらは剥き出しで、どんな美しい飾り立てもない。彼は、あなたが作り話で遊び始めるなら、そこに終わりはないと言う。そして世界の多くの宗教は、九十九パーセントが作り話だ。ヒンドゥー教徒は、一つの地獄と一つの天国がある、と言う。ジャイナ教徒は、七つの地獄と七つの天国がある、と言う。

マハーヴィーラの時代にゴーサーラという教師がいた。誰かが彼に尋ねた。「あなたはどう思いますか？　なぜならヒンドゥー教徒は一つの天国、一つの地獄だけを信じているからです。そしてマハーヴィーラの弟子たちは、ヒンドゥー教徒は充分深く追求しなかったが、自分たちのマスターはより深く追求して、彼が言うには七つの地獄と七つの天国がある、と言っています」

ゴーサーラは笑い、「とんでもない！　私は七百の地獄と七百の天国があるのを知っている」と言った。さて、あなたは遊び続けることができる。それには終わりはなく、それを証明する必要はない。宗教の名において作り話は続けられる。いろいろな馬鹿げた事を、宗教の名において言うことができる。それらが真実であるかどうかを判断する方法はない。それらを有効か無効にする方法はない。あなたは証明も反証もできない。だからいろいろなナンセンスが続いているのだ。地球上には三百の宗教があり、すべての宗教には独自の作り話がある。それらはすべて虚構だ。それらがただの虚構なら、全く問題はない。それが理解されるなら、あなたが作り話を楽しみたいなら、楽しむがいい。

クリシュナムルティが推理小説を読み続けているのを、知っているだろうか？　彼は決してギータを読まず、決してコーランを読まず、決して聖書を読まない。彼は推理小説を読み続けている。誰も彼にその理由を尋ねることはなく、彼も答えたことはないが、私は理由を知っている――なぜなら、それはみんな同じだからだ。推理小説を読もうと、聖書やコーランを読もうと、全く違いはない。それらは宗教的な推理小説であり、それらは世俗的な推理小説だ。クリシュナムルティという資質を持つ人が推理小説を読むことに驚くかもしれないが、それは非常に示唆的だ。彼は率直に、すべては作り話だ、と言っている。そしてあなたが推理小説を読みたいのなら、なぜ二十世紀の推理小説を読まないのだろう？　なぜ遡ってつまらない原始的な物を読むのだろう？　なぜ新しいものを、最新のものを読まないのだ？

ブッダが言う正語の意味とは、虚構であってはいけない、秘教的（エソテリック）なものであってはいけない、ということだ。ただ絶対的に正直で本物でありなさい。質問がブッダにされた時、彼が沈黙したままでいて、答えなかったことが何度もあった。彼は「これはあなたのスピリチュアルな成長には必要ない。これは不要だ」と言った。誰かが「誰が世界を創造したのですか？」と尋ねると、彼はこう言った。「尋ねてはいけない。なぜなら仮にAが創造したとして、またはBが創造したとして、Cが創造したとして、あなたにとってどんな違いになるのだろう？　または、もし誰もそれを創造しないなら、そして誰も作らず、創造せずにそれがあったとしたら、それがどんな違いになるのだろう？　ただ現実のこと、経験上のことだけを尋ねなさい。あなたにとって、何らかの役に立ち得ることを尋ねなさい。馬鹿げた質問をしてはいけない」

さて、わかるだろう。彼は「これらの質問は馬鹿げている！」と言う。なぜなら答えは、いずれにせよあなたの成長に役立たないからだ。そしてこれらの物事について論争し続ける人々がいる。ある人は神がそれを創造したと言う。ある人は六日でと言う。ある人は、神はまだ創造している、創造は続いている、それは決して終わったことがない、まだ完成していない、と言う――そして彼らは争って口論し続ける。彼らは論争したいように見えるので、どんな言い訳でもする。そしてこれらが美しい言い訳であるのは、それらを終える方法がないからだ。無限にずっと続けることができる。そして「誰が神を創造したのだ？」と尋ねる人々がいる。今、彼らもまた適切な質問をしている。これらの質問は的外れであり、ブッダはこう言う。あなたが知っていることだけを言いなさい、ただ役立つものだけを言いなさい、ただ有益なものだけを言いなさい、と。軽薄であってはならず、虚偽であってはいけない。発言において誠実でありなさい。

それは起こった。

地方の政治指導者が、精神病院の収容者と話すために招待された。政治家が話し始めて約十分ほど進んだその時、後ろの者が立ち上がって大声で叫んだ。

「おい、お前は自分が何について話しているのかわかっていない！　そのうえ、お前は口数が多い。黙って座ったらどうだ！」

「あなたがその男を外に追い出すまで、ちょっと待とうか」と政治家は院長に言った。

「彼を外に追い出すのですか？」と院長は尋ねた。「もちろんだめです！　その哀れな男は八年間ここにいて、彼がこれまでに何か意味のあることを言ったのは初めてなのです」

政治家の演説を聞いたことがあるだろうか？　彼らは話しに話し続ける——そして何一つ語っていない。何も言わずに物事を言い続けること、それが駆け引きだ。そうしないと捕まってしまう。だから、遠まわしに遠まわしに、人々は続ける。結局どんな結論にも至ることはできない。結論はない。彼らは単に言葉で遊んでいるだけだ。言葉には独自の魅力があり、見てみるならわかるだろう。たまにあなたはある言葉を言い、その言葉は別の言葉に繋がる――言葉には独自の魅力がある――それからあなたは、自分を別の言葉に導く他の言葉へ行き、最終的には自分が決して望まなかった所で終わる。言葉には独自の魅力が、独自の魔法がある。作家や詩人に尋ねてごらん。彼らはそれについて知っている。作家は物語を始めるが、それは決して彼の思い通りには終わらない。やがて、登場人物たちは彼ら自身の個性を主張し始める。次第に、言葉は一定の方法で組み立てられ、一定の方向に導かれる。すべての偉大な作家たちは、それを知っていて言った。

「その通りだ――私たちは小説を書き始めるが、それを終わらせるのは決して私たちではない。それは独自のやり方で終わる」


　物語を書こうとすると、まずあなたは前もってマインドの中で考える。始める時、あなたには最小限の青写真がある。始める瞬間、あなたが決して意図していなかった物事が起こり始める。それからあなたは道に迷いに迷って、小説または物語は、あなたが夢に見ることさえなかったどこかで終わる。何が起こるのだろう？　言葉には独自の魔法がある。一つの言葉は別の言葉に繋がり、それは何度も続くことができる。

　ブッダは、気をつけていなさい（マインドフル）、と言う。言葉に惑わされてはいけない。あなたが本当に言いたいことを言いなさい。軽薄であってはいけない。

つい先日の夜、ムラ・ナスルディン夫人が私のところに来た。
彼女は「知っていますか？　私は戸口に立って夫の顔を見るだけで、彼が嘘をついているかどうか言うことができるのです」と言った。
私は驚いて「一体どうしてそんなことができるのだ？」と言った。
彼女は「彼の唇が動いているなら、彼は嘘をついています」と言った。

ムラ・ナスルディンは政治家だ。彼の唇が動いていれば……充分だ！　その時、彼は嘘をついているに違いない。他に何ができるだろう？

一つのことを覚えておきなさい。あなたは自分が何を取り入れているかに注意していなければならないし、何を持ち出しているかに注意していなければならない。そうして初めて、あなたは中心が定まった生を持つことができる。人々は不注意だ。彼らは自分が見つけるものは、何でも自分自身に詰め込み続ける。何でもだ！　彼らは詰め込み続ける——身体の中に、そしてマインドの中にも。注意しなさい。

隣人が来てうわさ話をし始めると、あなたは非常に熱心に聞く。隣人があなたの庭にゴミを投げ捨てたらあなたは戦い始めるが、彼がゴミをあなたの頭に投げ入れても、あなたは大歓迎する。あなたはそれを見ない。あなたの頭の中に誰かからゴミを入れられたら、あなたはどうするだろう？

遅かれ早かれ、それはあなたの口から出て他の誰かの頭の中に入るだろう。あなたはそれを内に留められない。だから人々は秘密を守ることが非常に難しいのだ。誰にも何も話さないようにと誰かに言うと、あなたは彼が話すのを確信できる。「これは他言無用だ……誰にも話してはいけない」とあなたの妻に言ってごらん。すると、二十四時間以内に町全体が知るのを確信できる。もちろん彼女がその話を使用人に言う時は、彼女もまた同じ事を言うだろう。「これを誰にも言わないでください。他言無用です」。そして彼は同じことを妻に言うし、それはずっと続いて行く。二十四時間以内に、あなたは町全体がそれを知っているのがわかるだろう。物事を周りに広めるそれより良い方法はない。ちょっと人々に「誰にも言わないでください」と言い続けてごらん。彼らがそれを言わざるを得ないのは確実だ。なぜなら秘密がある時はいつでも、それを内に留めておくことは難しくなるからだ。それは外に出たいと思っている。

何かを取り込み続けてはいけないし、何かを人々に放り投げ続けてはいけない。あなたがゴミであまりにもいっぱいになるなら、川岸に行ったり森に行ったり、木に話しかけたりしてごらん。有害なものは何もない。なぜなら彼らは聞かないからだ。あなたは話すことができ、重荷を降ろすことができ、くつろいで帰ることができる。しかし人間にそれをしてはいけない――彼らは既に重荷を抱えすぎている。

ブッダが言う正しい発言（正語）とは、非常に誠実な発言という意味だ。

聖書は、初めに言葉ありき……と言う。それからあらゆるものが入って来た。ブッダは、あなたが言葉を落とすなら、そこには現実があり始まりがある、と言う。あなたが静かになるなら、あなたが言うことは何でも意味深くなる。

あなたはそれを見たことがあるだろうか？　一日絶食すると、次の日あなたの飢えに異なる情熱が加わる。絶食すると、あなたの中に新鮮な飢えが生じる。あなたが毎日、絶えず自分自身に詰め込み続けて決して絶食しないなら、あなたは飢えの言語を、飢えの新鮮さ、その美しさ、その生き生きした状態を完全に忘れてしまう。一日絶食してごらん。すると次の日、あなたには新鮮な飢えが生じている。そして次の日、あなたには異なる味覚がある。食物は同じかもしれないが、それは味わい深くなるだろう――なぜなら飢えがそれを味わい深くさせるからだ。

そして同じことが言葉にも起こる。沈黙を保ってごらん、それから何かを言うと、あなたはそれに力があるのがわかるだろう。沈黙は絶食に似ている。それはあなたの言葉に生命をもたらす。そしてこの世界では、自分自身で深く沈黙してきた人々だけが途方もない重要性を持ち、彼らの言葉は永遠の価値を持つことになる。

ブッダは何ヶ月も沈黙していた、マハーヴィーラは十二年間沈黙していた。イエスは、疲れたと感じる時はいつでも森に行った。そして彼の弟子に「私から去りなさい。私を放っておきなさい」と言った。彼は四十日間沈黙して、それから戻った。その時、彼の言葉には価値があった。それぞれの言葉はダイヤモンドのようだった。

自分の言葉に価値をもたらすことを本当に望むのなら、沈黙を学びなさい。もっとそれ以上に沈黙を保ちなさい。そうすればある日、あなたは正しい発言（正語）とは何かを知るだろう。

四つ目は、正しい道徳（正業）だ。

ブッダは、外側から生じる道徳は正しい道徳ではない、と言う。内側から生じる道徳が正しい道徳だ。

私たちが道徳と考えているものは、すべて本当の道徳ではない。それは単に、社会から条件付けられたものだ。あなたはある特定のやり方で振る舞うように教えられ、それである特定のやり方で振る舞う――だが、その振る舞いは奴隷の振る舞いだ。それは自由な人の振る舞いではなく、自由から生じたものではない。どうしたら、奴隷状態から道徳が可能になるのだろう？

ブッダは、どんな条件付けもなく完全に自由でいる時にだけ、道徳はあなたに可能だと言う。特定の事をすべきだというわけではなく、それはあなたの義務ではなく、特定の規則に従わなければならないわけではなく、意識的になる、気づくようになるということだ。そしてその気づきから、あなたは一定のやり方で振る舞う。気づくことが正しい道徳になる。気づかないことは間違った道徳だ。

正直でいればいい。あなたは泥棒ではないかもしれないし、他人の妻と浮気をしないかもしれないし、詐欺師ではないかもしれないが、もしそれが単に、社会がこれらのことをあなたに押し付けたからという理由だけなら、あなたは道徳的ではない。あなたは善い市民かもしれないが、道徳はより優れたものだ。それはそんなに安っぽくない。あなたは社会にとって良いかもしれない。社会はそれ以上のことを望んでいない。あなたがどんな面倒事も引き起こさないなら、それで充分だ。あなたがどんな害悪も引き起こさないなら、それで充分だ。あなたは善い市民だ。しかし道徳的であることは、善い市民であること以上のものを意味している。その意味は……善人。それは社会とは関係がない。それはあなたの内側の誠実さと関係がある。

ブッダは、もっと意識的になりなさい、と言う。良心 conscience を通して生きるよりも、意識 consciousness を通して生きなさい。良心は社会によって作られる。あなたがジャイナ教の家族に生まれたなら、肉を食べなくなる。だがそれは、非暴力的だという意味ではない。どうしたら、ただ肉を食べないことで非暴力的になれるだろう？——なぜならあなたは、まさに幼年期から肉を食べないように教えられてきて、それが吐き気を催させるようになったからだ。ジャイナ教徒は肉を見ることさえできない。肉を見るだけでもむかつきを感じ始め、気分が悪くなり始める。

子供の頃、私の家ではトマトさえも許されなかった。私は「なぜトマトは駄目なの？」と母親に尋ねた。彼女は言った。「トマトは肉のように見えるからよ。トマトを見ると気分が悪くなるからよ」

トマト、哀れなトマト……トマトより無垢な人々を見つけることはできない！

しかし私は子供の頃、長い間トマトを味わってこなかった。大学寄宿寮に行った時に、初めて私はトマトを食べる勇気をふるい起こした。それを食べた最初の日、私は一晩中眠れなかった。私の胃全体がごろごろ鳴っていて、私は重大な罪を犯したのではないかと思った。朝、私は吐いた――まさに条件付けだ。

フランス語には、意識と良心を表す言葉は一つしかない。それは正しい。ブッダはそれに同意しただろう。意識と良心を表す言葉は一つしかない。ブッダも、あなたの意識はあなたの良心でなければならない、と言う。もっと気づくようになるべきだ。あなたはより多くの物事をあるがままに見始めなければならず、そうすることで非暴力は生じる。ただ食べ物のために動物を殺すことは愚かだ。それは罪ではなく、愚かだ。それは罪とは関係がない。あなたは地獄の業火に放り込まれたりしない。

聞いたことがある……。

あるけちん坊の金持ちが死んだ――彼はマールワーリー（インドのラジャスタン地域に源を発するインドの民族集団）であったに違いない。彼らはインドのユダヤ人だ。彼は死んだが、死ぬ前に妻にこう言った。「どんな服も私に着せる必要はない。私は自分がどこに行くのかを知っているからだ。私は暑い場所に行く。私はとても多くの罪を犯したので、地獄に行くことになる。服は必要ない。それに服は高価で、毎日ますます値上がりしている。それらをとっておきなさい。それらは私たちの子供の役に立つだろう」。それで妻は、服を着せずに彼を火葬した。

しかし翌晩、真夜中に誰かが扉を叩いたので彼女は扉を開けた。夫の幽霊がそこにいて「私のウールの服をくれ！」と言った。

「いったいどうしたの？」

彼は「今は昔とは違う。地獄はエアコンが効いている。私は震えている！」と言った。

その馬鹿げたこと――地獄であなたは苦しむだろう、ということをすべて忘れなさい。そこにはとても多くの政治家が、とても多くの科学者がいる。当然、彼らはそこにエアコンを設置しているはずだ。

ブッダは、恐怖のせいで道徳的になるべきではなく、理解することでそうなるべきだ、と言う。そして貪欲さのせいで道徳的になるべきではない――なぜならあなたの通常の宗教は恐怖と貪欲さに、賞罰という単なる普通の策略に基づいているからだ。ちょうどあなたが自分の子供に対するように、あなたの宗教はあなたに対して次のようなことをしてきた。これをするとあなたは天国に行ける、これをすると地獄に行く――恐怖と貪欲だ。彼らは人間の恐怖と貪欲をもてあそんでいる。そして彼らは、人は恐れるべきではなく貪欲であってはならない、と言うが、彼らの構造全体は同じ恐怖と貪欲に基づいている。

ブッダは、恐れてはいけない、貪欲になってはいけない、と言う。ちょっと物事を調べてごらん。

するとあなたの気づきから責任が生じる。あなたは優美に振る舞い始め、愚かな事はしない。それだけだ。

恐怖から物事をするなら、あなたは決して完全に道徳的になることはできない——なぜなら恐怖を超えている本心を、あなたは知るだろうからだ……。正反対のことをしよう、正反対のものであろう、という願望がそこに残っている。

それは起こった。

宗教の集会の間に、魅力的な若い未亡人がバルコニーからあまりにも身を乗り出し過ぎて、倒れてしまった。しかし彼女の服がシャンデリアに引っかかったため、彼女は空中に吊るされたままになった。もちろん、牧師はすぐに女性の窮地に気づいて、会衆に大声で呼びかけた。

「そこを見上げる最初の人は、盲目で罰せられる危険に曝されています」

会衆の中にいたムラ・ナスルディンは、隣の男にささやいた。

「俺は片目を危険に曝しているのだろうな」

無理強いされた道徳は完全ではあり得ない。人は少なくとも、常に片目を危険に曝すことをいとわない。誰にわかるだろう？　それは真実であるかもしれないし、真実でないかもしれない……。

そして、いわゆる道徳的な人々には常に休日が必要だろう。それは疲れるからだ。それは葛藤に基づいている。あなたの存在の一つの部分は何かを言い、道徳は他の何かを言う。あなたは分割され、分裂している。この分裂のためにすべての人間は、精神分裂症気味でいる——一つの部分は南に行き、一つの部分は北に行く。そしてあなたは常に曖昧さの中にいて、常に決心がつかず、優柔不断でいる——どこに行く？　どうする？　あなたの本能は何かを言い、あなたの条件付けはまさにその反対のことを言う。あなたは何でも自分自身に強制できるが、本当に、それは決してあなたの一部にはならない。

利己主義者は謙虚になるようにと社会から言われて、謙虚になろうと試みることができる。だが利己主義者は利己主義者だ。今、謙遜は彼のエゴを隠す。

聞いたことがある……。

ラビ（ユダヤ教牧師）が彼の会衆に演説した。彼らは彼の説教に非常に感動して、一人の男が立ち上がって「私はジョー・スミスです。私は無一文でこの土地に来ました。現在私には五百万あります。しかしあなたの言葉を聞く時、私には何もありません」と言った。

別の男が立ち上がって言った、「私もまた無一文で始めました。現在私には一千万あります。しかしあなたの言葉を聞く時、ラビ、私には何もありません、本当に何もありません」

それから別の男が前に出て言った、「私は郵便局で働いています。私は週に八十ドル稼ぎます。しかしあなたの言葉を聞く時、私には何もありません、全く何もありません」

すると最初の長者が、二番目の者に言った。

「何もない者でありたいと思っている者を、見てみろ」

ただの郵便配達人が、何もない者になろうとしているのだろうか？　何もない者になるためには、まず百万長者になる必要がある。だから非常に宗教的な国であるインドで、質素な人がアヴァターラやティルタンカーラと宣言されたことはただ一度もなかったのだ。いや、まだない。それは起こらなかった――なぜならあなたが貧しいなら、何を放棄するのだろう？　ジャイナ教徒の二十四人のティルタンカーラたちは、みんな王の息子たちで王族出身だ。ブッダ自身が王族の出身だ。ラーマ、クリシュナ――誰もが王族の出身だ。

なぜだろう？　なぜカビールはアヴァターラではないのだ？　なぜファリッドは違う？　なぜダードゥは違う？　何も不足していない。ただ一つのことが欠けていて、彼らには放棄するものが何もないだけだ。誰が何もない者であろうとしているのかを見てごらん！　まずあなたは持つ。放棄するためには多くを持たなければならない。あなたには多くのものが必要になる。あなたは持たなければならない。質素な人は本当は謙虚な人ではない。利己主義者だけが謙虚な人になる。彼は謙虚さを試み、その謙虚さを通して、自分は世界で最も偉大な謙虚な人だと言おうとする。

だが同じこと（道徳的になること）が別の装い（謙虚さ）で続いている。あなたの道徳は、決してあなたを変容させない。

だからブッダは、正しい道徳は恐れや貪欲さからではなく内側から、気づきから生まれる、と言うのだ。

五つ目の段階は正しい生活(正命)だ。

ブッダは、生は複雑ではなく、単純であるべきだ、と言う。生は欲望にではなく、必要性に基づくべきだ。必要性は全く問題ない。あなたには食べ物が必要で、服が必要で、住まいが必要で、愛が必要で、関係性が必要だ。完全に良い、それに何も間違いはない。必要性は満たすことができる。欲望は基本的に満たされ得ない。欲望は複雑さを生み出す。欲望が複雑さを生み出すのは、決して満たされ得ないからだ。あなたは欲望のために熱心に働き続けるが、それでもそれは満たされずに残り、あなたは空虚なままでいる。

まず第一に生活に関しては、それは欲望にではなく必要性に基づくべきだ。それなら非常に少量の物で充分だ。

次に、それは暴力的であってはならない。あなたはそれからいくらかのお金を得られるという理由だけで、何かをするべきではない。誰かを殺していくらかのお金を得ることができるし、肉屋になって生計を立てることができるが、それは非人間的だ……そして非常に無意識的だ。より良い方法があり得る。人は生活において創造的であるべきで、破壊的であってはならない。

実業家たちが、一人の同胞について議論していた。「彼は私のためによく働いた」と最初の人は言った。「私はお金に関しては彼を信頼しない。彼は一ドルのためにはどんなことでも嘘をつき、盗み、騙すだろう」「どうして君は、彼のことをそんなによく知っているのだ?」「どうしてだと?」と最初の人は言った。「彼が知っていることは、すべて私が彼に教えたものだ」

人はもう少し用心深くしていなければならない。お金がすべてではないし、ただお金を貯め込むことで、自分の人生を破壊するべきではない。貧乏は途方もなく美しくなり得る。あなたが全く自分の必要に応じて生きているなら、貧乏は途方もない満足になり得る。実際、満足している金持ちの人々を見つけることはないだろう。時々あなたは、満足気な顔をした乞食に出会うことがあるが、そんな百万長者に出会うことは決してない。

追い求めれば追い求めるほど、地平線は遠く離れているように感じる。より速く走れば走るほど、あなたは自分の死により近づいているが、決してどんな充足にも至らない。死の影、死の恐れ、再び失敗するという恐れ、それがすべての満足を破壊する。

六つ目は正しい努力(正精進)だ。

ブッダは、決して緊張してはいけないし、決して怠惰であってはいけない、と言う。人は二つの間でバランスを取らなければならない。その時、正しい努力があり、それは基本的に無努力だ。

子供が遊ぶのを見たことがあるだろうか？　彼らは遊ぶが、そこに努力はなく、緊張はない。彼らはそれを楽しむ。絵を描いている画家を、詩を書いている詩人を、楽器を演奏している音楽家を見たことがあるだろうか？　またはダンサーを見たことがあるだろうか？　努力はない。努力があるなら、そのダンサーは本物のダンサーではない。それならそのダンサーは、ただ何かを得ようとしているだけだ。彼は結果指向で、ゴール指向だ。その場合、活動そのものは、ダンスそのものは彼の喜びではない。

ブッダが「正しい努力」と言う時、それは、あなたがするすべてはそれ自体が喜びでなければならない、という意味だ。それは本質的な価値でなければならない。それは遊びに満ちているべきだ。

そして正しい留意（正念）が、七つ目の段階だ。

「留意（マインドフルネス）」は、瞑想に対するブッダの言葉だ。留意（マインドフルネス）という言葉で彼が意味しているのは、常に油断のないままで、用心深いままでいなさい、ということだ。あなたは常に、現在に存在したままでいなければならない。たった一つの事も、ある種の眠い状態で為されるべきではない。夢遊病者のように動くべきではない。鋭い意識を持って動かなければならない。

ブッダはよく、息があなたの意識なしに出入りすることすら許されない、と言っていた。彼は僧侶に言った。あなたの入る息や外に出る息を、常に見守り続けなさい。動くなら、あなたの足が動いているのを見守り続けなさい。話しているなら、用心深くありなさい。聞いているなら、用心深くありなさい。食べているなら、用心深くありなさい。どんな行為も、気づきなしで為されるのを決して許してはいけない。そして他には何も必要ない。この気づきはあなたの生全体に広がる。それは二十四時間のものになる。瞑想のために別の時間をとっておく必要はない。そしてブッダは、瞑想を生から切り離すことはできないと言う。それは広がって生と混ざらなければならず、生と一つでなければならない。

そして八つ目、最後の段階は、正しいサマーディ（正定）――あなたが存在の中心に完全に吸収されている時だ……。

これらの七つの段階はあなたをそこに連れて来るが、それでも彼は正しいサマーディと言う。それは間違ったサマーディの可能性もあるという意味なのだろうか？　そうだ、その可能性がある。あなたが無意識に、昏睡状態に陥るなら、それは間違ったサマーディだ。それは正しくない。それはあなたを全くの覚醒に、完全な覚醒に連れて来なければならない。あなたは昏睡状態に陥るべきではなく、無意識になるべきではない。

人は無意識になる可能性がある。人は外側を忘れられるほど、深く内側に行くことができる。さて、見てごらん――私たちは普通外側で生きていて、内側を忘れている。内側では私たちは無意識だ。外側には少しの意識がある。私たちは外に動き、外に行く。それからある日、あなたはただ逆立ちして、プロセス全体を変える。あなたは外側を忘れ始めて内側に気づき始める。完全に内側にいて外側を忘れるという瞬間が来る。ブッダはこれは間違ったサマーディだと言う。それは同じ人が、ただ逆立ちして立っているだけのことだ。

ブッダが言う正しいサマーディとは、内と外で、あなたが完全に気づいている時のことで、外側を犠牲にすることではない。内または外で、あなたは気づいている。あなたの意識の光はとても明るく燃えていて、光であなたを満たし、光であなたの外側をも満たす。実のところ、正しいサマーディでは内側と外側は消える。ただ光だけがある。正しいサマーディは内側のものではない。正しいサマーディは、内側と外側の両方を超越している。正しいサマーディは二元性を、分割を超越している。

さて経文だ。この経文は、まさにサニヤシンがどうあるべきかを述べている。

ブッダは言った。

道に従う者とは、単独で多数の敵と戦う戦士のようなものだ。
彼らはみんな鎧兜に身を固めて、砦から出て行くかもしれない。
だが、彼らの中には臆病な者もいれば、途中まで行って退却する者、
戦いで殺される者、そして勝利を収めて我が家に帰る者もいる。

おお僧侶よ、もし光明を達成したいと望むなら、
断固たる心と勇気を持って着実に自分の道を歩むべきであり、
どんな環境に遭遇しても恐れ知らずでいるべきで、
あなたが出くわす可能性のあるすべての悪い影響を、打ち砕かなければならない。
このようにしてあなたは目標に到達する。

これらの八つの段階が為すべきことだ。

そしてブッダが言うには、多くのタイプの人々がいる。何人かは、決してその道に進まない臆病者だ。何人かは完全に武装して行くが、困難を感じ始めると戻ってくる。何人かはしぶしぶ途中まで行き、それから引き返す。何人かは少しさらに遠くまで行くが、殺される。なぜなら彼らは、エネルギーを決して集めることができなかったからだ。彼らは決して統合されたものになれなかった。彼らは簡単に滅ぼされてしまう。彼らは戦闘に入る用意が充分できていなかった――たぶん外見上は鎧甲に身を固めていたかもしれない。たぶん外見上は非常に強く見えるかもしれないが、内心は虚ろで、空っぽだ。戦闘に参加し、戦闘に勝ち、そして我が家に帰る者はほんのわずかだ。

その我が家に帰ることがサマーディであり、サマーディの前のこれらの七つの段階が戦闘、道だ。ゆっくり進みなさい。そうしないと殺されるかもしれない。

たとえば、偽りの道徳の人が戦闘に加入するなら、彼は殺される。あなたは真に道徳的でなければならない。「真に道徳的」とは、内側から道徳的でなければならないという意味だ。外側から学んだそのような偽りの顔は役に立たない。あなたは内側では虚ろなままだ。そして一歩一歩進まなければならない。段階を飛び越すことはできない。さもないと、その欠けている隙間(ギャップ)は危険になる。だからこそ私は、これらの八つの段階について、この八正道について話すのだ。この経文は、あなたがこれらの八つの段階を理解するのであれば意味がある。「我が家に帰る」とは、サマーディを意味する。それは、あなたが存在のまさに中心に来たという意味だ。

それをもう一度読もう。

道に従う人々は単独で多数の敵と戦う戦士のようなものだ。

敵は多数で、あなたは一人だ。だからあなたは完全に用意ができていなければならない、そうしなければあなたは目標を逃してしまう。

彼らはみんな鎧兜に身を固めて砦から出て行くかもしれない。だが、彼らの中には臆病な者もいる……。

あなたが正しい見方(正見)、正しい意図(正思惟)、正しい発言(正語)の生き方をしていなかったなら、あなたは臆病なままだ。あなたは非常に弱く、弱虫のままだ。あなたは無力なままだ……、そして途中まで行って退却する者……。

正しい道徳（正業）と正しい生活（正命）を実践しなかったなら、これが起こる。あなたは途中まで来るが、逃走者、逃避主義者になる……戦いで殺される者……。

何人かは自信を持って行くが殺される。もし正しい努力（正精進）と正しい留意（正念）を実践しなかったなら、これが起こる。しかしほんのわずかの人々が……勝利を収めて我が家に帰る者もいる。七つの段階のすべてを実践したなら、あなたは勝利を得て我が家に帰る。あなたはサマーディに達するだろう。

……断固たる心と勇気を持って着実に自分の道を歩むべきであり、どんな環境に遭遇しても恐れ知らずでいるべきで、あなたが出くわす可能性のあるすべての悪い影響を打ち砕かなければならない。このようにしてあなたは目標に到達する。

第二章

豊かな人の導師(グル)、貧しい人の導師(グル)

Rich Man's Guru, Poor Man's Guru

質問一

心理的な、実存的な苦痛がエゴによってどのように作られるのかを、私はかすかに感じています。それは自分で作ったもので、作らないようにすることができます。しかし、肉体的な痛みについてはどうでしょうか。なぜそれはあるのですか？　それは死ぬのに必要な部分なのですか？　私は肉体的な痛み、老衰、老齢を恐れるのと同じほど死を恐れているようには感じていません。

心理的な痛みは解消できる。そして心理的な痛みだけが解消できる。他の痛み、肉体的な痛みは生と死の一部だ。それを解消する方法はない。しかし、それは決して問題を引き起こしたりしない。あなたはこれまで観察したことがあるだろうか？　問題は、あなたがそれを考えている時にだけある。老齢について考えるとあなたは怖くなるが、老人たちは怯えていない。病気について考えるとあなたは怖くなるが、病気が既に起こった時、そこには恐怖も問題もない。人はそれを事実として受け入れる。本当の問題は常に心理的なものだ。肉体的な痛みは生の一部だ。あなたがそれについて考え始める時、それは全く肉体的な痛みではない。それは心理的なものになっている。死について考えると恐怖がある。しかし実際に死が起こる時、恐怖はない。恐怖は常に未来に対してであり、現在の瞬間には決して存在しない。

もし戦争で最前線に行くことになるなら、あなたは恐れるし、非常に不安になるだろう。あなたは震えて眠れない。多くの悪夢があなたを悩ます。しかし、いったん最前線にいると――兵士に尋ねてごらん――いったん最前線にいると、あなたはそれをすべて忘れる。銃弾が飛び交っているかもしれないが、昼食を楽しむことができる。爆弾が落下しているかもしれないが、トランプで遊ぶことができる。

グルダヤルに尋ねてみればいい。彼は戦争に行き、最前線にいたことがある。彼は兵士だったので、恐怖は未来に対するものであるのを知っている。問題は肉体的なものではない――なぜなら恐怖はあなたの心理に存在するからだ。痛みが現実のもので、肉体的なものである時、問題はない。

現実は決して問題にはならない。問題を引き起こすのは、現実についての考えだけだ。

そこで、まず第一に理解すべきことは、あなたが心理的な痛みを解消できるなら、問題は残らない。その時あなたは瞬間に生き始める。「心理的」の意味とは、過去や未来に関わっていて、決して現在に関わってはいない、という意味になる。マインドは決して現在には存在しない。現在には現実(リアリティ)は存在するが、マインドは存在しない。マインドは過去と未来に存在し、過去と未来に現実は存在しない。実際、マインドと現実は決して出会わない。それらはお互いの顔を見たことがない。現実はマインドにとって未知なままであり、マインドは現実にとって未知なままだ。

古い寓話がある……。

闇が神に訴えかけ、こう言った。「もうたくさんです！　あなたの太陽が私に付きまとい、私を追いかけ続けます。私は決して休めません。私がどこへ休暇に行っても彼はそこにいて、私は再び逃げなければなりません。それに私は、彼に何も悪いことはしていません。これは不公平です。それで私は公平であってほしいために、あなたのところに来たのです」

それは完全に正しかった。その苦情は真実だった。そこで神は、太陽を呼んで尋ねた。

「なぜお前はこのかわいそうな女性、闇を追いかけ続けるのだ？　彼女はお前に何をしたのだ？」

太陽は言った。「私は彼女を全く知りません。私は一度も彼女に会ったことがありません。ちょっと私の前に、彼女を呼び出してください。それなら私は何かを話せます。私は彼女にどんな悪いことをしたのか思い出せません。私は彼女を知らないからです。私たちは顔馴染みではありません。誰も私たちをお互いに紹介したことはなく、私たちは知らされてさえいません。私がこの女性について、この闇について聞くのは、あなたからが初めてです。彼女を呼んでください！」

その事件は係争中のままだ——神が太陽の前に闇を呼べなかったからだ。彼らは一緒には存在できない、彼らはお互いに出会うことはできない。闇が在る時、太陽は存在できない。太陽が在る時、闇は存在できない。

全く同じことが、マインドと現実との関係性にある。心理的なものが問題であり、現実は決して問題ではない。あなたはただ、自分の心理的な問題を解消すればいい——そしてそれは、すべての中心であるエゴを解消することで解消される。いったん自分が存在から切り離されていないと思うなら、問題は簡単に消える。太陽が昇る朝に露が痕跡さえ残さずに消えるように、それらは簡単に消える。

肉体的な痛みは残る。だが私は再度強調する、それは決してどんな人にとっても問題ではない、と。あなたの足が骨折しているなら、それは骨折している。それは問題ではない。問題は、ただ想像の中にだけある。「もし足が折れているなら、どうすればいいだろう？　そして私の足が決して折れないようにするには、どうやってそれを避ければいいだろう、どのように振る舞って取り組んだらいいだろう？」。さて、そのようなことを恐れるなら、あなたは生きることができない。なぜならあなたの足は骨折することがあり、首は骨折することがあり、目は見えなくなることがあり得るからだ。どんなことでもあり得る。数多くのことがあり得る。これらのあり得るすべての問題にあなたが取りつかれるなら……。私はあり得ないとは言っていない。それらはすべてあり得る。これまで人間に起こったことは、あなたにも起こり得る。癌は起こり得る。結核は起こり得る。死は起こり得る。あらゆることが可能だ。人は傷を受けやすい。道路に出るだけで車に轢かれることがあり得る。

私は道路に出てはいけないと言うのではない。部屋で座ることもできるが、屋根が落ちることがある。あなた自身を、全面的かつ完全に守る方法は全くない。ベッドで横になることはできるが、あなたは九十七パーセントの人々がベッドで死ぬのを知っているだろうか？　それは最も危険な場所だ！　できるだけそれを避けなさい。決してベッドに行ってはいけない。九十七パーセントの人々はベッドで死ぬ。飛行機での旅行さえも、それほど危険ではない。ベッドにいることはより危険だ。そして覚えておきなさい。より多くの人々は夜に死ぬ……だから、震えたままでいなさい。それはあなた次第だ。それならあなたは、全く生きることができないだろう。

心理的な問題が唯一の問題だ。あなたは恐怖のために妄想的になり、分裂し、麻痺する可能性がある――だがこれは現実(リアリティ)とは何の関係もない。

盲目の人が、完璧にうまく道路を歩いているのがわかるだろう。盲目自体は問題ではない。乞食を見てみればいい――足は折れている、手は失われている、それでも彼らは笑い、お互いに噂話をし、女性について話し、意見を述べて、歌を歌う。ちょっと生を見守ってごらん。生は決して問題ではない。人間には事実に適応する途方もない能力があるが、未来に適応する能力はない。あなたが自分を守り、将来の安全を確保しようとすると、騒動の、混乱の中にいる。あなたは崩れ始める。そして数多くの問題がある――問題、問題、問題がある。毒が適切な毒ではないかもしれないため、自殺することさえできない。インドでは何も信頼できない！　彼らはその中に何かを混ぜたかもしれない。それは全く毒ではないかもしれない。あなたはそれを摂取して横になる……待って待って待ち続ける――だが、死はやって来ない。

そうすると、あらゆることが問題を引き起こす。

ムラ・ナスルディンが自殺しようとしていた。彼は通りで占星術師に出くわした。そして占星術師は言った。「ムラ、待ちなさい。私に手を見させてくれ」

彼は「今、占星術でどうしろというのだ？ 俺は自殺するつもりなのだ！ だから無意味だ。今や未来はないのだ」と言った。

占星術師はこう言った。「待ってくれ。君が自殺に成功するかどうか見させてくれ」

未来は残る。あなたは成功しないかもしれない、警察に捕まるかもしれない、あなたは失敗に終わるかもしれない。未来について確信する方法はない――死についてさえ、自殺についてさえ確かではない。生については何を言うべきだろう？ 生は大変複雑な現象だ。どうしたら確信できるだろう？ あらゆることが可能であり、確かなものは何もない。もしあなたが恐れるなら、これは単なるあなたの心理だ。何かがあなたのマインドに為されなければならない。

そしてあなたが私の言うことを正しく理解するなら、瞑想とはマインドなしで現実（リアリティ）を見る努力に他ならない――なぜならそれが現実を見る唯一の方法だからだ。マインドがそこにあるならマインドは歪曲させ、改変する。マインドを落として現実を見なさい――直接、即時に、直面しなさい。するとそこに問題はない。現実は、誰に対しても問題を引き起こしたことはない。私はここにいる。あなたもここにいる。私にはたった一つの問題も見えない。私が病気になるのなら、私は病気になる。

何を心配しなければならないのだ？　なぜそれについて騒ぎ立てるのだ？　私が死ぬのなら、私は死ぬのだ。

問題には空間が必要だ。現在の瞬間に空間はない。物事はただ起こるだけだ。それについて考える時間はない。過去について考えることができるのは、距離があるからだ。あなたは未来について考えることができる。そこには距離がある。実際のところ、未来と過去が作られるのは、私たちが心配できるように空間が私たちに与えられるためだ。そしてあなたが空間を持てば持つほど、心配は多くなる。

現在インドでは、「次の生は……そして……そして」――と無限に――「何が次の生で起こることになるのだろう？」と考えるため、より一層心配している。人は何かをしていても、彼は現在ここで起ころうとしている成り行きについて考えるだけではない。彼は「私は自分の来生のためにどんなカルマを集めようとしているのだろう？」と考える。今や彼はさらに心配する。彼にはより多くの空間がある。そして彼はその空間をどうやって満たそうとしているのだろう？――彼はますます多くの問題でそれを満たす。心配は未来の空っぽの空間を満たすための方法だ。

質問者は言う。

心理的な、実存的な苦痛がエゴによってどのように作られるのかを、私はかすかに感じています。

それは自分で作ったもので、作らないようにすることができます。

それを知的に理解するだけでは役に立たない。あなたはそれをしなければならない。それをしてごらん。そうすると次の質問は消える。そうしてごらん。すると問題が残っていないのがわかるだろう。

しかし肉体的な痛みについてはどうでしょうか？

さて、このようにして問題は生じる。あなたは一つのことを知的に理解したが、それは意味をなさない。次の質問が直ちに、あなたは理解しなかった、というあなたの現実(リアリティ)を表面化させる。それはまるで、盲人が杖で手探りし続けるようなものだ。彼はそれによって自分の進路を見つける。私たちはこう言う。「あなたの目を治療することはできるが、その時あなたは杖を落とさなければならない。それは必要ではない」。盲人は「自分の目が治ることは理解できるが、どうしたら自分の杖なしで歩くことができるだろう？」と言う。

さて、彼は目が治ることを知的に理解したが、実存的には、経験上では、彼はそれを理解しなかった――さもなければ次の質問は生じなかっただろう。

時おり人々が私のところに来て一つの質問をすると、私は「続けなさい。次の二つ目の質問を尋ねなさい」と言う。なぜなら、一つの質問は現実を示していないかもしれないからだ。彼らは自分の知的な理解を、ただ示しているだけかもしれない。しかし次の質問で彼らは捕まるに違いない。捕まらざるを得ない。なぜなら次の質問ですぐに失敗するからだ。

質問の最初の部分は完璧だが、あなたはマインドを通して合点が行っただけだ。それはまだよく咀嚼されていないし、まだ消化されていない。それは血、骨、骨髄になっていなかった。それはまだあなたの存在の一部ではない。さもなければあなたは決して「肉体的な痛みについてはどうでしょうか?」と尋ねることはできない。なぜなら、まさにその質問が心理的だからだ。肉体的な痛みは問題ではない——それがある時、それはある。それがない時、それはないのだ。問題が生じるのは、何かがそこになくて、それがあってほしいと望む時、または何かがそこにあって、それがあってほしくないと思う時だ。問題は常に心理的だ。「なぜそれはそこにあるのだ?」。さて、これはすべて心理的だ。それがそこにある理由を誰が言えるだろう? 答える者は誰もいない。説明することしかできないが、それは本当の答えではない。説明は簡単だ。

それは非常に単純で、苦痛があるのは喜びがあるからだ。喜びは苦痛なしでは存在できない。あなたが完全に苦痛のない生を望んでいるなら、完全に喜びのない生を生きなければならない。それらは一つの包みに納まる。それらは本当は二つのものではない。それらは違ったものではなく、分かれたものではなく、分けることのできない一つのものだ。別々にして、何とかして世界のすべての喜びを持ち、どんな苦痛も感じないこと——それこそ、人間が何世紀にもわたってやってきたことだ。しかしこれは不可能だ。喜びを持てば持つほど、苦痛も増してくる。頂上が大きくなればなるほど、その側の谷はより深くなる。あなたは谷を望まずに大きな頂上を望んでいる。それなら頂上は存在できない。頂上は、ただ谷と一緒でのみ存在できる。谷とは頂上が可能になる状況に他ならない。頂上と谷は繋がっている。

あなたは喜びを求めていて、苦痛を求めていない。

たとえば、あなたは女性を愛している。あるいはあなたは男性を愛している。そして女性があなたと一緒にいる時、あなたは幸福だ。さて、彼女が一緒にいる時はいつでも幸福でいたいと思うが、彼女が去る時、あなたは苦痛を望んでいない。女性が一緒にいる時に、あなたが本当に彼女と幸せでいるなら、彼女が去ってもうそこにいない時、どうしたら別離の痛みを避けられるだろう？　あなたは彼女を恋しく思い、不在を感じる。不在は必ず苦痛になる。本当にどんな苦痛も感じたくなければ、すべての喜びを避け始めたほうがいい。それなら、女性がそこにいる時に幸せを感じてはいけない。ただ悲しいままでいなさい。ただ不幸なままでいなさい——彼女が去る時、問題がないように。

誰かがあなたに挨拶してあなたが幸せを感じるなら、誰かがあなたを侮辱すると不幸に感じるだろう。この策略が試されてきた。苦痛を避けたいなら喜びを避けなさい、これは、いわゆる宗教的な人々すべてが試した最も基本的な策略の一つだ。しかしそれに何の意味があるだろう？　死を避けたいなら、生を避けなさい――だが、それならそのすべての要点は何だろう？　あなたは死ぬ。死ぬ前に、あなたは死ぬ。完全に安全でいたいなら、墓に入って横になるがいい。あなたは完全に安全だ。呼吸してはいけない。なぜなら呼吸するのは危険だからだ……。特にプーナには様々な伝染病があるからだ。決してプーナで呼吸してはいけない。あなたは伝染病を吸っている。数多くの病気があなたの周りに存在している。どうしたら呼吸できるだろう？　空気は汚染されている。危険がある。だから呼吸してはいけない。動いてはいけない……。生きてはいけない。自殺しなさい。それなら苦痛はない。だが、それならなぜ喜びを捜し求めているのだ？　あなたは苦痛を求めずにあらゆる喜びを求めている。あなたは不可能な何かを要求している。あなたは二足す二は四ではないことを望んでいる。あなたはそれが五に、三に、またはどんな数字にでもなることを望んでいるが、決して四を望んではいない。しかしそれは四だ。あなたが何をしようとも、どんなに自分と他人を欺いても、それは四のままだ。

苦痛と喜びは夜と昼のように、誕生と死のように、愛と憎しみのように同行する。より発達した言語を持つよりよい世界では、私たちは「憎しみ」、「愛」、「怒り」、「同情」、「昼」、「夜」のような言葉を使わない。私たちは両方一緒に備えている言葉を作るだろう。「愛憎」という一つの言葉を、二つではなく「昼夜」、「誕生死」、「苦痛歓喜」という一つの言葉を。言語は錯覚を引き起こす。言語においては苦痛は単独で、喜びは単独だ。「苦痛」を辞書で調べたいなら「苦痛」を探さなければならない。「喜び」とは別だ。「喜び」を調べたいなら「喜び」を探さなければならない。しかし、現実では苦痛と喜びは一緒にある。ちょうどあなたの左右の手が一緒にあるように、ちょうど鳥の二つの翼が一緒にあるように。辞書は大きな錯覚を引き起こす。言語は非常に大きな錯覚の元だ。それは「愛」と言い、そしてそれが「愛」と言う時、決して憎しみについては考えない。あなたは完全に憎しみについて忘れるが、愛は憎しみなしでは存在できない。だからあなたは同じ人を愛して、同じ人を憎むのだ。

多くの弟子たちが、非常に混乱して私のところに来る。なぜなら彼らはこう言うからだ。

「OSHO、私たちはあなたを愛していますが、あなたを憎んでもいます」

そしてこれは、彼らの中に大きな不安を引き起こす。決してそれを心配してはいけない。あなたが私を愛しているなら、私を憎みもするだろう。憎しみの部分があなたを支配する瞬間がある。愛の部分があなたを支配する瞬間がある。それを心配してはいけない。それは自然で人間的だ。

あなたは、暑さのようなものがなくて寒さが存在する世界を、または寒さのようなものがなくて暑さが存在する世界を望んでいる。ちょっとそれについて考えてごらん。それは馬鹿げている——暑さと寒さは一緒だからだ。それは、あなたがそれを何と呼ぶかによって違ってくる。

水を二つのバケツに入れてみればいい。一方には沸騰している湯を、そしてもう一方には冷たい、氷のように冷たい水を。ちょっと両手をそれらに入れて、ただ感じてみるがいい。二つの感覚があるだろうか？　それともただ、一方の極端には冷たさがあり、もう一方の極端には熱さがあるというような、一つの連続体だろうか？　それからそれらを落ち着かせてごらん。やがてあなたは、熱さはそれほど熱くなくなり、冷たさはそれほど冷たくなくなっているところに、自分がますますそこに近づいて来ているのがわかるだろう。数時間後にあなたは、「今や両方とも同じだ」と言う。またはバケツ一杯の水で試すことができる。熱の近くに一方の手を、氷の近くにもう一方の手を置いてごらん。一方の手を冷たくしてもう一方の手を熱くして、両手をバケツの水の中に浸して、それを感じてごらん。一方の手は冷たいと言い、もう一方の手は熱いと言うが、それは同じ水だ。それは相対的だ。何かはあなたにとって喜びのように見えるかもしれないし、同じことは他の誰かにとって苦痛のように見えるかもしれない。

たとえば、あなたは女性とセックスをしている。あなたはそれを非常に楽しいものと考える。ブッダに尋ねてごらん。彼はただただぞっとするだろう。「あなたは何をしているのだ？　狂ってしまったのか？」。たぶんそれが人々が内密的にセックスをする理由だ――さもなければ他人は笑って馬鹿にするだろう。性交のすべての動きは非常に馬鹿げて見える。それは馬鹿馬鹿しく見える。マインドの情熱的な状態であなたはほとんど酔っ払っている。

怒る時、あなたは何かをする。その瞬間、それはあなたに喜びを与える、さもなければそれをしないだろう。怒りは途方もない喜びを、力を、力の感触を与える。しかし怒りがなくなる時、あなたは後悔を、自責の念を感じ始める。あなたはそれはよくなかったと感じ始める。今それは苦痛だ。怒りがあった時、あなたは力を、喜びを感じていた。今あなたは、よりまともな状態で再び見ている。興奮の少ない状態で再び見る。あなたは今、より冷静で落ち着いている。今、それは苦しみに見える。同じことが楽しくなり得るし、同じことが苦しみになり得る——それは場合による。そして、同じことがあなたにとっては楽しみになり得るが、他の誰かにとっては苦しみになり得る——それも場合による。喜びと苦しみは同行する。

私が言っていることは、あなたがするべき私の提案は、二つの方法が、喜びと苦しみから抜け出すために二つの方法があるということだ。一つは、ますます無感覚になり始めることだ。無感覚になること——それが古い宗教が教えてきたことだ。あなたが鈍く無感覚で知性がない時、外皮が、堅い外皮があなたの存在を取り囲んでいる。あなたは苦痛も喜びも感じない。それがジャイナ教の僧侶や他の僧侶に起こっていることだ——彼らは無感覚になろうとしている。次第に、あなたは無感覚になることができる。その時、何も楽しいとは感じず、何も苦しいとは感じない。あなたは知覚麻痺の、愚かさの状態になり、非常に冷淡になってしまう。あなたはほとんど死んでいる。あなたの目は火を失い、あなたの存在はすべてのエネルギーを失う。あなたはただ死んだもの、淀んだ物になり、死臭を放ち始める。これが一つの方法だ——単純で、簡単で、安っぽい。私はそれを提案しない。それは生の否定で、暴力的だ。それはあなた自身への暴力だ。それは自虐だ。試してみるがいい。それは簡単だ。

ベナレスに行ってごらん。棘のベッドに横たわる人々や遊行僧(サニヤシン)を見ることができる——そしてあなたは驚く！　しかし彼らは何を学んだのだろう？　彼らは何も学んでいない——ただそれは、硬い物の上に横たわり続けるなら、身体は死んだようになる、それは何も感じない、ということだ。だが単に苦痛を避けるために、彼らは生そのものを避けている。それはちょうど健康になりたくて病気を落としたいと思い、その病気があまりに苦痛だったので、ただ病気を落とすために自殺したようなものだ。しかし今、あなたは全く存在していない。

私の提案は非常に生肯定的で、生を愛する方法だ。私の提言は、苦しみがある時、その中に深く入りなさい、それを避けてはいけない、というものだ。それをそのままにさせなさい、それに対して開いていなさい、できる限り感じやすくなりなさい。痛みとその矢を、あなたのまさに核心まで貫通させなさい。それを苦しみなさい。そして喜びが生じる時は、それもあなたの最も奥の核心にまで進ませなさい。それを踊らせなさい。痛みがある時は痛みと共に在りなさい。そして喜びがある時は喜びと共に在りなさい。痛みと喜びのそれぞれの瞬間が偉大な冒険になるくらい、全面的に感じやすくなりなさい。

そして一つだけ言っておきたいのは、もしこれができるなら、痛みもまた美しいことを理解する、ということだ。それは喜びと同じくらい美しい。それもまた、あなたの存在に鋭さをもたらす。それもあなたの存在に気づきを、時には喜びよりもさらにもたらす。喜びは鈍い。だから、ただ耽溺で生きる人々は軽薄であるのがわかるだろう。あなたは彼らの中にどんな深みも見ない。彼らは痛みを全く知らない。彼らはただ表面的に、一つの楽しみから別の楽しみに移って生きている。プレイボーイたち……彼らは痛みが何かを知らない。

痛みはあなたを非常に用心深くさせ、同情深くさせ、他人の痛みを感じやすくさせる。痛みはあなたを広大に、巨大に、大きくさせる。ハートは痛みのせいで成長する。それは美しく、それ自身の美しさがある。私は痛みを求めなさいと言っているのではない。私は、それがある時はいつでも、それも楽しみなさいと言っているだけだ。それは神の贈り物であり、隠された宝があるに違いない。それも楽しみなさい。拒絶してはいけない。それを受け入れ歓迎し、それと共に在りなさい。最初のうちは難しくて、骨が折れる。しかし、やがてあなたはその味を学ぶだろう。その味は学ばなければならない。それはまるで別の味のようになる。

あなたが酒を飲み始めると、最初、味は全く不味くて苦い。

ムラ・ナスルディンは酔っ払いだ。

ある日、彼の妻が居酒屋に行った。彼は友人とそこで飲んでいた。そして妻は本当に機嫌が悪かった。彼女はあらゆるやり方を試してきたが、彼は耳を貸さなかった。今日、彼女は彼に一撃を喰らわしたかった。もちろん彼は少し戸惑った。彼女は一度も居酒屋に来たことがなかった。

「彼女はここで騒ぎを起こそうとしているのか？　家でなら大丈夫だ。家は騒ぎを起こしていい場所だが、居酒屋で？」

そして彼女はやって来て、彼の側に座って言った。

「ムラ、今日からは私も飲むことに決めたわ」。彼はさらに少し戸惑った。だが彼は彼女に一杯注いだ。彼女は味わったが、それはとても苦く、彼女は全くそれが信じられなかった。

彼女は「とても苦いわ、ムラ」と言った。

するとムラは言った。「ほら見ろ！　君は俺がいつも楽しんでいると思っていただろう。それは大変な修行（サーダナ）なのだ。それは簡単ではない！」

何か新しいことを始める時には、その味を学ばなければならない。そしてもちろん痛みの味は苦い。しかしいったんそれを学んだら、それは大変な鋭さと輝きをあなたに与える。それはあなたからすべてのゴミを、すべての無意識状態を、そして眠気を振り払ってくれる。あなたをそれほどまで完全に留意（マインドフル）させるものは他に何もない。あなたは、喜びよりも痛みの中で瞑想的になることができる。喜びはより気を散らし、あなたを圧倒する。喜びの中であなたは意識を捨てる。喜びはあなたを無意識にする傾向がある。喜びは一種の忘却、健忘症だ。痛みは想起だ。痛みを忘れることはできない。

観察したことがないかな？――痛みを感じている時はいつでも神を思い出すが、幸せだったり喜びを感じている時は、決して思い出さない。誰が気にかけるだろう？　それどころか、喜びを感じている時、あなたは自分自身を忘れ、神を忘れ、すべてを忘れる。物事はとてもうまく行っている……。

しかし痛みの中では、あなたは神を思い出す。

だから痛みは非常に創造的なエネルギーになり得る。それは神の想起に、祈りに、瞑想に、気づきになり得る。

私は何を教えているのだろう？　私が教えているのは、痛みがある時は、それを気づきとして、瞑想として、魂を鋭くするものとして使いなさい、ということだ。そして喜びがある時は、それを溺死として、忘却として使いなさい。両方とも神に達するための道だ。一つはあなた自身を完全に思い出すためのもので、もう一つはあなた自身を完全に忘れるためのものだ。そして痛みと喜びは両方とも使えるが、それらを使うためにあなたは非常に、非常に知的でなければならない。私が教えているものは愚かな人の道ではない。私が教えているものは知的な、賢明な人の道だ。神があなたに与えるものは何でも、それがあなたにとって創造的な成長の状況になるような方法で、それを使う道を見つけるようにしなさい。

質問二

今日の講話の後、私はまるで浮揚して飛んでいるように感じました。私はアシュラムの門の前を道沿いに歩き、花が咲いている茂みに近づき、それを見て、突然自然と一つになり、川の中の流木のように流れていると感じました。不意に私は、流木が犬の糞の塊に踏み入ったことに気づきました。あなたはこれに何らかの象徴的な意味を見たりするのでしょうか？

意味はそこにあるが、象徴的ではない。それはまさに現実だ。あなたは象徴性に入る必要はない。それは夢ではないからだ、それはあなたが完全に目覚めていた時に起こった。現実はあなたに何かを語っている……。

私の話に耳を傾けることで、あなたは自分が浮揚していると感じられるが、浮揚することはできない。感覚は物ではなく、本物ではない。私の話に耳を傾けることで、あなたは非常に幸せを感じられるが、その幸せは反映のようなものだ。それはあなたの鏡に反映された私の幸せであって、あなたの幸せではない。あなたは犬の糞の中のどこかに着地せざるを得ない。

人は他の誰かに依存すべきではない。あなたにはあなたの幸せが必要だ。私の話に耳を傾けることで、あなたは飲み込まれ、圧倒される。しかしあなたが私から遠く離れるにつれて、その音楽はあなたから消え始める。それはそもそもあなたのものではなかった。

それはまるで私がここに座っていて、私の光の中であなたの闇が消えるようなものだ。それからあなたは去る。あなたが遠く離れて行くと、闇は再びあなたを取り囲むようになる。

それについてスーフィーたちはこう言っている。

二人の旅人が森の中に入って行った。一人は自分の灯り、カンテラを持っていて、もう一人は何も持たなかった。しかし、もう一人はその事実に気づいてさえいなかった。彼らが両方とも光の中を歩いたのは、一方がカンテラを持っていたからで、それでもう一人の道にも光があった。それから彼らが出発しなければならない瞬間が来た。彼らの進路は別方向だった。そしてカンテラを持つ人が自分の道を行った時、突然もう一人の旅人はあたり一面に広大な闇があったことを認め、理解した。

あなたは、ある程度まで私と一緒に歩くことができる。弟子はある程度までマスターと一緒に歩けるが、道は別れる。それからは、あなたは自身の道を行かねばならない。突然、あなたは自分が闇の中にいることに気づくだろう。

だからマスターと一緒にいる間は、ただ彼の至福を楽しむだけではいけない。楽しみなさい。だが、あなた自身の至福とあなた自身の光を生み出す方法も学びなさい。マスターと共にあるその瞬間は、大いに楽しまなければならない――けっこうだ。しかし、ただ楽しみだけでは充分ではない。あなた自身の光を生み出す方法の秘密を学ぶことだ――マスターが出発する時、またはあなたが自分の道を行かねばならず、進路が別々である時、あなたが闇の中で迷わないように。そうしなければ、これは何度も起こるだろう。


ある日、ムラ・ナスルディンが警察に捕まったと聞いたので、刑務所にいる彼に会いに行った。

私は彼に尋ねた。「ムラ、どうしてこんなところにいるのだ？　何が起こったのだ？」

彼は「家宅侵入罪で、俺のしくじりでもある」と言った。

「どんな様子だったのだ？」と尋ねた。

彼は「俺は犬と親しくなるのに三ヶ月を費やした。それから俺はそこに侵入したが、猫を踏んでしまったのだ」と言った。


あなたは充分に気づいていなければならない。

禅では彼らは、瞑想の技(アート)はほとんど泥棒でいるための技(アート)だ、と言う。

あなたは、決して行ったことがない他人の家に足を踏み入れられるほど、気づいていなければならない――歩くことができるだけでなく、どんな音も立てずに、それだけではなく、どんな光もなしに、暗い夜の中で物を動かせるほど気づいていなければならない。あなたは泥棒のように、常に気づいていて、非常に意識していなければならない。

この質問者に何が起こったのだろう？――彼は浮かんでいて、もはやこの世界にいなくて、別の世界に入っていた。光景(ビジョン)が彼に現れ始めた。彼は夢の中にいて、気づいていなかった。彼は酔っぱらっていた。そのため彼は犬の糞を踏んでしまった。

これは非常に、非常に意味深い。それを覚えておきなさい。そうしなければ間違った場所に着く道が多くある。途方もなく気づいていない限り、何度もあなたは家に近づくが、再び扉を見失うだろう。

質問三

OSHO。あなたは貧しい人のグルでもあるのですか？

もちろんそうだ！

あなたが私自身に矛盾する機会を与える時はいつでも、私はその機会を決して失わない。私は矛盾を含んでいる。私は広大だ。私は決して矛盾について不安を感じることはない。私はそれらを愛する。

そうだ、私は貧しい人のグルだ。だがあなたが私を理解するなら、そこに矛盾はない。豊(リッチ)かな人についての私の定義と、貧しい人についての私の定義はよく理解されなければならない。

イエスは「貧しき者は幸いなり、神の王国は彼らのものであるために」と言う。そしていいかな、神の王国は彼らのものになるだろう、とは言っていない。彼は、神の王国は彼らのものである、と言っている。それを繰り返そう。彼は「貧しき者は幸いなり、神の王国は彼らのものであるために」と言う。しかし、イエスの定義における貧しき者とは誰だろう？——同じ人々を、私は豊か（リッチ）と呼ぶ。私は、世界に完全に失望し、世界が与えてくれるすべてを知り、そのすべてが錯覚であると知るようになった人を豊か（リッチ）と呼ぶ。そして彼は、自分の内側の貧しさに気づいた。

「世界のどんな富も、私の飢えたハートを満たすことはできない。私が所有できるものは、何も私にとって満足にはなり得ない。私の貧しさは、私の富に影響されないままでいる」

私がこの人を豊か（リッチ）な人と呼ぶのは、彼がすべての富の無益さを見るようになったからだ。しかし彼は貧しい人でもあり、本当に貧しい。なぜなら彼は、自分の内側の貧しさを理解したからだ。彼は『魂において貧しい』。

さて、もう少しあなたを混乱させてほしい。

二つのタイプの豊か（リッチ）な人がいる。一つ目の最初のタイプは富を持っている人で、そしてもう一のタイプは、富がなくても豊かな人だ——なぜなら彼には豊かでいたいという欲望があるからだ。一人目は富を持っていて、二人目は富を全く持っていないが、両者とも豊か（リッチ）だ——なぜなら両者ともより多くを、そしてますますより多くを要求するからだ。あなたは十ルピーを持っているかもしれないが、百ルピーを望んでいる。ある人は千万ルピーを持っていて、彼は一億ルピーを望んでいる。

違いは何だろう？……その割合は同じだ。両方とも富に向かっている。

だから富を持つ豊かな人々がいて、全く富を持たない豊かな人々がいる。乞食もまた、彼がまだ欲望の方へ動いているなら豊かになり得る。

そして二つのタイプの貧しい人々がいる、富を全く持っていない貧しい人と、世界のすべての富を持つ貧しい人だ。貧しい人が富に意味がないことを理解して、すべての富を持つ人も富に意味がないことを理解したなら、両者とも魂において貧しい。理解すべき基本的なことは、外側にあるものは何であれあなたを満たすことはない、ということだ。あなたが裕福（リッチ）であるか貧しいかは関係ない。しかし、裕福であるなら物事はより簡単だ……。

だから私は、貧しい人が宗教的でありたいと思うなら、彼は裕福な人よりも高い知性を持たなければならない、と言ったのだ——なぜなら、富において不足しているものを知性で代用しなければならないからだ。彼は優れたビジョンを、視覚的にありありとイメージできる力を持たなければならない。あなたに美しい女性がいるなら、美しい女性が側にいるだけでは満足は生じない、と理解するのは非常に簡単だ。それを理解することは非常に簡単で、大した知性は必要ではない。だがあなたに女性がいなくて、一人で砂漠に住んでいて、そして夢を見るなら——そして夢が生じて、女性について夢想するなら——女性を得るだけでは満足できない、と今理解するのは難しい、非常に難しい。あなたの側に富がある時、理解するのは非常に簡単だ。あなたの内なる世界に何も起こらなかったことを見るために、大した知性は必要ない。しかしあなたが何も持たず、食べるものさえなく、泊まれる家もない時、家、食べ物、お金がすべて無意味であることを見るのは非常に難しい。お金が無意味であることを、貧しい人が理解するのは非常に難しい。裕福な人にとって、それは非常に簡単だ。

　だから私は言うのだ、裕福な人が宗教的にならないなら、彼は並外れて愚かであるに違いない、そして貧しい人が宗教的になるなら、彼は並外れて知的であるに違いない、と。あなたが持っている時、何も起こらなかったことを計算上で見るのは非常に簡単だからだ。だがあなたが持たない時、それを持っても何も起こりはしない、とただ思い浮かべるのは、ただ想像の中で考えるのは非常に難しい。かすかな疑いが内側に残るだろう……たぶんそこには、何かがあるのかもしれない。全世界がそれを追いかけているのだ。「彼らはみんな馬鹿なのか？　私だけが賢明な人間なのか？　それなら、なぜ全世界は富、お金、力、名声を追いかけているのだ？」。それは非常に難しい。あなたが宮殿に住んでいれば、ただ宮殿に住むだけでは、人生には何も起こらないことをあなたは知っている。しかしあなたが路上に住んでいる時、スラム街に住んでいる時、ただ宮殿に住むだけでは何も起こらないことを理解するのは非常に難しい。だから私はあなたに、私は裕福(リッチ)な人のグルだと言ったのだ。しかし、自分は豊か(リッチ)ではないと理解しているその裕福な人に対してだけ、宗教的な次元を開く可能性がある。彼が自分の内側の貧しさを理解した時、ただその時にだけだ。だから自分は貧しくて、自分には何もなく、この世界に何も与えられないということを理解する人は誰でも、マスターと接することができる。他に方法はない。

時にはそれは非常に厳しく見える。私の話に耳を傾けることで、時々あなたは非常にかき乱される。私が、私は裕福な人だけのグルだと言う瞬間、もちろんあなたはかき乱される。あなたは裕福ではない。それなら私は、あなたのグルではないのだろうか？　しかしあなたは私を誤解した。あなたにはその要点が掴めなかった。

それは何度も起こっている。私が何かを言うと、あなたは何か他のことを聞く。

優しいが、耳の不自由な三人の小さな老婦人たちが、スーパーマーケットで出会った。
「いい日 Beautiful day ね」と一人が言った。
「いいえ、今日は木曜日 Thursday よ」ともう一人が言った。
「私も喉がからから thirsty だわ」と三人目は言った。「お茶を飲みましょう」

こんなふうに私とあなたの間で物事が起こる。私は何かを言い、あなたは何かを聞く、それからあなたは質問し続けて、私は答え続ける……。

二人の男が話している。一人がこう言った。「俺が結婚したのは、コインランドリーに行ったり、レストランで食べたり、穴の開いた靴下を履くことに飽きたからだ」
もう一人の男は「それは面白い。俺は同じ理由で離婚したのだ」と言った。

私が貧しい人は宗教的ではあり得ないと言う時、それは傷つける――特にインドのような貧しい国では。それはひどく傷つける。そしてよりそうなるのは、インド人がインドは宗教的な国であると考え、そして私が貧しい人は宗教的ではあり得ないと言うからだ。その国は貧しくて、豊かであるふりをしている。それは非常に深く痛む。それはエゴを傷つける。しかし理解しようとしてごらん。

階層（ヒエラルキー）があり、最初により低い必要性を満たさない限り、より高い必要性は生じない。生において、あなたは非常に算術的に規則に従う。少年は小学校に行かなければならず、それから中学校に、高校に、単科大学に、そして総合大学に行かねばならない。そこには階層（ヒエラルキー）がある。誰かが「私は直接総合大学に入りたい」と言っても許されない。あなたは「まず、いくつかの必要条件を満たさなければならない」と言うだろう。

神は究極の真実であり、今では誰もが、自分は直接近づくことができるはずで、どんな必要条件もあるべきではないと考える。これは全くナンセンスだ。私にとっては、まずあなたの物質的な必要性が満たさなければならない。あなたの身体は深く満足し、幸福でなければならない。身体が完全に申し分なく健康で、それ自体で喜びを感じ、美しく唸る(humming)車のように、異常音も騒音もない時……。私はインドの車について話しているのではない。

噂によれば、アンバサダー車の製造業者が死んだ時、ビルラが死んだ時、天国の門で彼を迎えた人が非常に怒っていたと言う。彼はこう言った。「このアンバサダーというあなたの車について、多くの苦情を受けています。クラクションを除いて、すべての機械が騒音を起こしています！」

車が本当に美しく唸って（humming）いて、機械にリズムがある時、そこには幸福がある。あなたの身体が音楽的で調和した状態でハミングして（humming）いる時、すべてが整合している時、どこも悪くなくて、あなたが身体に全く満足している時、突然、エネルギーの急激な高まりがある。あなたは審美的な対象――芸術、音楽、詩、絵画――を探し始める。突然あなたはピカソ、ミケランジェロ、モーツァルトに興味を持つようになる。突然あなたの審美眼は、美しい何かを求めて成長し始める。


あなたのマインドもハミングしている時、あなたのマインドも幸福である時、音楽があり、詩があり、美がある。そしてあなたが満足している時、再び別のジャンプが、別の量子的跳躍があり、あなたは真実について尋ね始め、神について尋ねる。あなたは究極の幸福な状態においてのみ究極の質問をするのであって、それ以前ではない。それから探求が始まる。今、それは非常に難しい。それはこの物語と同じくらい難しい。


マイロン・コーエンは、「サディ、もしあなたが通りで百万ドルを見つけたなら、それをどうするつもりなの？」と尋ねた女性について語っている。

「それは時と場合によるわね」とサディは答えた。

「それが非常に貧しい誰かのものであることがわかったなら、私はそれを返すでしょう」

さて、百万ドルだ！　そしてその女性はこう言う。「もしそれが非常に貧しい誰かのものであることがわかったなら、私はそれを返すでしょう。それは時と場合によるわね。でなければ私はそれを取っておくつもりよ。もしそれが金持ちの人のものであるなら、それを返すことに何の意味があるの？」

しかし、百万ドルが非常に貧しい誰かのものであるだろうか？……それの不合理を見てごらん。

私はこれまで、低次の必要性が満たされていない人で、神の真実を本当に探求できる人に出会ったことがない。それはあり得ない。私はそう言うことを申し訳なく思う、が……真実は真実であり、たとえそれが痛むとしても、それは言われなければならない。私にはどうすることもできない。それはそうなのだ。その時、彼の欲望は彼の満たされなかった層の辺りをうろついたままでいる。彼は祈りについて、愛について話すかもしれないが、彼はセックスを意味している。彼のセックスが満たされていないなら、愛についての彼の話は愛についてのものにはならない。それは満たされていないセックスについてのものだ。彼は「愛」という言葉を使うかもしれない。それは不適切だ。それは何の違いにもならない。しかし、彼の愛と愛に関する話の中により深く入って行くなら、そこに性欲が隠れているのがわかるだろう。

低次のものが満たされていない時に、高次の必要性に跳ぶことは不可能だ。

インドは、過去のある時代、ブッダやマハーヴィーラの時代は宗教的な国だった。インドが宗教的だったのは、世界で最も豊かな国だったからだ。それは黄金の鳥のような、最もすばらしく、最も豊かで豪華なもの、と考えられていた。インドはその時代を知っていた。それは若くてエネルギーと活力に満ちていた。それは頂点に達していた。誰も永久に頂点に留まることはできない。それは変わり続ける。その頃のインドが宗教的だったのは、豊かだったからだ。それから豊かさは消え去った。インドはますます貧しくなった。そしてそこには論理がある。

国が非常に豊かな時はいつでも、それは宗教的になり始める。それが宗教的になり始める時、それは貧しくなる。それが貧しくなる時、宗教的であることは難しい。これがそのメカニズムであり、これがその弁証法だ。なぜそれは起こるのだろう？

今、アメリカを見てごらん。アメリカは現在世界で最も裕福な国だが、若い世代はテクノロジーに反対しようとしている。若い世代は愛、祈り、瞑想について話す。だがテクノロジーに逆らうなら、そしてもし、キャデラックやロールスロイスを燃やして托鉢者のように生き始めるなら、ヒッピーやイッピーになって社会から離脱（ドロップアウト）するなら、さて何が起こるだろう？　もしそれが大規模に起こるなら、アメリカは世界で最も貧しい国になるだろう。

さあ、それの弁証法を見てごらん。アメリカは宗教に興味を持ち、瞑想に興味を持ち、神に興味を持っている——なぜなら豊かだからだ。さて、あなたが神に興味を持つようになると、あなたはこう言う。「富の中に何があるのだ？　何もない。貧しい人の人生は美しい。私はブッダのような放浪者でありたい、私は風来坊でありたい。私はこの機械的な社会を続けたくない。私はもはや消費社会の一部でありたくない」。その時あなたは離脱する。それから社会の大部分が離脱する。

そしてあなたは未来だ――なぜなら、若い世代が決めなければならないからだ。古い世代はすぐ消える。そして新しい世代が決めなければならない時、彼らはテクノロジーを全く知らない。自分の豊かさから落ち、貧しくなる。そして貧しくなる時、豊かであった頃に起こったその宗教を、遺物として抱え続ける。ちょっとそれを見てごらん。あなたが豊かだった頃、宗教が真実だったのは、あなたがより高い頂点に達しようとしていたからだ。今、あなたは豊かさから落ちてしまった。そしてあなたは宗教のせいで落ちている。さて、あなたは何世紀にもわたって、宗教の遺物を抱えるだろう。あなたは瞑想について話し続けるが、それは何も意味していない。

だからインドでは遺物が続いているのだ。インドは黄金の頂点を知っている。それが黄金の頂点を知った時、ブッダ、マハーヴィーラ、ネミナータ、そしてすべての知性的な人々は、社会から離脱した。彼らは托鉢者、放浪者、比丘になった。彼らは物乞いをし始め、こう言った。

「これはすべてナンセンスだ。これらの大きな宮殿や莫大な富はすべて無益だ」

それは真実だった。私は彼らが間違っていたとは言っていない。私は単に、そのメカニズムがどのように機能するか、車輪がどのように動くかをあなたに話しているだけだ。彼らは真実だった。彼らはこう言わなければならなかった。それを避ける方法はない。しかし彼らがそれを言った時、数多くの人々は確信した。ブッダには何千人もの弟子がいて、彼らはみんな裕福な家族の出身だった。彼らは王族出身か裕福な家の出身だった。もちろん何人かの貧しい人々も来た。だが実のところ、当時は誰も貧しくなかった。

今アメリカには貧しい人々がいるが、インドの基準から見るなら、彼らは非常に金持ちだ。アメリカでは貧しい人でも車を持つことができる。あなたのおかかえ運転手でさえ、自分の車で来ることができる。現在、インドでは、運転手が彼自身の車を持っていると考えるだけで、誰もそれを信じないだろう。「それなら、なぜ彼は他の誰かの車を運転するのだ？　それはあり得ない！」

私はインドールで、裕福な家族のところによく滞在していた。彼は初めてスイスに行き、彼を案内するために一緒に旅行していたガイドが、彼を自分の家に招待した。彼は丘に美しい家を持っていた。この裕福な人は私に言っていた――彼は初めて西洋に行ったのだった――彼は私にこう言っていた。

「私は信じられなかった。私は驚いた。なぜなら彼は九つの部屋を持っていたからだ。妻と夫しかいないのに！　そしてそれぞれの部屋には浴室が付いていていた！」

私が滞在していた彼の家では、彼は浴室付きの部屋を二つしか持っていなかった。そして彼はインドールで最も裕福な人の一人だ。一つの部屋は私のためであり、もう一つの部屋は彼自身のためだった。備え付けられた浴室は贅沢だ。彼はそれが信じられず、なぜその男がガイドとして働いていたのか理解できなかった。彼は自分の車を持ち、自分の家を持ち、美しい庭を持っていた――では、なぜ彼はガイドとして働いていたのだ？　この金持ちはその貧しい男に比べて貧しいと感じた。

インドは豊かだった。貧しい人たちでさえ豊かだった。数多くの人がブッダとマハーヴィーラによって改心され、そして彼らはみんな社会から去った。ちょっとその点について考えてごらん。

数多くの人々が突然乞食になるなら、非常に豊かな社会だけが彼らを持つ余裕がある。さもなければ、どうすればそんな余裕があるのだろう？　誰が彼らに食べ物を与え、誰が彼らに住まいを与えるのだろう？　彼らはみんな保護され、みんな良い食べ物を得て、良い服を得ていた。実際にブッダは、彼らはこれ以上受け取るべきでない、という規則を作らねばならなかった。そうしなければ、人々にはとても多くの物が与えられたので、乞食がその荷をすべて抱えることは難しかった。だから人は、これ以上受け取るべきではない、という量が制限された。そしてより多くを受け取ったなら、すぐに何かを与えなければならなかった。しかしその人の所有物は、限られた数のものでなければならない。数多くの比丘たちがいて、ブッダは彼らがより多く所有しないために、規則を作らなければならなかった。インドは宗教が開花した豊かな国だった。宗教が開花した時、まさにその開花のせいで国は貧しくなった。国が貧しくなった時、宗教は遺物として続いた。現在インドは宗教的な国ではない。宗教は過去からの遺物に過ぎない。過去を見るなら、あなたは「そうだ、かつてそれは宗教的な国であったに違いない」と思うことができる。しかし未来を見るなら、インドは遅かれ早かれ共産主義国になるだろう。インドは今や、世界で最も物質主義的な国の一つだ。

さて、もう一つ言わせてほしい。国が貧しくなると物質主義的になると全く宗教について思い悩まない――または、せいぜい、口先だけのお世辞を言う。それから国は豊かになり始める。物質主義はあなたを豊かにする。再び豊かになる時、ある日あなたは宗教的になる。そしてこのようにして車輪は動き続ける。

宗教は、常に裕福な者のためのものだ。そして遺物の宗教は非常に危険だ。それは、あなたが本当に物質主義者になるのを許さない。そしてあなたは物質主義者だ。それはあなたが本当に物質主義者になる自由を与えない。私は物質主義に反対ではない。なぜなら私は、物質主義の最高峰においてのみ宗教が起こることを知っているからだ。

カール・マルクスは、世界の最も豊かな国が共産主義になると予測していた。しかし彼は失敗した。彼の予測は間違っていた。それが間違っていたのは、彼が現実の社会の弁証法を決して理解せずに、経済構造だけを理解していたからだ。彼が正しかったなら、アメリカは共産主義になっていたはずだった。ロシアでも中国でもない。両方とも貧しい、最も貧しい国だ。カール・マルクスは間違っていた。

私が言っていることはより真実だ。豊かな国は、決して共産主義になることができない。貧しい国だけが共産主義になる。豊かな国は共産主義ではなく宗教的になる。貧しい国は共産主義になる――だがこれがその有様だ。私は、それはそうあるべきではない、と言っているのではない。私はそうあるべきものやそうあるべきではないものについて、何かを言っているのではない。私は単に、そうであるものを話しているだけだ。これがそのメカニズムだ。

今、ロシアがいつか本当に豊かになるなら、それは共産主義との接触を失うだろう。だから中国とロシアの間には対立があるのだ。ロシアは中国より豊かだ。中国は本当に貧しい人の国であり、貧しい人だけが物質主義者であり得る。現在、中国にとってロシアは中産階級(ブルジョア)であるように見える。彼らはロシアとは何の関わりも持ちたくない。それは既に中産階級(ブルジョア)の国だ。遅かれ早かれ、ロシアがより豊かになる時……それは起こらざるを得ない。物質主義者に、技術的に、科学的になる時、豊かになる。豊かになる時、突然宗教が開花し始める。

ロシアでは現在、内密にどこかに集まって、祈り、瞑想している秘密結社があることを知って、あなたは驚くだろう――なぜなら現在それは違法だからだ。公然と祈ることはできないし、公然と瞑想について話すことはできない。しかしそこには結社があり、人々は一緒にいて、イエスやブッダについて話すために命を危険に曝すことさえある。しかしそれらはすべて秘密結社だ。

最後の質問、

それはヤトゥリからだ。

質問四

正確を期するために……OSHO、二日前、明らかにスピリチュアルな理由で、あなたは一日当たり、わずか五千語しか話さないことを認めました。純粋に科学的な観点から、この発言には不正確な点が含まれているように思われます。実際の数値は――そしてこれは講話記録者、編集者、またはテープ技師の誰もが独自に確かめるでしょう――朝の講話と夕方のダルシャンの両方を計算すると、その合計は約三倍になります。これは毎週十万五千の言葉が話されていて、合計して一年で五百五十万もの相当な言葉が、私たちに与えられているということです。三年もの短い年月で、そのような言葉の鎖が本当に地球を取り囲むことになるでしょう。これは光明を得た声の記録なのでしょうか?

私たちが確信しているのは、マスターはそのような突飛な主張を、検証または反駁する機会を必要としている、ということです。

それは突飛なものではない。そしてヤトゥリ、私は完全にあなたに同意する。しかし、マスターには常に免れるための彼のやり方がある。そんなに簡単に彼を捕まえることはできない。そして彼は常に、その中に何らかの秘教的なものをもたらすことができる。

そう、一万五千語が話されている。覚えておきなさい、私は私が話しているとは言っていない……。一日当たり一万五千語が話されている。身体から五千語、マインドから五千語、私から五千語だ！

一つの逸話をあなたに話させてほしい。

ジャガーが猫に、急に飛びかかる方法を教えてくれと説得した。虫と昆虫で二、三の実験を成功させた後で、ジャガーは食欲をそそられ、猫自身にこの新しいテクニックを試みようと決めた。けれども猫は、危険な状態から閃光のように跳び出して、ジャガーはどさっと地に落ちた。

「それはずるい！」とジャガーは泣き言を言った。「君はそのトリックを俺に教えなかったぞ」

「抜け目のない教師は、」と猫は彼に注意した。「自分のすべてのトリックを、決して生徒に教えないものさ」

それを覚えておきなさい。

そしてヤトゥリは正しい。私は計算が苦手だ。それは常にそうだった。だから話が数学のことになる時はいつでも、私は常にあなたに同意する。

しかし形而上学には、どんな混迷した事からでも抜け出すための独自の方法がある。だからこそ、私はとても簡単に私自身と矛盾することができるのだ。

私は一日に五千語しか話さない。

第二章

中間を覚えていなさい

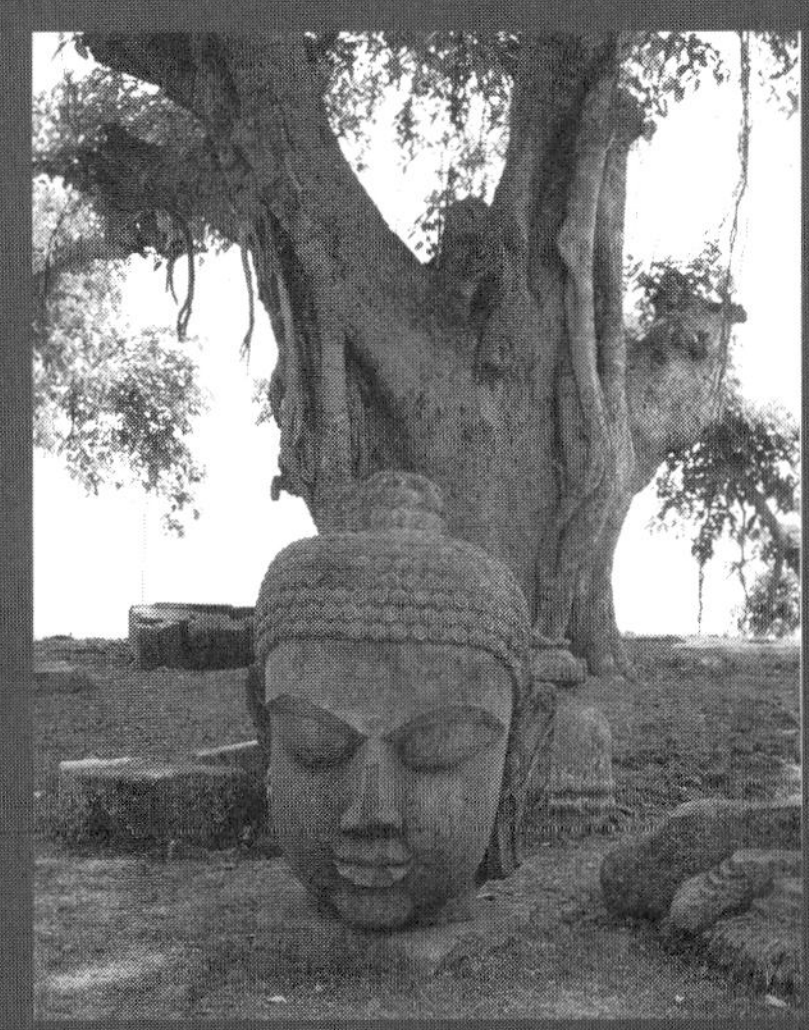

Remember the Middle

ある夜、一人の僧侶がカッサパブッダによって伝えられた経を唱えていた。

彼の口調はとても悲しげで、声はとても弱々しく、まるで彼は存在の抜け殻のようだった。

ブッダはその僧侶に尋ねた。「無宿僧になる前、あなたの気晴らしは何だったのだ？」

僧侶は言った。「私は弦楽器を弾くことが大好きでした」

ブッダは言った。「弦が緩すぎた時はどうなるのだろうか？」

僧侶は言った。「音は響くことができません」

「弦がきつすぎた時は？」「割れた音になります」

「弦がきつすぎず、または緩すぎなかった時は？」

「すべての音色はその正しい音質で響きます」


ブッダはそれから僧侶に言った。

宗教的な修行もまた弦楽器を弾くことに似ている。

マインドが適切に調節され、平静に用いられる時、道は達成可能になる。

しかしあまりにも熱心にそれに心を傾けている時、あなたの身体は疲れてくる。

そして身体が疲れている時、あなたの精神は疲れる。

精神が疲れる時、あなたの修行は緩む。
そして修行の緩みと共に、多くの邪悪が後に続く。
それゆえに、静かで、純粋でありなさい。すると道は得られる。

人間のすべての惨めさは、中心から外れていることにある。車輪の中心と車輪の間に不適合がある。あなたと現実（リアリティ）の間に不適合があり、その不適合は千と一つの方法でそれ自身を明らかにする。現実から離れれば離れるほど、より惨めになる。地獄とは、現実から最も遠い地点のことを言う。現実に近づくほど天国に近づく。あなたと現実の間に不適合がない時、あなたは天国そのものになる。

それはどこかに行くという問題ではなく、どうやって再び現実（リアリティ）と調和するかという問題だ。それは再発見だ――なぜなら母親の子宮内では、それぞれの子供は現実（リアリティ）に中心が定まっているからだ。母親の子宮内では、それぞれの子供はこの上ない至福に満ちている。もちろん彼はそれに気づいていないし、それについて何も知らない。彼は知る人がいないほど至福と一つになっている。至福に満ちた状態が彼の存在であり、知る人と知られるものには区別がない。だからもちろん子供は、自分が至福に満ちていることに気づいていない。あなたは何かを失った時にだけ気づく。

ムラ・ナスルディンはある日、息子にこう言っていた。
「結婚するまでは、幸福とは何かはわからない。そして結婚してからわかっても遅すぎる」

それはそうだ。それを失わずに何かを知ることは非常に難しい。それを失っていない時、あなたはそれと完全に一つになっているからだ。そこに距離はない。観察者と観察されるものは一つだ。知られるものと知る人は一つだ。すべての子供は全く至福に満ちた状態にいる。

心理学者もこれに同意する。彼らは、宗教のすべての探求は、母親の子宮を再び見つける道に他ならない、と言う。彼らはそれを宗教批判として使うが、私にとってそれは全く批判ではない。それは単に真実だ。そう、宗教の探求は、再び子宮を探求することだ。宗教の探求とは、再びこの存在全体を子宮にするための探求だ。

子供は母親と完全に調和している。子供は決して母親と違うことがない。子供は自分が母親と分離していることを知らない。母親が健康なら子供は健康だ。母親が病気なら子供は病気だ。母親が悲しいなら子供は悲しい。母親が幸福なら子供は幸福だ。母親が踊っているなら子供は踊っている。母親が静かに座っているなら子供は静かだ。子供にはまだ自分の境界がない。これは最も純粋な至福だが、それは失われることになる。

子供は誕生し、突然彼は中心から外へ投げ出される。突然大地から、母親から根こそぎにされる。彼は自分の拠り所を失い、自分が誰なのかわからない。彼が母親と一緒にいた時にそれを知る必要はなかった。彼はすべてだったので知る必要はなかった。区別がなかったので知る必要がなかった。そこに「あなた」はいなかったので、「私」という問題はなかった。現実（リアリティ）は分割されていなかった。それはアドヴァイタ、純粋なアドヴァイタ、純粋な非二元性だった。

しかし、いったん子供が誕生し、へその緒が切られて自分自身で呼吸し始めたら、突然彼の存在全体は、自分が誰なのかを知る探求になる。それは当然だ。今や彼は自分の境界に、身体に、必要性に気づき始める。時には彼は幸せになり、時には不幸になる。時には満たされ、時には満たされない。時には空腹で泣いているが、どこにも母親の姿はない。時には母親の胸元にいて、再び母親と一つであることを楽しんでいる。しかし今、そこには多くの気分と多くの雰囲気があり、やがて彼は分離を感じ始める。離婚となり、結婚は破綻する。

彼は完全に母親と結婚していた。今、彼は常に別々でいる。そして彼は、自分が誰なのかを見出さなければならない。そして生涯、人は自分が誰なのかを見出そうとし続ける。これは最も根源的な問題だ。

まず子供は「私のもの」に気づく、それから「私 me」に、そして「あなた」に、そして「私 I」に気づく。このようにそれは進む。これがまさにその手順で、正確にこの順序になる。まず彼は「私のもの」に気づく。それを見守ってごらん。なぜならこれはあなたのエゴを構成するもの、エゴの構造だからだ。まず子供は「私のもの」に気づく――この玩具は私のものだ。この母親は私のものだ。彼は所有し始める。所有者が最初に来る。所有することはまさに基本的だ。そのためすべての宗教は、非所有的になりなさいと言う——なぜなら、所有と共に地獄が始まるからだ。小さな子供を見てごらん。非常に嫉妬深く、所有欲が強く、それぞれの子供は他のみんなからあらゆるものを奪い取ろうとし、彼自身の玩具を守ろうとする。そしてあなたは、非常に暴力的で他人の必要性にほとんど無関心な子供たちを見るだろう。子供が自分の玩具で遊んでいて別の子供が来ると、あなたはそこでアドルフ・ヒトラー、チンギス・ハーン、ナディルシャーを見ることができる。彼は自分の玩具にしがみつく。彼には殴る用意が、戦う用意がある。それは縄張りの問題、支配の問題だ。所有することが最初に来る。それは基本的な毒だ。そして子供は「これは私のものだ」と言い始める。

さて見てごらん——現実には、実際には何も「私のもの」ではあり得ない。私たちは手ぶらで来て、手ぶらで去る。「私のもの」や「汝のもの」というこの事柄全体は、ただの夢に過ぎない。だが子供が「これは私のものだ」と言うなら、今、彼は現実との不適合性に陥っている。そこであなたは、この「私 me」という考えを持てば持つほど、より惨めになり、より苦しむということに気づく。あらゆるところに「この家は私のものだ。この女性は私のものだ。この男性は私のものだ」があり、そしてどこでもあなたはすぐに主張し、所有する……そして惨めさが入って来る。

二人が恋をしている。それがほんの始まりだったら、「私のもの」は始まっていない——「私のもの」が始まっていなければ、マインドは始まっていない。いったん「私のもの」が始まるなら、エゴが近づいている。エゴとは結晶化した「私のもの」だ。そして一度「私のもの」が始まると、愛は失われる。愛が美しいのは「私のもの」がない時だけだ。しかしそれは私たちの構造そのものになっているため、すぐに入って来る。それがこの世界における私たちの基盤だ。私たちは間違ったものに基づいている。聞いたことがある……。

このプレイボーイは六歳で、彼は隣の五歳の女の子と遊んでいた。
「レスリングをしようか？」と彼は尋ねた。
彼女は「レスリングはできないわ。私は女の子よ」と言った。
彼は「ボール投げをしようか？」と続けた。
彼女は「ボール投げはできないわ。私は女の子よ」と答えた。
最後に彼はこう言った。「わかった、ままごと遊びをしようか？」
彼女は「いいわ。私は父親よ」と言った。

そもそも最初から、誰が誰を支配するのだろう？　誰が誰を所有するのだろう？　そのため東西を問わずすべての宗教は、地球上に存在したすべての宗教は、非所有、非執着を強調する――所有、執着は、あなたの足下から大地そのものを奪うからだ。非所有であれば、エゴは存在できない。あなたの存在のこの基本的な欠陥に、「私のもの」というこの主張にあなたが気づくなら、この一つの言葉を落とすことで、あなたの惨めさすべてを落とせることに驚くだろう。これは単なる言葉ではなく、あなたの生き方全体のことだ。間違った生き方は「私のもの」に基づいている。正しい生き方は、「私のもの」も「あなたのもの」も知らない。「私のもの」と言うなら、私たちは自分自身を全体から分離させている。今、この分離は進み、一歩ごとにあなたをより遠く離れたところへ連れて行く。

聞いたことがある……。

小さな子供が家族と一緒に座っていた。父親と母親はいつものように口論していた。それから父親は気も狂わんばかりになった。女性を叩くかもしれない、または何か間違った事をするかもしれないと思って、父親は家から飛び出して行った。

小さな子供はそれを見ていた。彼は「パパは戻って来るの?」と言った。母親は「ええ、十五分以内に戻るでしょう」と言った。

子供はこう言った。「ちぇっ、つまんねぇ! パパのデザートを食べようと思っていたのに」

一度「私のもの」が入ると、あなたはすべての人との競争相手になる。いったん「私のもの」が入ると、あなたの生は競争、苦闘、対立、暴力、侵略の生になる。

「私のもの」の次の段階は「私 me」だ。あなたが「自分のもの」と主張する何かを持つと、突然その主張を通して、あなたには自分の所有物の中心であるという考えが生じる。所有物はあなたの領分になり、その所有物を通して「私 me」という新たな考えが生じる。

あなたが「私 me」に落ち着くなら、自分には境界があり、境界の外にいる人々は「他者 you」であることがはっきりとわかる。他者が明らかになる。今や物事はバラバラになり始めている。

宇宙は一つで、それは統一体だ。何も分割されていない。すべては他のすべてと繫がっている。それは途方もない繫がりだ。あなたは地球と繫がり、木や星と繫がっている。星はあなたと繫がり、星は木や川、山と繫がっている。すべては相互に繫がっている。何も切り離されていない。何も切り離され得ない。分離は不可能だ。

各瞬間、あなたは呼吸している――息を吸い、息を吐く――絶え間なく存在との架け橋がある。あなたは食べ、存在はあなたの中に入る。あなたは排泄し、それは肥料になる――木に実るリンゴは明日あなたの身体の一部になり、あなたの身体のある部分は出て行って肥料になり、木の食料になる……。継続的な与えることと受け取ること。一瞬たりともそれは止まらない。それが止まる時、あなたは死んでいる。

死とは何だろう?――分離が死だ。統一性の中に在ることが生きるということであり、統一性から外れることが死ぬことだ。だからあなたが「私は分離している」と思えば思うほど、あなたは敏感ではなくなり、より死んだようになり、鈍重で鈍くなる。繫がっていると感じれば感じるほど、この存在全体はあなたの一部になり、あなたはこの存在全体の一部になる。私たちがお互いの一員であることを理解するなら、突然視野(ビジョン)が変わる。そうすると、これらの木は異質な物ではない。それらは、あなたのために絶えず食べ物を準備している。息を吸う時、あなたは酸素を取り入れている。息を吐く時、あなたは二酸化炭素を与えている。木は二酸化炭素を吸い、酸素を吐き出す——そこには絶え間ない交流がある。私たちは調和している。現実（リアリティ）は統一性だ。それなのに「私」、「あなた」という考えのせいで、私たちは現実から外れている。そしていったん間違った概念が内側に定着するなら、あなたの視野（ビジョン）全体が逆さまになる。

聞いたことがある……。


若いニューヨーカーが初めてテキサスに行った。

水牛の群れを見て、彼は招待者にそれらは何かと尋ねた。

「それらはただの野生の豚だ」と招待者は言った。「テキサスではすべてが大きい」

少し後で、訪問者は鷲の群れを見て、それらは何だと尋ねた。

「それらはただの雀だ」と彼の主人は言った。「すべてがテキサスでは大きい」

その夜遅く、訪問者はトイレを探しに行って、水泳プールに落ちた。

「後生だから！」と彼は叫んだ。「誰も水を流さないでくれ！」


いったんあなたが間違った物事の概念を持つと、その概念はすべてを歪める。もし「すべてがテキサスでは大きい」なら、水泳プールはトイレであるに違いない！　それは当然だ——一つの間違った概念はもう一つの間違った概念へと導き、一つの小さな間違った概念は、より大きな間違った概念へと導く。あなたがこれで固定し続けるなら、ある日あなたは何が現実（リアリティ）なのか、全くわからなくなる。あなたは単純に自分自身の概念によって曇らされる。

「私 me」、それから「あなた」、次にその反映として「私 I」が生じる。「私」は所有欲の最も微妙な、最も結晶化した形だ。一度あなたが「私」を口にすると、冒涜を犯したことになる。一度「私」と言ったら、あなたは存在から完全に分断される——本当は分断されない、でなければあなたは死ぬだろう。しかしあなたの観念では、あなたは現実（リアリティ）から完全に分断されている。今、あなたは現実との絶え間ない戦いの中にいる。あなたは自分自身の根と戦い、自分自身と戦う。

だからブッダは、流木でありなさい、と言うのだ。私という考えを捨てさえすれば、流木になることができる——そうでなければ流木になることはできない。奮闘は続く。だからあなたが瞑想をしに来る時、それはとても難しくなるのだ。私がただ静かに座るようにと言っても、あなたはそれができない——非常に単純な事だ。人は、それは最も単純な事だ、それを教える必要はないはずだ、と思う。人は単純に座って在るべきだ。しかしあなたが座れないのは、「私」がくつろぐ瞬間をあなたに許すことができないからだ。一度くつろぎの瞬間が許されるなら、あなたは現実（リアリティ）を見ることができる。いったん現実（リアリティ）が知られるなら、「私」を捨てなければならない。そうなると、それは存続できない。だから「私」はあなたに休日すら許さない。たとえあなたが丘や避暑地に行っても、「私」はそこでも決してあなたに休日を与えない。あなたはラジオを持って行き、テレビを持って行く。

あなたは自分のすべての問題を持って行って、それに従事したままでいる。そこへ、高原へ、あなたはくつろぐために行ったが、同じ方法で自分のすべてのパターンをし続ける。あなたはくつろいでいない。

「私」はくつろぐことができない。それは緊張を通して存在する。それは新しい緊張を引き起こし、新しい心配事を作り出し、絶えず新しい問題をでっち上げ、どんな休息もあなたに与えない。一分間の休息でさえ、「私」という家全体は崩れ始める――なぜなら現実はとても美しくて「私」はとても醜いからだ。人は不要に自分の道と戦い続ける。あなたは自発的に起ころうとしているものと戦っている。あなたは不要に戦っている。あなたは、望まなければあなたのものになるものを望んでいる。実のところ、望むことによってあなたはそれを失う。

だからブッダは言うのだ、流れとともに漂いなさい、と。それにあなたを海へ連れて行かせなさい。「私のもの mine」、「私 me」、「あなた」、「私 I」――これは罠だ。そしてこの罠が惨めさ、神経症、狂気を生み出す。

さて問題は、子供はそれを通り抜けなければならない、ということだ。なぜなら彼は自分が誰なのかを知らず、彼にはある種の自己証明(アイデンティティ)が必要だからだ――たぶん偽りの自己証明だが、それは自己証明がないよりかはましだ。彼には何らかの自己証明が必要だ。彼は自分が誰なのかを正確に知る必要があるので、偽りの中心が作られる。「私」はあなたの本当の中心ではない。それは偽りの中心であり、功利的で見せかけで、まさにあなたによってでっち上げられたものだ。それはあなたの本当の中心とは関係がない。あなたの本当の中心はすべての中心だ。あなたの本当の自己はすべての自己だ。中心では、すべての存在は一つだ——ちょうど光の源である太陽で、すべての光線は一つであるように。光がより遠く離れて行けば行くほど、お互いの距離は遠く離れる。

あなたの本当の中心はあなたの中心であるだけでなく、それは全体の中心だ。しかし私たちは自分自身によってでっち上げられた、手作りの、独自の小さな中心を作った。その必要はある……なぜなら子供は自分が誰なのか何もわからず、どんな境界もなく誕生するからだ。それは生存には不可欠だ。どうやって彼は生存するのだろう？　彼は名前を与えられる必要がある。自分は誰なのかという考えを与えられなければならない。もちろんこの考えは外側から来る。誰かがあなたは美しいと言い、誰かがあなたは知的だと言い、誰かがあなたはとても活気があると言う。あなたは人々が言う事を集める。人々があなたについて語るすべてのことから、あなたは一定のイメージを集める。あなたは決して自分自身を、自分が誰なのかを調べない。このイメージは偽りになる——なぜなら、他の誰もあなたは誰なのかを知ることができないし、他の誰もあなたは誰なのかを言うことができないからだ。あなたの内的な真実性（リアリティ）は、あなた以外の誰も手に入れることはできない。あなたの内的な真実性（リアリティ）へは、あなた以外の誰も侵入できない。あなたしかそこにいることはできない。

あなたの自己証明（アイデンティティ）が偽りであることに、寄せ集めであることに、人々から意見を収集してきたものであることに気がつく日……。

いつかちょっと考えてごらん、ただ静かに座って、自分とは誰なのかを考えてごらん。多くの考えが生じるだろう。ちょっとその考えがどこから来るのかを見守り続ければ、あなたはその源を見つけられる。いくつかのものはあなたの母親から来ている——それはほとんど、約八十から九十パーセントだ。あるものは父親から来ていて、あるものは学校の先生から来ていて、あるものは友人から来ていて、あるものは社会から来ている。ちょっと見守ってごらん。あなたはそれが来る所から分かれることができる。何もあなたからは来ていなくて、一パーセントすらあなたから来ていない。あなたが全く与えなかったこれは、どんなタイプの自己証明（アイデンティティ）なのだろう？　そしてあなたが与えられる唯一の者であり、実際に百パーセント全てを与えられる。

あなたがこれを理解する日、宗教は重要になる。これを実感する日、あなたは自分の存在に入るための何らかのテクニックを、何らかの技法を探し求め始める——あなたが誰なのかを、正確に、本当に、実存的に知る方法を探し求め始める。

もう外側からのイメージの収集はなく、あなたの現実（リアリティ）を映すことをもう他人に求めることはなく、直接、すぐさまそれに直面し、あなたの本性に入り、そこでそれを感じることになる。誰かに尋ねる必要とは何だろう？　そしてあなたは誰に尋ねているのだろう？　彼らはあなたが自分自身について無知でいるのと同じくらい、彼ら自身について無知だ。彼らは自分自身を知らない。彼らはどうしたらあなたを知ることができるだろう？　ちょっと物事がどのように機能しているのか、どのように機能し続けているのか、どのように起こり続けているのかを見てごらん。一つの虚偽は別の虚偽に繋がる。あなたはほとんどペテンにかけられ、欺かれている。あなたは騙されているが、あなたをペテンにかけた人々は、故意にそうしたのではないかもしれない。彼らは他の人たちにペテンにかけられてきたのかもしれない。あなたの父親、母親、教師は他の人たちに——彼らの父親、彼らの母親、彼らの教師に——騙されてきた。そして彼らは今度はあなたを騙した。あなたは自分の子供にも同じことをしようとするのだろうか？

人々がより知的で、より気づいているより良い世界では、彼らは子供に自己証明(アイデンティティ)という考えが偽りであることを教えるだろう。

「それは必要であり、私たちはそれをあなたに与えているが、それは当面の間だけ、あなた自身であなたが誰なのかを発見するまでだ。それがあなたの真実性(リアリティ)になることはない。そして、あなたが誰なのかを見つけ出すのは、早ければ早いほど良い。あなたがこの考えを落とせるのは、早ければ早いほど良い——まさにその瞬間から、あなたは本当に誕生し、本当に本物で、真正になるからだ。あなたは個になる」

私たちが他人から集める考えは私たちに人格 personality を与えて、私たちが内側から知る知識は私たちに個性 individuality を与える。人格は偽りで、個性は本物だ。人格は借り物だ。真実性(リアリティ)、個性、あなたの真正さは、決して借りることができない。誰もあなたが誰なのかを話すことはできない。

他人はあなたの身体を見ることができる。彼らはあなたの身体が美しいかどうかを言えるが、それも時と場合による——美しさの基準は存在しないからだ。それはその人の考えに、彼が何を美しいと思うかに依存する。二人の人物は決して同意しない。それはほとんど「好き嫌い」のようなものだ。あなたは女性と恋に落ちて、彼女は世界で最も美しい女性だと思うかもしれない——そしてあなたの友人はあなたを笑うかもしれない。私は彼らが正しいと言うのではなく、あなたが正しいと言うのでもない。私は単に基準がないと言っているだけだ。あなたはその女性がぞっとするほど恐ろしくて、友人は気が狂っていると思うかもしれないが、基準は全くない。誰が美しいか、何が美しいかを知る客観的な方法はない。それはあなたのマインドに、あなたの条件付けに依存する。

私は耳にしたことがある……。

雄の象は、雌の象がくねくねと身動きをするのを見ていた。ほとんど魅了されて、彼は「わぁ！完璧な二百五十×二百十×四百だ！」と言った。

もちろん、それは象にとっての美の比率だ——人間にとってではない。そしてあなたがその比率を笑う時、象はあなたの美についての考えを笑う。

実際、一人の個人的な美についての考えでさえ、変わり続ける。幼年期にはあなたは美について異なる考えを持ち、青年期には異なる考えを、老年期には異なる考えを持つ。それはあなたの必要性、あなたの必要に依存する。

聞いたことがある……。

農民の雑誌にある広告があった。ある農民が、三十歳くらいの女性と出会いたいという広告を出していた。彼自身は四十一歳だった。目的は結婚だったが、一つの条件があった。女性はトラクターを持っていなければならなかったし、トラクターの写真を彼に送らなければならなかった！

それはあなたの必要性、あなたの考え、あなたの哲学、宗教、条件付け、文化に依存する。ある人は、あなたの身体について何かを言うことができる。それも客観的なものではない。ある人は、あなたのマインドについて何かを言うことができる――ある教師は、あなたが非常に知的だと言うことができる――だがそれも時と場合による。誰が知的なのかを決める方法はないからだ。知能を測定すること、知能指数というまさにその考えは失敗した。心理学者は知能を測定できるだろうと考えていたが、それは失敗した。今やそれは時代遅れだ。それにはたいした意味はない。

誰が知的だろう？――数学に有能な子供、または絵を描くことに非常に有能な子供だろうか？誰が知的だろう？――詩を作れる子供、またはエンジンや機械装置を作れる子供だろうか？誰が知的だろう？　実際に語るべき方法はない。もちろん通常は、数学者、機械工、科学技術者は知的だと考えられる――なぜなら彼にはより多くの有用性があるからだ。絵画にはあまり有用性はない。

詩には生存価値はない。それを商品化することはできない。市場では誰もそれを気にしない。だがあなたが小道具を、機械装置を作れるなら、多くの人々はそれに興味を持つ。しかしどうやって決めたらいいだろう？

異なる社会では……たとえば、三千年前の古代の中国では、詩を書ける人は機械を考案できる人よりも知的であると考えられていた——なぜなら、その社会は異なる原則に基づいて存在していたからだ。老子は、機械は必要ないと言った。老子は、機械とは自然を欺く方法であり、自然を搾取する方法だと言った。機械は攻撃的だ。人間はどんな機械的な物も必要としない。詩、絵画、彫刻、音楽にはより価値がある。だから音楽家として生まれた子供は、数学者より知的であると考えられた——なぜなら数学者と一緒にあなたは何をするのだろう？　それが何の役に立つのだろう？　しかし現代世界では、数学者はより役に立ち、より有用性があり、より多くの市場価値がある。

しかしこれはそう長くは続かない。遅かれ早かれ、今世紀中にも、いくつかの国々は再び音楽、詩、彫刻が必要になるほどの裕福な状態になるだろう。人々は素晴らしい音楽を聞き、ダンスを見て美の領域に入り、真実性(リアリティ)とより深く調和したいと思う。誰が数学者、科学技術者、エンジニアのことを気にするだろう？　遅かれ早かれこれは変わるだろう。それは社会の必要性に依存する。

人々はあなたの身体について、あなたのマインドについて何かを話すことはできるが、それにも価値はない。誰があなたの魂について何かを言えるだろう？——あなたを生んだ母親でさえ、父親でさえできない。

ブッダは光明を得た時、家に帰った。父親は非常に怒っていた。当然そうなる。父親を満足させることは非常に難しい。何をしても彼の野心に反するからだ。父親を満足させることは非常に難しい。あなたにもし人格がなく、個性がなく、独自の知性がなければ、あなたは鈍い。あなたは従順であるかもしれないが、父親はあなたの鈍さ、愚かさが理由で満足しない。あなたは従順だ、いいだろう。だがあなたが従順なことに何の意味があるだろう？　あなたは与えるべきものを何も持っていない。あなたが知的で、独特で、与えるべき何かを持っているなら、あなたは従順ではあり得ない。知性は常に反逆的だ。鈍くて愚かな人々だけが従順でいる。

今日の世界にとても多くの反逆があるのは、知性の爆発があるからだ。各世代は先の世代より知性的だ。そのためにより多くの反逆が、より多くの不服従が、より多くの混乱状態が世界にある。あなたは自分の子供にそれを見ることができる。公平に子供を観察してごらん。あなたが子供だった頃、あなたはそれほど知的だっただろうか？　今、子供を見てごらん。彼らはとても知的だ。あなたはそれを見ないかもしれない、なぜならそれは痛むからだ。あなたはそれを見ないかもしれないし、それを否定するかもしれないが、ちょっと見てごらん──それはそうでなければならない。意識が進化し続けるのは自然なことだ。だから子供が知的な時、彼は反逆的になり、父親はそれに満足しない。子供は従順だが知的ではない時、その時も彼は満足しない。父親を満足させることは難しい。

ブッダでさえ、父親を満足させることができなかった。ブッダの父親は、彼がヒッピーになったと思ったに違いない。たぶんヒッピーという用語がなかったので、彼は別の用語でそれを考えたに違いないが、それはまさにブッダが来た時に父親が彼に言ったことだ。彼は非常に怒っていて、いらいらして、そしてこう言った。

「何ということだ? お前は王の息子なのに、乞食のように行動しているとは? このすべての馬鹿げたことを捨てて家に戻って来なさい。私はお前の父親だ。お前は私に苦痛を与えて、私を不快にさせてきたが、それでも私には父親としての心がある。私はお前を許してもいい。私の扉はまだ開いている。お前は来ることができるのだ」

ブッダは笑い、こう言った。

「あなたは私を全く知りません。私は偉大な王国に入ったのです」

父親はもちろん、より激怒した。彼は「こんなことはみんな止めなさい! 私はお前をよく知っている。私がお前を誕生させたのだぞ」と言った。

ブッダは言った。

「あなたは間違っています。それは誤りです。あなたは私の肉体を誕生させましたが、私をではありません。あなたは全く私を知りません。私があなたの前に立っている時でさえ、あなたは私を見ていません。あなたは、自分は父親であり私は自分の息子だ、という考えで一杯なのです。その考えは障壁のように機能しています。ただ私を見てください！　あなたの家を出た息子は戻って来ていません。その人はいなくなりました。その人は死んでいます！　私は全く新しい存在です。私には新しい自己証明(アイデンティティ)があり、新しい認識があります。私は気づきとして来ています。無意識としての私はいなくなりました。ゴータマ・シッダールタとしての、あなたの息子としての私は、いなくなりました。今、私はブッダとして、光明を得た者として、まさに光明を得た者として来ています。私は偽りの自己証明(アイデンティティ)と共に立ち去りました。今私は、自分とは誰かについて、真の認識と共に来ています。私を見てください！」

　実際に、他の誰かがあなたの真実(リアリティ)を見る方法はない。あなたは自分自身で、その中に入って行かなければならない。それを使用人にさせることはできない。誰かにお金を支払って、自分のためにそうしてもらうことはできない。

　偉大なスーフィーの聖者が、カリファ・オマールから宮廷で祈るように呼び出された。彼はそこに行ったが、こう言った。「私はそれはできません。あなたには自分自身のためにしなければならないことがいくつかあります。あなたはご自身で呼吸しなければなりません。他の誰もそれはできません。あなたはご自身で、あなたの女性と愛し合わなければなりません。他の誰も、あなたのためにそうできません。そしてあなたは、ご自身で祈らなければなりません。私はそうすることはできません。申し訳ありません」

彼は言った。「私は祈ることができますが、それは私自身のための祈りになります。それはあなたのための祈りではありません」

彼は、誰もあなたのためにすることのできない事がある、という重大な真実を肝に銘じさせた。少なくとも一つの事は、決して他の誰かによってすることはできない――それは、あなたとは誰か、に対する答えをあなたに与えることだ。いや、あなたはあなた自身の存在の中へ入って行かなければならないし、あなた自身を深く掘り下げなければならない。自己証明（アイデンティティ）の、偽りの自己証明（アイデンティティ）の層に次ぐ層を壊さなければならない。

人が自分自身の中に入る時、混乱が生じるため、恐怖がある。どうにかしてあなたは偽りの自己証明でやりくりしてきた。あなたはそれに固定していた。あなたは自分の名前が、あれやこれであるのを知っている。あなたはある特定の資格、証明書、学位、大学院、大学、名声、お金、財産を持っている。あなたには自分自身を定義する特定の方法がある。どのような効用があろうと、あなたには特定の定義があり、それは機能する。自分自身の中に入ることには、この有効な定義を落とすという意味がある……混乱が生じるだろう。

あなたの中心に来ることができる前に、非常に混沌とした状態を通過しなければならない。だから恐怖がある。誰も入りたくない。人々は教え続ける、自分自身を知れ、と。私たちは耳を傾けるが、決して聞かない。それを気にすることはない。混乱が解き放たれるとあなたはそこで失われ、それに飲み込まれる、という非常に確かな考えがマインドにある。その混乱への恐怖が理由で、私たちは外側から何かに固執し続ける。しかし、これがあなたの生を無駄にしている。

自分の存在の中に入るために充分な勇気を持つ日、あなたはサニヤシンになる。サニヤシンの意味は、今あなたは自分の生を手に入れている、ということだ。今、あなたはあなたのものである生を、真に生きようとしている。今、あなたはもう役割を演じていないし、他の誰かにあなたの生の物語を書かせることはない。そしてあなたは、自分の中に種のように常に持っていたものを展開する準備ができている。混乱が問題になる。だから人々は宗教的になる時、混乱を避けるための方法を見つけ始める。この経典に入る前に、それを理解しなければならない。

ある自己証明（アイデンティティ）が存在する。たとえば、あなたは金持ちで多くのお金がある――それはあなたの自己証明になる。人が「私自身を知るにはどうすればいいのだ?」と考え始めて、彼が常に賢者たちから説明されてきた真理――「私のもの」、「私 me」、「あなた」、「私 I」を捨てなければならない、という真理――を聞くようになる時、彼は「分かった、では自分のすべての富を捨てて、そして貧しくなろう」と考える。彼は一つの自己証明を捨て、貧しくいるという自己証明を持つ。だが彼は別の極端に移った。一つの間違いを避けるために、その正反対の間違いの方へ移った。そしてこれは基本的なことだが、ある間違いにあまりにも反対すると、別の間違いに入ってしまう。反対のものも間違いだ。別の間違いに反対する一つの間違いは、正しいものであることはできない。まさにその中間に、そのどこかに真実がある。

あなたが金持ちなら、あなたには自己証明がある。あなたはそれを捨て、貧しくなり、乞食になる。今、あなたには別の自己証明がある。最初のものは社会から借りたもので、二番目のものもまた社会から借りている。今、誰もが、あなたは世界を放棄した、あなたは偉大なサニヤシンで、世界から離脱（ドロップアウト）した、あなたは本当に偉大だ、と言う。あなたが偉大だったのはお金を持っていたからだ。今あなたが偉大なのは、お金を放棄したからだ――だがその自己証明は外側から来ている。最初あなたは金持ちでいて、今あなたは貧しい。今は貧しさがあなたの豊かさだ。あなたは利己的だった、あなたは謙虚になった。しかし、今、謙遜であることはあなたのエゴだ。

人は非常にたやすく、一つの病気からもう一つの病気に移ることができる。ちょうど振り子が、一方の極端からもう一方の極端に揺れることができるように。

ブッダは、極端は間違ったものだと言う。極端でいることは、間違っていることだ。中間にいなさい、バランスを保ちなさい――それがサムヤックだ――そこが正しさがある所だ。

ただ中間にいなさい、一方の極性からもう一方の極性に動いてはならない。それが人々のしていることだ。ある人は女性の後を追いかけている。それからある日、彼はそれはくだらないことだと決める。彼は女性から逃げ始める。しかし走ることは続いている。最初彼は追いかけていて、今、彼は女性が彼を追いかけているかもしれないと恐れている。そして物事はそのように起こる。あなたが女性を追いかけると、彼女は逃げる。彼女から逃げ始めると、彼女はあなたを追い始める。生は非常に不可解だ……。だが走ることは続いている。それはゲームだ。一方だけが追う者になれるし、もう一方は追われる者でなければならない。あなたが追う者であるか、女性が追う者になるかのどちらかだが、ゲームは続いている。

ブッダは、中間で止まりなさい、と言う。この経典は、ブッダの生で非常に有名な物語の一部だ。その物語は、スローナという名の王子についてのものだ。

スローナは非常に金持ちの王子だった。彼は食べて、飲んで、お祭り騒ぎでいる超快楽主義の生活を送っていた。彼は可能な限りの深い耽溺の中に生きていた。彼は修行について何も知らず、気づきについて何も聞いたことがなかった。女性、ワイン――それがすべてであり、それが彼の全人生だった……女性とワインという二つの言葉に限られていた。一日中酔っぱらっていて、一晩中、性欲に耽っていた。彼は狂ったように乱れていた。しかし、次第に極端は彼を疲れさせ始めた。やがて彼は、自分が人生に対して何をしているのかに注意を払うようになった。あまりにも耽溺しすぎる時、ある日、あなたが少しでも知的なら、それのすべての無益さを感じ始める。

ある日ブッダが彼の町を通り過ぎていた時、彼はブッダについて耳にした。彼は何日も思い続けてきた。「別の生き方があるに違いない。私が生きている生だけが人生ではないはずだ」

ブッダが来たことを聞いて、彼はブッダに会いに行った。彼は極端な男だった。ブッダを見て、その沈黙、その優美さ、その平和を見て、彼は感動し、彼のハートは圧倒された。彼はブッダに頭を下げて「今すぐ、私にサニヤスを与えてください！」と言った。

ブッダは「待ちなさい。そんなに急いではならない」と言った。

「しかし、」と彼は言った、「私は待つことができません。私は待つことがどのようなことなのかわかりません。私は何かをしたい時にしたいのです。そしてもうたくさんです！　私は放蕩の人生を生きてきました。私は自分自身をただ浪費してきました。それは自殺的でした。今、私は家に帰ることができません。私を受け入れてください」

ブッダの弟子たちでさえ、こう言った。

「なぜ彼を受け入れないのですか？　あなたは誰に対しても決してだめだとは言いません。なぜためらっておられるのですか？」

アーナンダは「なぜためらっておられるのですか？　彼は偉大な王子で、よく知られており、彼は準備ができています。彼は完全に明け渡す準備ができています」と言った。

ブッダはこう言った。「私がためらっているのは、これが単なる別の極端であるかもしれないと恐れているからだ。この男はただ放蕩的にやってきた。今彼は放棄して、別の極端に移っているだけなのかもしれない──そして放棄は中間にあるものだ」

しかしスローナは押し通して、去ろうとせず、朝から夕方までそこに座っていた。彼はそんなタイプの男だった。ブッダがだめだと言えば言うほど、彼はよりしつこくせがんだ。翌朝、ブッダは彼を弟子として受け入れた。この教典はスローナについてのものだ。

物語は、スローナが比丘に、僧侶になった時、すぐさまもう一つの極端に、ブッダが恐れていた、懸念していた極端に向かった、と伝えている。比丘たち、ブッダの比丘たち、彼の僧侶たちは、毎日一度食事をしていた。スローナは毎週たった二食しか食べなかった。比丘たちは、一つの町から別の町へ歩いて移動する。その時彼らは道を歩いた。しかしこのスローナは、決して道を歩こうとしなかった。彼は森の中を歩き、怪我をした。彼の足は出血し、傷を負った。ブッダの比丘たちは非常に穏やかな人々、静かな人々だった――それは、すべての教えが中間に留まることにあるからだ。彼らは決して放蕩的ではなく、決して禁欲的でもなかったが、このスローナは大変な禁欲主義者になった。誰もが木の下に座っている時、彼は炎天下に立った。彼は美しい身体をしていて、美しい若者だった。彼は浅黒くなり、黒人のようになり、数ヶ月以内で彼を認知することは不可能になった。彼の首都に住む人々が来ると、彼らは驚いた。彼はそれほど変わった。彼は痩せて細くなり、目は輝きを失い、顔はすべての優美さを失った。彼は醜くなり始めた。そして彼は常に病気だった。なぜなら身体には、特定の物に対する耐久力の限界があるからだ。しかし彼は心配していなかった。実際、彼はそれを楽しんでいた。そしてすべての僧侶たちは、彼が偉大な魂だと感じ始めた。誰もが、彼は彼らより優れていると感じ始めた。今や新しいエゴがスローナに生じていた。

この教典はスローナについてのものだ。

ある夜一人の僧侶が、カッサパブッダによって伝えられた経を唱えていた。彼の口調はとても悲しげで、声はとても弱々しく、まるで彼は存在の抜け殻のようだった。

もちろん彼は非常に悲しくなっていたに違いない。彼は非常に元気がなくなって意気消沈していて、すべての喜びを失っていたに違いない。彼は自分自身を苦しめていた。彼は少々自虐的だったに違いない。彼は自暴自棄になっていた。彼は非常に深刻に、浮かぬ顔になっていたに違いない。彼は非常に深刻な病気になって、すべての健康な状態は消えてしまったに違いない。彼は開花していなかった。実際、その木は枯れていた。

彼は、カッサパブッダによって与えられたこの経典を唱えていた。経を唱える時、あなたは喜びながら唱えなければならない——そうしなければ無意味だ。祈る時、喜びに満ちて祈ることができなければ、それは無意味だ——あなたの時間を浪費してはならない。なぜならあなたの祈りは、喜びという馬に乗らなければ神に届かないからだ。あなたが祝福できない限り、あなたの祈りが聞かれることはない。祝福を通してのみ、それは神に届く——なぜなら神はたった一つの言語しか理解しないからだ。そしてそれは祝福だ。他の言語ではない——彼は英語も、サンスクリット語も、アラビア語も理解しない。彼は一つの言語しか理解しない——花の言語、雲の言語、孔雀の言語、カッコウの言語、喜びの言語、青葉の、海へと押し寄せている川の、山から滑り落ちる氷河の言語だけだ。彼はダンスを知り、歌が何であるかを知っている。言葉には意味はなく、音楽だけに意味がある。彼は音を理解するが、言葉は理解しない。

言語は人間が作ったもので、喜びは神からのものだ。だからあなたが瞑想したり、祈ったり、経を唱えたり、コーランを唱える時はいつでも、喜びながらそれをしなさい。そうでなければ、それをしてはいけない。それは全く役に立たないので必要ない。あなたは時間を浪費している。そしてあなたは、神を悩ませているかもしれない。彼はいらいらするかもしれず、あなたは後で後悔するかもしれない。少なくとも彼を悩ませてはいけない。

スーフィーの神秘家、ハッサンについて聞いたことがある。彼はモスクを通り過ぎようとしたところ、ある人がコーランを唱えていた。彼の声はとてもぞっとするもので、非常に酷いやり方でそれをしていた。とても悲しげで、とても深刻だった——まるで彼のすべての笑いが干上がったかのように。彼の声は幽霊の声のようだった。

ハッサンは「あなたは何をしているのだ？」と言った。

彼は言った。「神のためにFor God's sake、私はこのコーランを唱えています」

ハッサンは「お願いだからFor God's sake、止めてくれ！」と言った。

喜びながらしない限り、どうかそれをしないでほしい。神のためにFor God's sake（お願いだから）、決してそれをしてはいけない。悲しみながら、憂鬱的に何かをするよりも、醜い何かをしてそれを祈りと呼ぶよりも、無神論者であって神を信じないほうがましだ。

しかしあなたは、あなたがそうあるものだけしかできない。喜びは、あなたが急に何とかできるものではない。それが沸騰していない限り、それがあなたの存在に湧き上がっていない限り、それが樹液のように流れていない限り、あなたが喜びをどうにかすることはできない。それは、あなたの顔つきをどうにかするという問題ではない。なぜなら神はあなたの顔など見ていないからだ。神はあなたのハートを見ている……だから騙すことはできない。喜びがあなたの存在にない限り、それは届かない——あなたの祈りは決して聞かれないだろう。

だから私は、あなたが踊ったり歌ったりできるなら、それで充分だと主張するのだ。あなたの祈りを実際に言葉にする必要はない。それをダンスで示しなさい。それを歌うことで示しなさい。言葉にする必要はない。ギターを弾いてもいいし、フルートを演奏してもいい——それで充分だ。ありきたりなものを使えばいい。

彼の口調はとても悲しげで、声はとても弱々しく、まるで彼は存在の抜け殻のようだった。

ブッダはその僧侶に尋ねた。「無宿僧になる前、あなたの気晴らしは何だったのだ？」

僧侶は言った。「私は弦楽器を弾くことが大好きでした」

ブッダは言った。「弦が緩すぎた時はどうなるのだろうか？」

僧侶は言った。「音は響くことができません」

弦があまり緩すぎる時、音は響くことができない……。

「弦がきつすぎた時は？」「割れた音になります」

「弦がきつすぎず、または緩すぎなかった時は？」

「すべての音色はその正しい音質で響きます」

ブッダはそれから僧侶に言った。

宗教的な修行もまた弦楽器を弾くことに似ている。マインドが適切に調節され、平静に用いられる時、道は達成可能になる。

実際、マインドがちょうど中間にあり、緩すぎることもなくきつすぎることもなく、バランスが取れていて、穏やかで静かで、左にも右にも動いていない時、マインドの振り子がちょうど中間で止まった時、時間は消え、時計は止まる。まさにその瞬間、道は達成可能になる。それどころか、道は達成されている。これが道だ。中間にあることが道だ。道を取り逃がすのは、あなたが中間にいないからだ――そして道は中間にある。生の状況において、すべての状況において、人は極端に行かないように注意しなければならない。そうしなければ、時には弦は緩すぎて音楽は生まれない。

そして時には弦はきつすぎて裂けてしまう。そして音楽の代わりに、弦はただの騒音を作り出す。音楽は、物事がちょうど中間にある時にだけ可能になる。弦がきつくもなく緩くもないポイントがある。

あなたはそれを見たことがあるに違いない。インドの音楽家たちが演奏する時はいつでも、まず彼らは楽器を中間の状態に持って来ようとする。打楽器奏者はタブラを叩いて、それが中間の状態にあるかどうかを感じる。感じられなければ、彼は何かを締めるか何かを緩める。ヴィーナ奏者は弦を締めたり緩めたりする。

一度それは起こった。

ある総督がラクナウの名士に招待された。そして総督を歓迎するため、彼は最高の音楽家たちに総督のために何か演奏するように頼んだ。そしてもちろん、それが伝統的に行なわれるように、音楽家たちは楽器を締めたり緩めたりし始めた。名士は「どのような音楽が最もお好きですか？」と総督に尋ねた。ほんの礼儀から、彼は「今演奏されているまさにこの音楽です」と言った――ほんの礼儀から！　彼は何が起こっているのか理解できなかった。それから、ほんの礼儀から、名士は音楽家たちに続けるよう命じた。三時間もの間、彼らはただ続けた。

弦が緩くもなくきつくもない所がある――そして達人だけがそれを知っている。弦楽器を演奏するのは簡単だ。音楽が生まれる状態に、それも自然に生まれる、楽々と生まれる状態に弦楽器を調律するのは難しい。人は楽器を調律できる時に達人に、または名手(マエストロ)になる。演奏することはそれほど難しくない。調律はより難しい――調律のためには、どこが正確な中間なのかを学ばなければならない。非常に注意深く、非常に敏感でなければならない。あなたの耳は、極めて完全に敏感でなければならない。そうして初めて、どこが中間かを定めることができる。

そしてブッダは言う。

宗教的な修行もまた弦楽器を弾くことに似ている。
マインドが適切に調節され、平静に用いられる時、道は達成可能になる。
しかしあまりにも熱心にそれに心を傾けている時、あなたの身体は疲れてくる。
そして身体が疲れている時、あなたの精神は疲れる。
精神が疲れる時、あなたの修行は緩む。
そして修行の緩みと共に、多くの邪悪が後に続く。
それゆえに、静かで、純粋でありなさい。すると道は得られる。

すべての生の状況において、それを覚えていなければならない。

この経典は途方もなく重要だ――なぜなら、マインドは反対に移動する傾向があるからだ。そして反対に移動すると、再び中間を逃してしまい、以前と同じように中間から遠く離れてしまう。ある人が利己主義者なら、彼は謙虚な人になる。

本当に気づいている人は、利己主義者でも謙虚でもない。彼は謙虚やエゴという言葉を知らない。謙虚であることはエゴの反対でもある。それは実際には反対ではない。それは同じ言語だ。あなたがある人は謙虚だと言う時、それはどういう意味だろう？　彼は利己主義者ではないとあなたは言う――それは、彼がエゴという頂点から謙虚さという谷に移動したことを意味する。だがブッダに出会うと、彼は謙虚だと言うことはできない。彼は利己主義者だと言うことはできない。彼はただ単にそう在る。彼は頂点から谷に落ちていない。彼はただ、平らな地面に来ただけだ。それは理解するのが最も難しいことの一つだ。

他の聖人が謙虚であるという意味では、イエスは謙虚ではない。人々が利己主義者であるという意味では、イエスは利己主義者ではない。彼は単純に、何がエゴで何か謙虚なのかを知らない。彼はその二元性から離脱した。彼はただ単にそう在り、彼の在ること isness から応答する。時には彼は非常に利己的に見えるだろう。それはあなたの解釈だ。時には彼は非常に謙虚に見えるだろう。それもあなたの解釈だ。

たとえばキリスト教徒は、イエスが非常に謙虚に見える物語について話す――彼は弟子の足に触れて洗った……とても謙虚だ、と。しかし彼らは、彼がそれほど謙虚には見えない他のいくつかの事を避けている。彼は手に鞭を持って、金貸し達を寺院から追い出した。どういうわけか彼らはその話を避ける。そこでは彼は全く謙虚でなかったからだ。彼は激怒していて、反逆者、革命家だった。実際、彼は謙虚でもなく利己的でもない。

同じことが、達成したすべての人々に当てはまる。クリシュナは、アルジュナの戦車の御者として働いていた。それは彼の謙虚さだ。ヒンドゥー教徒は「何と謙虚なのだろう」とそれについて非常に多く語るが、反ヒンドゥー教徒はそれについて語らない。彼らは言う、「何という利己主義だろう！　彼はアルジュナに『すべての宗教を忘れて私の足元に来なさい』と言う。何という利己主義だ！　それ以上の何を求めることができるだろう？　これは利己主義の頂点だ」

しかし実のところ彼はどちらでもない。状況が求めるなら、彼は自分の弟子の御者になることができる。彼はその馬たちを川に連れて行き、沐浴させ、洗い、マッサージすることができる……彼の弟子の馬たちをだ！　それから次の瞬間には、彼はアルジュナにこう言うことができる。「すべて忘れなさい！　すべての宗教を捨て、あなたのすべてのイデオロギーを捨てなさい。私の足元に来なさい」

さて、これは非常に逆説的だ。しかし、本当に認識している人は謙虚でもなく利己的でもない。どんな状況であれ、彼は全面的に応答する。

覚えておきなさい。ブッダは、中間にいる時はいつでも、あなたは道の上にいる、と言う。左右に傾いている時はいつでも、あなたは道に迷っている。「中間に留まること」で彼が意味しているのは、静かでいることだ――なぜなら左か右に傾く時はいつでも、あなたは興奮するからだ。だから決して右主義者であってはならないし、左主義者であってもならない。ただ中間にいなさい。するとあなたはどこにもいないし、誰でもない――なぜなら、中間ではすべての興奮が失われるからだ。人はただ静かでいる。

そしてそれが彼が言う「純粋でありなさい」の意味だ。左に傾く時、左はあなたを汚す。右に傾く時、右はあなたを汚す。あなたが傾かない時、単に中間にある時、あなたを汚すものはない。あなたは汚されなくなる。あなたは純粋だ。

それゆえに、静かで、純粋でありなさい。
すると道は得られる。

子供は「私のもの」、「私 me」、「あなた」、「私 I」を学ぶ、とあなたに言った。今、あなたは反対に動いて、「何も私のものではない」と言うことができる。そしてあなたは、自分の中にエゴはない、何も所有していない、「私 me」は存在せず、自分もまた神聖な形であり、無形という形である、と言うことができる。しかし、それがもう一つの極端にただ動いているだけなら、何も得られない。それが中間からの理解なら、何かが得られる。しかし中間からでは、あなたは「私は何も所有していない」と言わないだろう。それを覚えておきなさい。これはあなたが、まだ何かを所有できると考えているからこそあり得ることだ。ある日あなたは自分は所有できると思い、別の日にあなたは否定して「私は何も所有していない。私は放棄している」と言う。しかし、あなたの放棄にも所有がある。世界を所有していないならば、どうしたら世界を放棄できるだろう？

本当に理解している人は決して何も放棄しない。彼は単純に理解している。

「所有するものは何もない、ではどうしたら放棄できるだろう？」

日本の天皇についての言い伝えで、彼は自分の王国を放棄して禅の導師のところに行った。彼は導師の足元に平伏して、実に謙虚に「私は王国を放棄しました」と言った。

禅の導師は「それならあなたは行って再びそれを所有し、再びそれを要求した方がいい。行くがいい」と言った。

天皇は非常に動揺し、「どういう意味ですか？　私は本当に放棄したのです」と言った。

導師はこう言った。「本当にそれを放棄したのなら、どうしてそれを放棄したと言うことができるだろう？――なぜなら真の放棄とは、何もあなたに属していない、という単純な理解だからだ。放棄すべきものは何もない」

放棄は、そもそも所有が可能であることを受け入れた場合にのみ可能だ。非執着は、そもそも執着が可能であることを受け入れた場合にのみ可能だ。本当に理解している人は、執着は可能ではないことを知るようになる。執着は偽りで、所有は偽りだ。それは可能ではない。所有することは不可能だ。それなら、放棄することに何の意味があるだろう？　非執着になることに何の意味があるだろう？　執着は簡単に消える。執着が消えて後に何も残らなければ、非執着さえなく、非執着の考えさえなければ、あなたは純粋で静かになる。執着が消えて、今それが非執着に取って代わるなら、あなたは別の極端に動いている。暴力が消える時、それはあなたの中に非暴力があるのではない。非暴力に何の意味があるだろう？　暴力が消えると、それと共に非暴力も消える。二元性は相伴う。今、突然あなたは一人残され、純粋でいる。一方に入ると、もう一方にも入る。


「さて、若者よ、君が私の義理の息子になりたいのはわかっている」と父親は、娘のボーイフレンドであるムラ・ナスルディンに言った。

「いいえ、正確には違います」とナスルディンは答えた。

「でも私があなたの娘さんと結婚するなら、どうやってそれから逃れたらいいのか分かりません」


ある人が「さて、若者よ、君が私の義理の息子になりたいのはわかっている」と尋ねた。そしてナスルディンは「いいえ、正確には違います。でも私があなたの娘さんと結婚するなら、どうやってそれから逃れたらいいのか分かりません」と言った。

あなたが誰かの娘と結婚するなら、あなたは同時に義理の息子にもなる。二つから一つを選ぶことはできない。それらは相伴う。実際それらを二つと呼ぶことは正しくない。それらは単に二つの側から見られる一つの現象だ。

暴力的になる時、非暴力が入って来る。非暴力になる時、暴力は後ろで待っている。それらは相伴う。すべての二元性は相伴う。セックスが消える時、禁欲も消える――それを覚えておきなさい。あなたが禁欲主義者になったと主張し始めるなら、性欲はまだ存在していて、いつでもそれは爆発し得る。あなたは火山の上に座っている。セックスが去った時、禁欲の意味は何だろう？　そうなるとそれは全く無意味になる。その言葉は無意味だ。「禁欲」はセックスに関連してのみ、意味を持つことができる。

ブッダはこう言う。両方の二元性が消える時、あなたはただ中間にいる――沈黙して、静かで、純粋でいる。道は達成される。道とは中間の道だ。

最後に、あなたがそれを常に覚えていられるように、全部を一つの文章に要約してみよう。あなたが疲れて、失望して、何かが終わった時はいつでも、油断なきままでいなさい――マインドは反対に行く傾向がある。弦が緩すぎる時、マインドはそれをきつくしすぎる傾向がある――そしてまた、あなたは取り逃がす。マインドがきつすぎる時、弦がきつすぎる時には音楽が生じないので、ある日あなたはそれにも飽きるだろう。そうするとマインドは、再びそれらを緩くしすぎる傾向がある。このように生は進行する……一つの生から別の生へと、あなたは一つの極から別の極へと動き続ける。あなたはバレーボールになる――こちら側からそちら側へ、そちら側からこちら側へと打たれる。あなたがこのゲームから、このサンサーラというゲームから、世界というこのゲームから出たければ、中間にいなさい。決めるべき瞬間が来る時はいつでも、非常に油断なく在りなさい。決して、もう一方の極端に行ってはいけない。中間に留まる事を覚えていなさい。

中間に留まる事を学ぶことができれば、学ぶためにあるものを、学ぶ価値があるものをすべてあなたは学んだことになる。ブッダの道はマッジム・ニカーヤ、「中道」と呼ばれている。彼は最も洞察力のある真理の探求者の一人だ。彼は非常に深いものを作り、あなたが使えるものを発見した。それは儀式ではなく、祈りではない。それはあなたの気づきと関係があるものだ。彼のワークの全分野は気づきだ。

だから中間に留まっていなさい。食べ過ぎたなら、絶食し始めてはいけない。それは非常に簡単だ。そのように人々は振舞う。私は多くの人々を知っている。最初の二ヶ月か三ヶ月間、彼らは絶食して減量する。それから彼らは食べ物に突入する。そして彼らは取りつかれる。二ヶ月か三ヶ月の間、彼らは食べ過ぎる。またもや、何であれ絶食が彼らの身体にしたことは取り消される。再び彼らは絶食する用意ができている。このように彼らは続行する――バレーボールは、ここからそこへ打たれる。正しい食べ物を、適切な量を、気づきを持って食べるだけで充分だ。食べ過ぎる必要はなく、絶食する必要はない。

中間を覚えていなさい。そうすればあなたは常に正しいだろう。

第四章
枝を手放しなさい

Let Go of the Branch

質問一

統合されるようになるには、どうしたらいいのですか？

統合は、なることとは関係がない。

それどころか、なるためのすべての努力は不統合をもたらす。

統合は既にあなたの存在の最も深い核心にある。それは持ち込まれなければならないものではない。あなたのまさに中心で、あなたは統合されている。さもなければあなたは全く存在できなかった。どうしたら中心なしで存在できるだろう？　牛車が動き、車輪が動くのは、車輪の動きに不動の中心があるからだ。それは中軸の上を動く。荷車が動いているならハブはある。あなたはそれを知っているかもしれないし、それを知らないかもしれない。

あなたは生きていて、呼吸していて、意識している。生は動いているので、生という車輪にハブがなければならない。あなたは気づいていないかもしれないが、それは存在する。それなしでは、あなたは存在できない。

だからまず第一に、そして非常に基本的なことは、なることが問題ではないということだ。あなたはそう在る。あなたはただ内側に入って、それを見なければならない。それは発見であって達成ではない。あなたはずっとそれを持ち運んでいる。しかしあなたは周辺に執着しすぎるようになり、中心に背を向けている。あなたは外向きになり過ぎたので、内側を見ることができない。

少し洞察力を引き起こしてごらん。「洞察 insight」という言葉は美しい――それは内側を見ること sight in、調べること look in、見出すこと see in を意味している。目は外側に開いていて、手は外側に広がり、足はあなたから離れる。静かに座り、周辺をくつろがせ、目を閉じてただ内側に入ってごらん……努力なしで。ただくつろぎなさい――まるで人が溺れていて、何もできないかのように。私たちは溺れている時でさえ、何かをやり続ける。

単にそれが起こるのを許すことができるなら、それは浮上して来る。雲から中心が生じているのがわかるだろう。

生には二つの様相(モード)がある。一つはあなたが何かをする行動的な様相で、もう一つは受容的な様相だ――あなたはただ単に受け入れる。行動的な様相は外向的だ。あなたがより多くのお金を求めているなら、ただ座ることはできない。それではお金は生まれない。あなたはそのために奮闘し、競争しなければならず、ありとあらゆる方法と手段を使わなければならない――合法であれ、違法であれ、正しかろうと、間違っていようと。お金はただ座るだけで生じることはない。もし力強くなりたいなら、政治家になりたいなら、それについて何かをしなければならない。それは自然に生じることはない。

行動的な様相がある。行動的な様相は外向的な様相だ。そして非行動的な様相もある。あなたは何もせず、ただ単にそれが起こるのを許す。私たちはその言語を忘れてしまった。その忘れられた言語を、再び学ばなければならない。統合を持ち込む必要はない――それは既にそこにある。私たちはそれを見る方法を忘れてしまい、それを理解する方法を忘れてしまった。行動的な様相から、受容的で受動的な様相にもっと動きなさい。

私は行動の世界から離れろと言っているのではない――なぜなら、それはまたもやあなたを偏らせるからだ。あなたは今まさに偏っている。あなたの生には唯一の様相があり、それは行動で、何かをすることだ。静かに座ることについて考えられない人々がいる。彼らにとってそれは不可能だ。彼らは、一瞬のくつろぎも自分自身に許すことはできない。彼らは行動にしか興味がない。

聞いたことがある……。

ムラ・ナスルディンの妻が、窓の近くに立っていた。美しい夕日だった。鳥たちは巣に戻っていた。本当に素晴らしい夕方だった。そして彼女はナスルディンに、「ほら！　ここに来なさいよ。あの美しい夕日を見てちょうだい！」と言った。

ナスルディンは、新聞から少しも目をそらさずにこう言った。

「今彼は、この太陽は何をしているのだ?」

何かがされているなら彼は興味を持つ。それがただの夕日なら、それを見ることに何の意味があるだろう?

　あなたは、何かが起こっているなら、と行動にだけ興味を持つ。これはあまりにも凝り固まっているので、少しリラックスしなければならない。あなたはしばらく、数時間、時には数日、全面的にもう一つの生の様相へ行って、ただ座って物事が起こるのを許すことだ。夕日を見る時は何もする必要はない。ただ見るだけだ。花を見る時に何をすべきだろう? ただ見るだけだ。

　実際、そこに努力はない。花を見る努力さえない。それは無努力だ。あなたの目は開いていて、花はそこにある……見られるものと見る人が両方とも消える時、深い交感(コミュニオン)の瞬間が来る。その時そこには美があり、祝福がある。突然あなたは観察者ではなくなり、花は観察されるものではなくなる——なぜなら観察するためには、まだ何らかの行動が必要だからだ。今、あなたはそこにいて、花はそこにある。そしてどういうわけか、お互いの境界が重なり合う。花はあなたの中に入り、あなたは花の中に入る。すると突然の啓示がある。それを美と呼び、真実と呼び、それを神と呼ぶことができる。

　これらの稀な瞬間がますます起こるようにさせることだ。私はその瞬間を養うつもりでいる、私は、その瞬間は洗練されなければならない、その瞬間のために修練しなければならない、あなたは何かをしなければならない、と言うことはできない——なぜなら、それは再び行動的な様相の言語になるので、非常に深く誤解されるからだ。いや私には、この瞬間がますます起こるようにさせなさい、としか言えない。時には、ただ何もしないでいなさい。芝生の上でくつろぎ、空を見ていなさい。時には目を閉じて、ちょっとあなたの内的な世界を——動いたり浮かんだりしている思考を、現れたり去ったりする欲望を見てごらん。あなたの内側で続いている多彩な夢の世界を、見ていなさい。ただ見ていなさい。「私はこれらの思考を止めたい」と言ってはいけない——再びあなたは、行動的な様相の中に動いている。「私は瞑想している——去りなさい！　すべての思考は、私から離れなさい」と言ってはならない——それを言い始めるなら、あなたは何かをし始めているからだ。まるであなたがいないかのように……。

チベットのいくつかの僧院で、今でも行なわれている最も古い瞑想の一つがある。その瞑想は、私があなたに話している真実に基づいている。彼らは、時々あなたは簡単に消えることができる、と教える。庭に座って、ただ自分が消えていると感じ始めなさい。あなたが世界から去った時、もはやここにいない時、あなたが完全に透明になった時、世界がどのように見えるのかちょっと見てごらん。いないことを、ほんの一秒だけでも試してみなさい。

あなた自身の家で、まるであなたがいないかのように在りなさい。

ちょっと考えてみなさい。ある日あなたはいなくなる。いつかあなたはいなくなる。あなたは死ぬだろう。それでもラジオは音が鳴り続けて、妻は朝食を用意し、子供は学校に行く用意をする。今日あなたはいなくなった、あなたはいない、と考えてごらん。幽霊になりなさい。ちょっと椅子に座りなさい。あなたは単純に消えている。「私にはもう現実はない。私はいない」と考えなさい。そして家がどのように続くかを、ただ見てごらん。そこには途方もない平和と沈黙があるだろう。すべてのものはそのまま継続する。あなたなしで、すべてのものはそのまま継続する。何も欠けていない。それなら、常に従事し続けることに、あれやこれやをすることに、行動に取りつかれることに何の意味があるだろう？　その意味は何だろう？　あなたはいなくなり、あなたがしたことはすべて消え去る——まるで砂の上にあなたの名前をサインして、それから風がやって来て、そのサインが消えるように……そしてすべては終わる。まるであなたが、決して存在しなかったかのように在りなさい。

それは本当に美しい瞑想だ。二十四時間の中で何度も試すことができる。ほんの半秒ならできるだろう。半秒間、ただ止まりなさい……あなたはいない……そして世界は続いていく。あなたなしで世界は完全にうまく続いていく、という事実にますます注意を払うようになる時、長い間、何生にもわたって無視されてきたあなたの存在の、別の部分を学ぶことができる——それが受容的な様相だ。あなたはただ単に許す。あなたは扉になる。あなたなしで物事は起こり続ける。

これが、ブッダが流木になりなさいと言う時に意味していることだ。材木のように流れに浮かびなさい。そしてその川がどこへ行こうとも、それにあなたを連れて行かせなさい。あなたはどんな努力もしない。仏教徒のアプローチ全体は、受容的な様相に属している。だからあなたは木の下に座っているブッダを見るのだ。彼のすべてのイメージは座っているもの、座って何もしないものだ。彼はただそこに座っているだけで、何もしていない。

イエスについてそのようなイメージはない。彼はまだ行動的な様相(モード)に従い続けている。それが、キリスト教が最も深い可能性を見逃してきたところだ。キリスト教は行動的になった。キリスト教宣教師は貧しい人に奉仕し続け、病院に行き、あれやこれやをする。そして彼の全努力は、善行をすることにある。そう、非常に良い。だが、彼は行動的な様相に留まっている。そして神を知ることは、受容的な様相からだけだ。だからキリスト教宣教師は善人、非常に善人だが、東洋的な意味での聖人ではない。

今では東洋でも、物事を行ない続ける人はマハトマとして崇拝される――それは東洋が貧しくて病気があるからだ。数多くのハンセン病患者たちが、盲目の人々が、教育を受けていない人々がいる。彼らには教育、医療、奉仕が必要だ。彼らには千と一つのものが必要だ。突然、行動的な人が重要になった――だからガンジーはマハトマであり、ヴィノーバは聖人であり、コルカタのマザー・テレサは非常に重要になっている。しかし彼らが受容的な様相に到達したかどうかなど、誰も見ていない。

今、ブッダがやって来ても、誰も彼に敬意を払うことはないだろう。なぜなら彼は学校や病院を運営してないからだ。彼は再び菩提樹の下に座り、ただ静かに座っているだろう。彼が何もしないというわけではない――途方もない波動が彼の存在によって生み出されるが、それは非常に微妙だ。彼は菩提樹の下に座ることで全世界を変容させるが、その波動を見るためには、あなたが同調しなければならず、成長しなければならない。ブッダを認知することは、既に進むべき道の上にいるということだ。マザー・テレサのような人を認知することは、非常に簡単だ。そこに大したものは何もない。彼女が善い仕事をしているのは誰にでもわかる。

善い仕事をするのと善く在ることは、全く別のことだ。私は善い仕事をしてはいけないと言うのではない。私は、善い仕事をあなたの善い存在から生じさせなさい、と言っているのだ。

最初に受容的な様相に達しなさい、最初に受動性に達しなさい、最初に非行動性に達しなさい。そしてあなたの内なる存在が開花して、内的な統合を知るようになった時――それは常に存在している、中心は常に存在している――あなたがその中心を認知した時、死は突然、あなたに対して消える。突然、すべての心配事は消える。なぜなら、今あなたはもう身体ではなく、もはやマインドではないからだ。

それから慈悲が生じ、愛が生じて、祈りが生じる。あなたは世界へ降り注ぐものに、恩恵になる。さて、そのような人に何が起こるかは誰にもわからない。彼はイエスのような革命家になって、寺院から金貸しを追い払うのか、貧しい人々に奉仕するのか、ただ菩提樹の下に座って彼の香りを放ち続けるのか、または彼がミーラになって、神の栄光を歌ったり踊ったりするのかどうかなど、誰にもわからない。それは予測不可能だ。

あなたは「統合されるようになるには、どうしたらいいのですか？」と尋ねている。ここでの私の努力全体は、何も必要ないことを、これ以上何も必要ではないことを、あなたに気づかせることにある。あなたは既にそこでそれを持っている。それはあなたの内側に存在している。しかしあなたは、それを発見するための手がかりを、扉を、道を作らなければならない。あなたはそれを掘り起こさなければならない。宝はそこにある。

だからそれは、統合されるようになるにはどうしたらいいかという問題ではない。「私が既に統合されていることを、どうやって知ったらいいのですか？」が正しい質問だ。

その質問は、ニサガールから来ている。そして私は、なぜそれが彼女から来ているのか理解できる。彼女は西洋でグルジェフのワークに関わってきた。グルジェフは非常に奇妙な、意味深いがそれでも奇妙な考えを持っていた。彼は弟子たちによくこう言っていた。

「魂は存在しない。中心は存在しない。それは作らなければならない。人間は魂を持って生まれるわけではない」……非常に奇妙な理論だ。しかし私は、彼が何を強調していたのか理解できる。人間は魂を持って生まれるわけではない。努力によって自分の魂を結晶化させなければならない。それゆえ、グルジェフの体系全体は「ワーク」と呼ばれている。それはワークに次ぐワークだ。それは努力であり、再び行動的な様相だ。

実際、西洋では、非行動的な様相を人々に教えるのは非常に難しい。だから彼はテクニックを、統合されるための技法を教えていた。彼は「魂は既にそこにあるわけではない」と言った。魂がないということではなく、彼がそれに気づいていなかったわけでもなく、それは方便だった。人々は魂に関して非常に無気力になっていた。彼らはそれは既にそこにあると考えていた。「ではなぜ心配する？　なぜ気にするのだ？　それはそこにある。いつでもそれを見つけることができる。それなら、その間に既に存在していない他の物を見つけよう。その間に美しい女性やより多くのワインを、より多くのお金、より多くの力を、そこにはない物を見つけよう。だからこれらを探し求めよう。そしていつでも私たちがこのすべてにうんざりする日に、目を閉じて内側に入ろう。魂はそこにある。それは決して失われない。それを失うことはできないし、それを得ることもできない。それは既にそこにある」。だから人々は非常に無気力になった。

東洋でそれを見ることができる。東洋全体はとても不精で無気力になった。魂はそこにあり、誰でもそれを知っていて、誰でもそれを聞いたことがある。神はハートの中にいて、既に存在している。では、なぜ神について大騒ぎを引き起こすのだ？　人々はそこにないものを求める。

グルジェフはこの事実に気づいた。魂が既にあるという理論は人々を非常に無気力にさせ、魂について非常に無関心にさせ、内側の世界について非常に無関心に、完全に無関心にさせる、ということに。マインドは挑戦を与えるものに、冒険的なものにだけ関心を持つ。だからグルジェフは、西洋人のマインドに合うように、魂はないと言い始めたのだ。「気長に座っていてはいけない、何かをしなさい——なぜなら人が死ぬ時、すべての人が生き残るわけではないからだ。自分のセンターを統合した人々だけが生き残る。他の人たちはただ野菜のように消える。だから選ぶのはあなただ。危険を冒しなさい」とグルジェフは言った。「あなたが何かをするなら——そしてすることは骨の折れる行為を、厳しいワークを、全人生を捧げることを意味する——その時だけ、あなたは死を乗り切ることができる。さもなければあなたは捨てられる。あなたは廃品置き場に投げ捨てられる。あなたが統合されない限り、神はあなたを選ぼうとしない。あなたはそれを獲得しなければならない。ほんのわずかな人だけが死後に救われるのであって、すべてではない」

これは非常に奇妙な理論で、以前に提唱されたことはなく、人類の全歴史において決してない。「魂はない」と言う人々はいた。私たちは彼らを知っている。彼らは無神論者で、常に存在していた。「魂はあり、それは破壊され得ない。死さえそれを破壊することはできない」と言う人々がいる。私たちは彼らについて聞いたことがある。彼らは常に存在していた。しかしグルジェフは全く新しい何かを、以前には決して言われなかったことを言っていた。彼はこう言っていた。

「魂とは可能性だ。それは実在ではない。それは単なる可能性だ。あなたはそれに達するかもしれないし、達しないかもしれない——それを取り逃すかもしれない。あなたが取り逃すという可能性の方がより高い。なぜならあなたの生き方では、それを得られていないからだ」

グルジェフはこう言った。「人間は種のようなものだ。種が木になる必要はない。それは必要性ではない——種は適切な土壌を見つけないかもしれない。適切な土壌が見つかっても、雨が降らないかもしれない。雨が降っても、動物が来て植物を壊すかもしれない。そこには千と一つの困難がある。種は必ずしも木にはならない。千と一つの保護を受けるなら、その時だけ種は木になる。あなたは魂ではない。あなたは単なる可能性に過ぎない。千と一つの努力をしなければならない。その時だけあなたは魂になる。極めて稀に、百万人のうち一人だけが魂になる。他の人たちはみんな単に無為に生きて、死んで消え去る」

私がそれを奇妙な理論だと言うのは、それが真実ではないからだ。そして私がそれを非常に意味深いと言うのは、このようなものが必要だからだ——少なくとも西洋ではそれは必要とされる。そうでなければ、誰も魂のことなど気にしない。しかしグルジェフが使っていたすべてのテクニックは、基本的に私たちが魂を発見するために東洋で使っているテクニックと同じだ。彼は単に言葉を変えただけだ。彼はそれを、「魂を作り出す」「魂を統合する」「センターを結晶化させる」と言った。しかしそのテクニックは同じだ。

あなたは既に統合されている。周辺では違う——周辺には多くの混乱がある。あなたは周辺では分裂している。内側に動きなさい。そしてより深く行けば行くほど、自分が統合されていることがわかるだろう。あなたの存在のまさに最も深い部分にある聖所で、あなたは突然、自分が統一体であることに、完全に統一体であることに気づく時が来る。だからそれは発見するという問題だ。だがどうやってそれを発見したらいいだろう?

ニサガールにテクニックを与えたい。それは非常に簡単なテクニックだが、最初、それは非常に難しく見える。やってみると、簡単だとわかるだろう。試さなくて、ただそれについて考えるだけなら、それは非常に難しく見える。そのテクニックとは、あなたが楽しめることだけをする、というものだ。あなたが楽しめなければ、それをしてはいけない。それを試してごらん――なぜなら、楽しみはあなたの中心からしか来ないからだ。あなたが何かをしていて、それを楽しむなら、あなたは中心と再び繋がり始める。楽しめないことをすれば、あなたは中心から切り離される。喜びは中心から生じる。それは他のどこからも生じない。だからそれを基準にして、それについて狂信的でありなさい。

あなたは道を歩いている。突然あなたは散歩を楽しんでいないことに気づく。止まりなさい。終わらせなさい――これはすべきことではない。

私は大学時代によくそれをした。そして人々は私が狂っていると思った。突然私は止まった。それから私は、再び歩くことを楽しみ始めない限り、三十分間や一時間はその場所に留まった。私の教授たちはとても心配して、試験があると、彼らは私を車に乗せて大学の試験会場に連れて行った。彼らは私を扉に残して、私が自分の机に着いたかどうかを見るためにそこで待った。私が風呂に入っていて、突然自分はそれを楽しんでいないことに気がついたら、止めた。その時、それに何の意味があるだろう？　私が食べていて、自分が楽しんでいないことに突然気がついたなら、止めた。

私は高校で数学の授業に出席していた。最初の日に、私が入ると先生はちょうど学科の概要を伝えていた。途中で私は立ち上がって、出て行こうとした。彼は「どこに行くのだ？　質問しないのなら、私は二度と君を中に入れないだろう」と言った。私は「僕は二度と戻りません。心配しないでください。それが質問しない理由です。終わりです——僕はそれを楽しんでいません！　僕は自分が楽しめる何か他の科目を見つけます。楽しめないなら、それをするつもりはないからです。それは拷問であり、暴力です」と言った。

そして、次第にそれは鍵になった。私は突然、自分が何かを楽しんでいる時はいつでも、自分は中心に定まっていることを認識した。楽しみは、まさに中心に在ることの響きだ。何かを楽しんでいない時はいつでも、あなたは中心から外れている。その時はそれを強制してはいけない。そこには必要性がない。人々があなたは狂っていると思うなら、彼らに狂っていると思わせなさい。数日以内にあなたは、自分自身の経験によって、あなたがどのように自分自身を取り逃していたかに気づくだろう。あなたは決して楽しめない千と一つの事をしていたが、それでもあなたがそれらをしていたのは、そうするように教えられたからだ。あなたはただ、自分の義務を果たしていただけだ。

人々は、愛という美しいものさえ破壊してきた。あなたが帰宅して妻にキスをするのは、それがそうでなければならないから、そうしなければならないからだ。現在、キスのような美しいものや花のようなものは破壊されてきた。やがて、楽しむことなく、あなたは妻にキスし続けるだろう。

あなたは別の人間にキスをする喜びを忘れる。あなたは誰と会っても握手をする——それは冷たくて、その中に何の意味もなく、何のメッセージもなく、温かな流れもない。それはお互いに死んだ手で握手して「こんにちは」と言っているだけだ。それからやがて、あなたはこの死んだ身振りを、この冷たい身振りを学び始める。あなたは凍りつき、氷の塊になる。それからあなたは「どうやってセンターに入ったらいいのですか?」と言う。

センターは、あなたが温かい時に、愛の中に、喜びの中に、ダンスの中に、楽しいものの中に溶けて流れている時に、手に入れることができる。それはあなた次第だ。あなたが本当にすることが大好きで、楽しめることだけをただやり続けてごらん。楽しめないなら、止めなさい。あなたが楽しめる他のことを見つけなさい。あなたが楽しめる何かがあるに違いない。私は何も楽しむことができない人に、これまで出会ったことがない。ある事を楽しめないかもしれない人はいる。その時は別の事を、それなら別の事をしなさい。だが生は広大だ。手が塞がったままでいてはいけない。流動的になりなさい。エネルギーがより流れるようにしなさい。それを流れさせなさい。それを、あなたを取り囲む他のエネルギーと出会わせなさい。すぐにあなたは、問題はどうしたら統合されるかではなく、問題はあなたが流れる方法を忘れたことにある、ということがわかるだろう。流れるエネルギーの中で、あなたは突然統合される。それは時には偶然に起こることもあるが、その要因は同じだ。

時々、あなたは女性または男性と恋をして、突然統合されているように感じ、突然初めて自分が一つであると感じる。あなたの目は光を持ち、あなたの顔は輝きを持ち、あなたの知性はもう鈍くない。何かがあなたの存在の中で明るく燃え始める。歌が生まれ、今やあなたの歩き方には、その中にダンスの質がある。あなたは完全に異なる存在だ。

しかしこれは稀な瞬間だ――なぜなら私たちはその秘密を学ばないからだ。その秘密とは、あなたが楽しみ始めた何かがある、ということだ。それが秘密のすべてだ。画家は空腹で絵を描いているかもしれないが、それでも彼の顔がとても満足しているのがわかる。詩人は貧しいかもしれないが、彼が自分の歌を歌う時は、世界で最も豊かな人だ。誰も彼より豊かではない。その秘密は何だろう？　その秘密は、彼はこの瞬間を楽しんでいる、ということだ。あなたが何かを楽しむ時はいつでも、あなたは自分自身と調和していて、宇宙と調和している――なぜなら、あなたの中心はすべての中心だからだ。

だからこの小さな洞察を、あなたのための精神的風土にしなさい。あなたが楽しむことだけをしなさい。そうでなければ止めなさい。あなたは新聞を読んでいて、半分くらいそれに目を通したところで、突然それを楽しんでいないことを認める。その時そこに必要性はない。それならあなたはなぜ読んでいるのだろう？　今すぐそれを止めなさい。あなたが誰かと話していて、その最中に自分はそれを楽しんでいないことを認めたら、あなたは話のちょうど半分のところまで話したが、その場で止めなさい。あなたは楽しんでいないし、続ける義務はない。最初、それは少し奇妙に見えるだろう。しかし私のサニヤシンたちは奇妙だから、問題があるとは思わない。あなたはそれを実行できる。ニサガールは年老いているが、私は彼女の中に無邪気な性質を見ることができる。彼女はそれをすることもできる。そして私は、彼女がそれをすることを期待している。数日以内にセンターとの多くの繋がりがあるだろう。その時あなたは、あなたが探しているものは既にあなたの中にある、と私が何度も繰り返し続ける時に私が意味していることを理解するだろう。それは未来にはない。それは未来とは関係がない。それは既にここと今にある。それは既に事実だ。

質問二
不快な、混乱させる場所に、または痛みを伴う場所に、名前を付けたり理論付けたりすることで、気が楽になるのはなぜでしょうか？

人間のエゴは、説明できない事実に出くわす時、常に屈辱を感じる。人間のエゴが、名付けられない事実に出くわして、自分の無知を認識せざるを得ない時はいつでも、非常に不快に感じる。だから人々は、物事にラベルを貼り続けるのだ。彼らはもはや物事そのものに興味がない。彼らはラベル貼りに、より興味を持っている。

彼らは花を見てもその美しさを見ないし、その香りを感じないし、それが伝えているものを見ない。彼らは単に、花がどんな種類に属しているか、その名前が何かを調べ始める。花には本来、名前がない。花に尋ねても、どんな名前もあなたに言うことはできない。それには身分証明書もパスポートもない。それには自己証明（アイデンティティ）がない。それは単に存在していて、すべての名前は人間が付けている。そして人間は、アダムの時代から本当に絶えず名前を付けている。

聖書には、神が物を創造して、アダムに「それに名前を付ければ、それはその名前になる」と言ったという話がある……美しい話だ。そこで彼は物に名前を付け始めた。神はバラを創造し、アダムはそれを見て「バラ」と呼んだ。彼がそれはバラだと知っていたわけではない——誰も知らない、神さえ知らない。神はアダムにそう言うように告げ、彼が言ったものは何でもその名前になった。そして彼が物に付けた名前は残っているが、それはただの思いつきだった。それは物に名付けるには非常に狂った方法だったが、それが唯一の方法だった——なぜなら、物にはどんな名前もないからだ。そして人間は、非常に誤って多くの物に名前を付けた。

神が女性を創造した時、彼はアダムに尋ねた。それはアダムが名付けた最後のものだった。彼は彼女を「ハヴァ Hava」または「エヴァ Eva」または「イヴ Eve」または「ハバ Haba」と呼んだ。これらの「ハヴァ」または「ハバ」または「イヴ」は、彼が彼女を呼んだ名前の異なる発音だった。「ハヴァ」は生命という意味だ。彼はその女性を自分の生命と呼んだ。しかし何世紀にもわたって、ずっと男性は非常に苦しんできた。そして何度もその名前を変えようとしたが、それは遅すぎた。そしてそれ以来、これは絶え間ない努力だった。科学者たちがやり続けていることは、すべてただ物に名前を付けることに過ぎない。

そしてあなたは「どんな方法で名前を付けるのですか？」と尋ねている。それは同じ古いテクニックで、全く気違いじみた方法だ。彼らは新しい星を発見する。どんな方法で彼らはそれに名前を付けるのだろう？　どんな方法でそれを冥王星、または海王星、または何かと呼ぶのだろう？　誰が決めるのだろう？　彼らはただ、マインドに浮かぶものなら何でも物に名前を付け続ける。今や月の上でさえ、彼らは名前を決めている。人間はどこに到着しようと、彼がする最初の事はラベルを貼ることだ。人間には強迫観念がある。誰かに会う瞬間、あなたは「あなたの名前は何ですか？宗教は何ですか？　国はどこですか？」と尋ねる。これらのことは、あなたの前に立っているこの人を知るために、多少なりとも役立っているのだろうか？　それは何の違いになるのだろう？　彼がロバートかラム、またはラヒームと呼ばれるかに、どんな違いがあるのだろう？　それは何の違いにもならない。だがその人がラヒームと呼ばれるなら、彼はイスラム教徒だというのがわかる。それはより簡単だ。そしてあなたがヒンドゥー教徒なら、今そこには対立がある。あなたはこの人を避けることができる。これは価値がない。それは危険だ。あなたは警戒を怠らない。「こいつはイスラム教徒だ。彼はナイフを持ち歩いているに違いない。そして彼はあなたを殺すかもしれない！」。彼がラーマなら、非常に満足する。「そう、彼はヒンドゥー教徒だ――そしてヒンドゥー教徒であるだけでなく、彼は宗教的であるに違いない。彼の名前はラーマだ」。あなたは非常に満足する。突然そこには障壁がない。あなたはこの人と話したいと思い、もう少し近くに来る。あなたは自分を彼に曝す用意ができている。名前を付けることや誰が誰であるかを知ることは、不確かな現実（リアリティ）について、もう少し確かになるための役に立つ。しかし現実は不確かなままだ。

一度それは起こった……。

私は旅をしていて、私の車両にはもう一人だけ乗客がいた。彼は私の名前を尋ね、私は彼に一つの名前を言った。それから数分後に私は「申し訳ない、それは私の名前ではなかった」と言い、彼に別の名前を言った。さて彼は非常に疑い深くなった。私は同じ人間だったが、彼は非常に疑い深くなった。車掌が来た時、彼は車両を変えたいと車掌に言った。「これはどういう人なんだ？ほんの二、三分前、彼は『これが私の名前だ』と言ったが、それから彼は『申し訳ない』と言う。彼は気が狂っているのか？ それなら夜にこの男と眠るのは危険だ」

彼が立ち去ろうとしていた時、私は「申し訳ない、一番目が正しかった」と言った。

彼は何も言わずにただ逃げ出した。

名前、ラベル、部類……マインドは非常に満足する。あなたが説明できるなら、たぶんあなたの説明は不合理で馬鹿げているかもしれないが、まさにその説明があなたを幸せな気分にさせる。人々は奇妙で風変わりな説明をする――自分は知らないという単純な事実を、誰も認めたくないからだ。

誰かに「あなたの名前は何ですか？」と尋ねられて、あなたがもし「知りません。生まれた時、私は名前なしで生まれたからです」と言ったら……誰かに「あなたはどこの国の方ですか？」と尋ねられて、あなたが「わかりません。地球は一つだからです」と言ったら、その人は気持ち悪く、不快に感じるだろう。どんな説明でもかまわない。

人々は、博識のままでいたいという非常に強い欲望を持っている。なぜなら知識は安心させるものであり、知識は力だからだ。だからそれぞれの世紀は、独自の馬鹿げたことをでっち上げる――そこには決して解決されない数多くの問題があるからだ。

誰が世界を創ったのかを、誰が知っているだろう？　しかし知りたいと思う愚かな人々がいる。ただ愚かな人々だけが、誰が世界を創ったのかを知りたがる。その質問は愚かだ。それが愚かなのは、その質問が無限の後退に繋がるからだ。あなたが「神が世界を創った」と言うなら、「誰が神を創ったのか？」という質問が生じる。そしてあなたはずっと進み続ける。それは終わらせることができない。それを終える方法はない。

しかし、あなたに答えを与える用意ができている人々がいる。あなたが尋ねると、彼らは用意ができている。彼らは答えをこしらえる。三百の宗教が地球上に存在し、三百の宗教には少なくとも三千の形而上学的な理論があり、各理論は他のものと対立していて、どれが正しいかを決める方法はない――なぜならすべてが間違っているからだ。あなたが決められないのは、すべてがただの想像だからだ。

私は本を読んでいた。

婦人用のトルコ式風呂で、一人の女性が胸の長いことで目立っていた。彼女はほとんど信じられないほど、非常に長い胸を持っていた。

「あら、あなたの胸はどうしたの?」と彼女は友人に尋ねられた。

「ええと、」と彼女は説明しようとした。「私の夫はたいへんな赤ん坊で、私の胸を吸って眠ることが好きなのよ」

「まあ、私の夫もそうよ」と友人は言ったが、まだ理解していなかった。

「問題は、」と最初の女性は続けた。「夫と私が別々の部屋で眠ることなのよ」

さて、すべては説明されて、今や問題はない! あなたが自分の形而上学的理論を調べるなら、そのような説明を見つけるだろう。それらはすべて愚かだが、特定の衝動を満たす。それらは特定の不安を助けてくれる。それらはあなたがくつろぐのに役立つ。「神が世界を創造したのか? わかった」。そう、あなたは答えを知っている。あなたは知っているので無知ではない。それからあなたは、神がどのように見えるのかを知りたいと思う。すると誰かが、画家や彫刻家があるイメージを作る。

小さな男の子が何かを描いていて、母親が尋ねた。「あなたはとても興味があるようね。何をしているの？　何時間もそこにいたわね」
するとと少年は言った。「僕は神様の顔を作ろうとしているのさ」
母親は笑った。彼女は「誰も神様がどのように見えるのか知らないのよ」と言った。
その子は「待っていて。僕が作り終わったら、みんなが知るようになるよ」と言った。

それが為されてきたことだ。寺院、像、絵画——誰も、神がどのように見えるのか知らない。それは人々の推測で、だから神に四面の顔を、神に千本の手を与えることができるのだ。それはあなた次第だ。あなたの神はあなたの創造物だが、いったんそれを作ったら、それは非常に面倒なことになる。誰かがそれはただの想像、推測に過ぎないと言うなら、あなたは怒る。あなたは戦い始める。だから宗教はお互いに戦ってきたのだ。なぜ、そんなに多くの戦いが起こっているのだろう？　神の顔が三つであろうと四つであろうと、それがどんな違いになるのだろう？　だが違う、それは大きな問題であり、その問題は心理的なものだ。
神には三つの顔があると常に信じていた人に、神には四つの顔があると言うなら、あなたは面倒な事を引き起こしている。あなたは彼の知識をかき乱している。彼は神について心配していない。誰が神のことを心配するだろう？　彼は自分の知識を心配している。彼は自分に落ち着いていて、自分の知識に安心していて、自分はよく知っていると感じていた。今、あなたがここに来て「いや、神には四つの顔がある」と言う。今やあなたは彼の中に不安を、彼がそう決める前にあったのと同じ不安を、再び引き起こしている。一つの宗教が別の宗教の考えを聞きたくない理由がそれだ——それは不安を引き起こすからだ。それは大きな混乱を引き起こし、大きな混沌を引き起こす。

人々は自分の考えに固執したままでいたい、誰もその邪魔をするべきではない、と思っている。しかしこれは知識ではない。これは信念というものだ。信念とは、自分は知らないという事実を認めることができない、という意味だ。あなたは、自分が無知であることを認めるほどの勇気がない。臆病者は多くの信念を持っているので、無知という事実を認める必要がない。しかし無知は偽りの知識より美しい。少なくともそれは真実で、本物だ。もしある人が私に「私は知りません」と言うなら、彼は宗教的意識の始まりにいる。彼は扉にいる。「私は知っています」と言う人は、そしてあなたが彼に反対する何かを言うなら、彼はかき乱され、心配して防御し、自分自身を守り始める。彼の知識は単なる保護手段のように見える。彼は自分の周りに、ただ見せかけを作っていただけだ。彼は自分の夢の中で生きてきたのに、あなたがやって来てその夢をかき乱す。

〝知っている人〟を、かき乱すことはできない——なぜなら〝知っている人〟は、究極のものを知ることはできないのをわかっているからだ。それを味わうことはできるが、明確に表現することはできない。究極のものは神秘のままだ。神秘がまさにそれの本質だ。神秘を解消する方法はない。彼は自分の無知を知っていて、究極の神秘を知っている。そして究極の神秘と探求者の無知がお互いに出会うと、素晴らしい交感(コミュニオン)がある。

知識の人が真実に向かう時、彼は決して真実に耳を傾けない——なぜなら真実もかき乱すからだ。

彼には信念がある。真実は彼の信念に従わなければならない。真実は、彼の信念の形で生じなければならない。そうすれば彼は認めることができる。

ヒンドゥー教の偉大な詩人であるトゥルシダスについての言い伝えがある――私は彼を偉大なヒンドゥー教の聖人とは呼ばないが、彼は本当に偉大な詩人だった……。

彼はマトゥラのクリシュナの寺院に連れて行かれた。彼はラーマの信奉者だった。ある人が彼をこの美しい寺院に連れて行った。そこにはフルートに唇をあてているクリシュナの彫像があった。しかし、トゥルシダスは頭を下げようとしなかった。

友人は「なぜだ？　なぜ君は頭を下げないのだ？」と尋ねた。

彼は「私はできない。私はラーマにだけ頭を下げることができる。もし、」と言い、クリシュナの彫像に向かってこう言った。「あなたが私に頭を下げることを望むなら、あなたはラーマにならなければならないでしょう。あなたの姿を変えてください。そしてラーマが弓を持っているように、フルートよりも弓を取ってください」

物語は、クリシュナが自分の姿を変えたと伝えている。彼は肩に弓を持ったラーマになった。それでトゥルシダスは頭を下げた。

物語はフィクションに違いないが、それは非常に象徴的だ。信念を持つ人は、真実が彼の信念に従って、彼の方針に従うように強制したいと常に思っている。しかし、真実は決してあなたに従って生じることはない。だから物語の半分は真実で、残りの半分はフィクションのようだ。トゥルシダスが、クリシュナがラーマの姿にならない限り頭を下げない、と言ったのは本当に思われる。なぜなら彼はラーマの帰依者だったからだ。ここまでは物語は真実のようだ。しかしラーマの姿をしているクリシュナだと？　あなたの信念に従っている真実？——それは、まず真実があなたに頭を下げなければならない、それからあなたは真実に頭を下げる、という意味になる。それは醜い。それを心に浮かべることさえ恐ろしい。いや、真実は誰かの期待を満たすためにあるのではない。

信念は障壁になるが、信念は役に立つ。それはあなたが不安を払拭するのに役立つ。

質問者はこう尋ねている。「不快な、混乱させる場所に、または痛みを伴う場所に名前を付けたり理論付けたりすることで、気が楽になるのはなぜでしょうか？」——それはあなたが物知りになるからだ。それで問題は解消される。神秘はない。あなたは知っている。しかしこの知識は非常に危険だ。もうそれをしてはいけない。

不快なままでいなさい。不快なままでいる方が良い。不安を感じるなら、あなたの不安に留まりなさい。だが、説明を見つけようとしてはいけない。どんな説明も考え出してはいけない。不安なままでいなさい。それを自然なものとして受け入れなさい。そうすれば、すぐにあなたは物事の神秘を愛するようになる。その時不安は消え、物知りにはならない。あなたはパンディットに、学者にはならない。なぜなら学者はより悪い状況にいるからだ。罪人でさえ真実に達したが、誰もこれまで学者について聞いたことはない——なぜなら学者はより悪い状況にいるからだ。罪人でさえ真実に達したが、誰もこれまで、パンディットが真実に達したという話は聞いたことがない。それは不可能だ。それは起こらない。知れば知るほど、あなたは真実から遠く離れる。なぜなら、知識に汚染されるからだ。無垢であればあるほど、そしてあなたの目が、どんな理論にも満たされずに、ただ真実を吸収する用意がある開いた窓のようになればなるほど、それはより良い。

物知りではなく、無垢でありなさい。無知でありなさい。その方が良い。なぜならあなたは自分が無知でいて生の神秘を受け入れるからだ。生を説明することはできない。すべての説明は非常にちっぽけで、小さくて、凝り固まったものだ。そして生はとても広大で、とても巨大だ——それはどんな説明の中にも封じ込めることはできない。キリスト教徒も、ヒンドゥー教徒も、イスラム教徒も、ジャイナ教徒も、仏教徒も、説明しようとするすべての試みは失敗した。すべての宗教は失敗した。だから好都合なことを選ばず、真実を選びなさい。真実とは、真実は神秘だ、ということだ。それに名前を付けてはいけない。ただそれに名前を付けることで、すっきりしてはいけない。あなたの名付けは何も説明していない。それは真実からあなたを保護するだけだ。あなたは真実に対して閉鎖的になる。あなたは真実に対して、自分自身を防御している。これはどんなタイプの防御だろう?——それは破壊的だ。防御的であってはいけない。無防備でありなさい。真実があなたを不快にさせるなら、そうさせなさい。それは、人が真実のために支払わざるを得ない代償だ。

質問三
私は自分が女性だと知っていますが、時々、非常に男性的な傾向があります。生まれつきの女性的な、または男性的な特性のようなものは存在するのでしょうか？

質問を聞いてごらん。「私は自分が女性だと知っています」――それも知識になっている。「私は知っています」。自分は女性だと、単に言うことはできないのだろうか？　それは知識を通り抜けねばならないのだろうか？　それはまるで誰かが、「私は火は熱いと思います」と言うようなものだ。単純に「火は熱い」と言えないのだろうか？　それはまず、あなたの思考を通り抜けなければならないのだろうか？　あなたは「私は火は熱いと思います」と言う。火は単に熱い。あなたの思考は必要ない。あなたは女性か男性かのどちらかだ。「私は自分が女性だと知っています」と言うことの意味は何だろう？　なぜ、すべてが知識の扉を通り抜けなければならないのだろう？　なぜ、事実は単に事実であることができないのだろう？

質問でさえ示している……すべてがあなたのマインドを示している。質問の表現でさえ、それを示している。

聞いたことがある……。

結婚生活で、何が問題のように見えるのかと結婚カウンセラーに尋ねられた時、夫はこう答えた。

「私には問題はない。しかし老いた誰かさんは……」と彼は話を止めて妻を指した。

「彼女は、私が彼女に充分注意を払っているとは思っていないのだ」


「誰かさん」と彼は言う。彼は妻の名前さえ知らない。

まさにその明確な表現が問題を示している。

「私は自分が女性だと知っています」――どうか知るのを止めて、感じ始めなさい。あなたは女性だと感じなさい。感じることは違うセンターからのものだ。それはハートからのものだ。知ることは違うセンターからのものだ。それは頭からのものだ。知ることは死んでいて、感じることは生きている。


人々は私のところに来て「私は恋に落ちたと思います」と言う。あなたは、単純に恋に落ちることができないのだろうか？　頭はあらゆる所で干渉しなければならないのだろうか？　頭はあなたとあなたの関係性の間に、どんな関係性の中にも、すべての関係性の中に常に介在しなければならないのだろうか？　頭を少し脇へ置くことはできないものだろうか？

西洋の哲学者、ルネ・デカルトの有名な格言に、コギト・エルゴ・スム――我想う、ゆえに我あり、というのがある。これは不合理だ。私は考える、それゆえに私は在る？　それは考えることが主要で、在ることは二次的だということを示している——私は考える、それゆえに私は在る。

考えることは二次的だ。在ることが第一だ。まずあなたは在り、それからあなたは考える。あなたがいないなら、誰が考えようとしているのだろう？　考えることは、孤立して存在できない。誰かが、「私は在る、それゆえに私は考える」と言うなら、それは正しい。しかし「私は考える、それゆえに私は在る」と言うことは全く不合理だ。だがそれにもかかわらず、それには意味がある。

デカルトは西洋哲学の父で、西洋全体のマインドは二人の人物——アリストテレスとデカルトから影響を受けてきた。だから西洋では、すべてが思考を通って行く。在ることさえ、思考を通って行く。在ることさえ単なる事実ではなくなる。まずそれについて考えなければならない。それからあなたは在る——まるでそれが論理的な結論であるかのように。それは実存的であって、論理的ではない。だからまず、あなたは男性だ女性だと考えるのを止めなさい。ただ、それを知りなさい。知ることは直接的だ。他の誰かは疑ってもいいが、あなたは疑うべきではない。他の誰かは、あなたが男性なのか女性なのかについて考えることができる——そして、もしあなたがヒッピー・スタイルで生きているなら、時にはそれは非常に難しくなり得る。

私が誰かにサニヤスを与えて、私が決められない時はムクタに「ムクタ、君はどう思う？」と尋ねなければならない。そして今、彼女は学んだ。私が疑っていると感じられる時はいつでも、「彼女は女性です」と彼女は静かにささやく。

二人のヒッピーがホテルに入ると、ホテルの支配人はこう言った。「私たちは特定の規則に従っているので、あなた方は入れません。ここに入る方は誰でもネクタイを着用しなければなりません」そこで一人は「分かりました」と言いい、外へ出た。十五分後、彼がネクタイをつけて来ると、支配人は言った。「結構です。あなたは入れますが、もう一人の方はどうなのですか?」

彼は言った。「彼は私の妻です。あなたは女性にさえネクタイなしでホテルに入ることを許さないのですか?」

もし他人が、あなたが彼なのか彼女なのか疑っているなら、問題ない。しかしあなた自身は?——その時、疑いは非常に深く入り、病気になる。それを落としなさい。

しかしその質問は非常に重要だ。

私は自分が女性だと知っていますが、時々、非常に男性的な傾向があります。生まれつきの女性的な、または男性的な特性のようなものは存在するのでしょうか?

各個人は両方だ——なぜなら、それぞれの個人は母親と父親の両方から誕生するからだ。あなたの一部は父親から来ていて、あなたの一部は母親から来ているから、あなたは完全に男性ではあり得ないし、完全に女性でもあり得ない。実際には、誰もが男女両性だ。その違いは程度や量に関するものに過ぎない。男性は女性よりも男性であって、それだけのことだ。女性は男性よりも女性であって、それだけのことだ。違いは程度についてだ。だから性転換の可能性があるのだ。ホルモンを注入できて、あなたの内側のバランスが変えられるなら、男性は女性になれるし、女性は男性になれる。そして今世紀の終わりまでに、多くの人々が性を変えていることだろう。なぜならそれは自然だからだ。人は男性であることに、常に男性、常に男性、であることに飽きる。人は女性であることに飽きる。そこで人は入れ代わりたくなる。今世紀の終わりまでに、性の変化は非常にありふれたものになるだろう。そしてそれは良いことだ。人は一つの生で、三つまたは四つの生を持つことができる。数年間は女性のままでいて、それから男性になり、それから再び女性になる。そして今、それは可能だ。それは科学的に実現可能で、よりよいプロセスがすぐ利用可能になるだろう。それはそうできる。なぜならそれぞれが両方だからだ。

あなたが男性なら、脳の意識的な部分は男性で、無意識の部分は女性だ。あなたが女性なら、意識的な部分は女性で、無意識の部分は男性だ。そして何回か反転もある。

たとえば、男性は年を取るにつれてより女らしくなり始める。そして女性が年を取ると、彼女たちはより男らしくなり始める。老女たちは口髭を生やし始めて、彼女たちの声は男性の声のようになる。彼女たちはより喧嘩好きになり、より戦い、より怒り、イライラするようになる。男性は年を取るにつれてより素直に、より従順に、より恐妻家になる。

ムラ・ナスルディンの妻は、十五人いた彼女の子供たちに告げていた。

「今月から毎月、私は最も従順な子供にご褒美を与えるつもりよ」

彼らはみんな「これは不公平だ」と言った。

彼女は「どうして？」と言った。

彼らはみんなこう言った。「お父さんがご褒美を勝ち取るだろう」


男性は次第に従順になり、女性は次第により支配的になる。そして毎日の変化もある。女性が非常に怒ると、彼女は意識的な部分を失って無意識が非常に優勢になる。怒った女性は怒った男性より危険だ。激怒した女性は、激怒した男性より危険だ。女性の無意識の部分は非常に新鮮で、めったに使われないため、それが使われると実に危険になる可能性があるからだ。女性があなたを愛するなら、彼女はものすごくあなたを愛する。女性があなたを憎むなら、彼女はものすごくあなたを憎む。

男性が愛に溢れている時、彼の愛は非常に深く、女性の愛より深い。なぜなら彼の無意識の部分は使われていないからだ。愛において、男性は非常に深く、女性より深くなる――女性にとって、愛することはごく普通だからだ。彼女は愛に溢れている、それは彼女のいつものやり方だ。しかし男性にとって、恋に落ちることは非常に難しい。それは彼の通常のやり方ではない。それはめったに起こらない。しかしそれが起こる時、彼の愛はどんな女性も太刀打ちできないほど深い。

これは私の観察だが、もし女性が愛するなら――そしてすべての女性は愛する――愛は全く自然なことだ。それは女性的なマインドの一部だ。普通、男性はそれほど愛することはない。通常、愛とは彼らがする多くの事のほんの一つで、多くのことの一つであり、最も重要ですらないかもしれない。時には仕事がより重要で、愛はただの気晴らし、仕事の単なる緩和であり、仕事に次ぐ二次的なものだ。もし選ばなければならないなら、彼らは仕事を選ぶだろう。

手に銃を持ったユダヤ人が、現行犯で捕まった。

彼はある男を殺そうとしていた。その男は彼の妻とセックスしていた。裁判官は次のように尋ねた。「あなたの銃は装填されていた。それなら、なぜ本当に彼を殺さなかったのだ？ あなたは単に、そのふりか何かをしていたのかね？」

その男はこう言った。「俺が銃を取って、まさに彼を殺そうとした時、この男は『その銃はいくらするのだ？』と尋ねた。さて、商談している男をどうして殺せるだろう？」

ユダヤ人はユダヤ人だ。ある人が商談している時、どうしてその彼を殺せるだろう？ そして、商売が生じる時、あなたは妻のことを、妻とセックスしていたことをすべて忘れる。

政治が愛より重要な人々がいる――お金、社会的地位、道徳……男性にとって数多くの物が存在する。しかし女性は愛する。彼女は全面的に愛する――それは彼女の唯一の事だ。それは多くの事の中の一つの事ではない。男性が愛する時、彼は一日に数分間愛する。女性が愛する時、彼女は二十四時間愛する。これは自然なことだ。

だが、たまに男性が愛するなら、どんな女性も彼と比べたら物の数ではない――なぜならその時、彼の内側の女性が噴出するからだ。その時、マジャヌやファリハッドが現われる。偉大な恋人が誕生する。あなたは次の事実を見守ったことがあるだろうか？　マジャヌやファリハッド、そしてこのタイプの男性が存在したが、彼らと比較できるような女性は誰も存在しなかった。なぜだろう？

誰もそれほど狂ったようには愛さなかった。どの女性もマジャヌほど狂ったように愛さなかった、どの女性も、ファリハッドほど狂ったように愛さなかった――なぜなら男性が本当に愛する時、彼はもはや男性ではないからだ。その時、彼の内側の無意識は爆発して、彼を完全に所有する。

女性が怒り、攻撃的になる時、彼女は非常に危険になり得る。決して女性を怒らせてはいけない。もし男性を怒らすなら、彼は戦いや戦争のいくつかの規則や規定に従うだろう。女性はこれらに従わない。彼女はただあなたに跳びかかって、あなたを引き裂き、あなたを噛み、あなたを殺すだろう――彼女はどんな規則にも従わない。彼女は規則を知らない。彼女の男性は全く訓練されていない。彼が爆発する時、彼は単に爆発する。

これら両方があなたの中にある。探求者は何をしなければならないだろう、弟子は何をしなければならないだろう？　彼は両方に気づかなければならない。そして彼は、どちらにも同一化することを止めなければならない。真の探求者は、同一化を落とさなければならない。彼は自分が男性でも女性でもないことを、学ばなければならない。彼は目撃者だ。その時あなたは生物学を超える。その時だけ身体を超える――なぜなら、男性と女性が身体の中に存在しているからだ。せいぜいその反映くらいは、マインドの中にも存在している。しかし魂は男性でも女性でもない。あなたは両方を超えなければならない。だから見守ってごらん……そして距離を置いたままで、離れたままでいなさい。気づいたままでいなさい。女性がそこにいて機能している時、見守りなさい。男性がそこにいて機能している時、見守りなさい――だがあなたは、どちらでもないことに注意を払ったままでいなさい。

だから、真の気づきは常にセックスを超えるようにあなたを導き、それで自然と禁欲は起こる。なぜならセックスをするためには、男と同一化するか、女と同一化するかのどちらかでなければならないからだ。真の禁欲者は超えた人で、どちらでもない人だ。

だが私は、抑圧について話しているのではない。あなたは抑圧すべきだと言うのではない。あなたは自分の女性を抑圧すべきだ、または自分の男性を抑圧すべきだ、と言うのではない。私はすべての抑圧に反対だ。私は、あなたの女らしさを表現しなさい、あなたの男らしさを表現しなさい、だが油断しないままでいなさい、と言っているのだ。なぜなら抑圧するなら、それは何らかの方法で起こるからだ。

一つの逸話を話そう。

スラックスとTシャツを着た三人の聖職者が、ゴルフで第一打を打とうとしていた時、ゴルフ賭博師が割り込んで、フォーサムができるかどうかと尋ねた。（※フォーサムとは四人が二組に分かれ，各組が一個ずつのボールを使って交互に打つゴルフの競技法）

「わかりました」と最年長の聖職者は言った。「しかしあなたに伝えなければならないのは、私たちは良いゴルファーではないことです」

もちろん、賭博師は自分も下手なプレーヤーであることを保証した。

「それをより面白くするために、賭けるのはどうでしょう？」

聖職者の一人は決して賭けないと抗議したが、彼を喜ばすために他の彼らはむしろ法外な賭けをした。当然、ゴルフ賭博師が勝って聖職者たちはお金を支払った。

彼らがみんなロッカールームに戻った時、賭博師は彼らの法衣を見てショックを受け、そのお金を返すと申し出た。

「いいえ、私たちは賭けをしたので、それを守ります。それは私たちにとって教訓となるでしょう」と最年長の聖職者は言った。

「そうですか、」とその男は言った。「私はそれでも、聖職者の方々に変に無理をさせているように感じます。私に何かできることがありますか？」

「あなたには両親がいますか？」と聖職者が尋ねた。

「ええ、います」

「よろしい、彼らを私のところに連れて来てくれれば、私は彼らと結婚しましょう」

抑圧はそれに似ている。あなたは「ろくでなし」と言いたいが遠回しに言う。そして抑圧は変化を引き起こすことができるが、本当の変化ではない。あなたは一方の極端から、もう一方の極端に動く。ただ気づきだけが、二元性を超えてあなたを導くことができる。

もう一つ逸話を話そう。

暑い午後、長旅の列車で、乗客の一人が大声で繰り返し続けていた。

「神よ、私は喉が渇いています！　神よ、私は喉が渇いています！　神よ、私は喉が渇いています！」

そのようなマントラ的な繰り返しにいらいらして、彼の前に座っていた旅行者は、次の駅で喉が渇いた人に、冷たいソーダの大きなボトルを持って来た。感謝で目を輝かして、喉が渇いた人は立ち上がり、ボトルをつかんですぐにそれを飲んだ。ほんの一瞬ほど、彼は幸せそうに、満足して、満ち足りたように見えた。それから彼は再び座って、大声で繰り返し始めた、「神よ、私は喉が渇いていました！　神よ、私は喉が渇いていました！　神よ、私はとても喉が渇いていました！」

……しかしマントラは続いている。

あなたは一方の極端から、もう一方の極端に移ることができる。変化は単に表面上にあるだけで、深いところではあなたは同じままだ。そして変化は深いところで起こらなければならない。ただ気づきだけが深みに入る。抑圧はただ体裁をつくろっているだけだ。それはあなたの根っこを変えてはいない。それは根本的ではない。

質問四
私は明け渡しと内なる光に従うことの違いについて、混乱しています。私が明け渡したい時は、責任を負うことを恐れていますし、自分の内なる光に従いたい時は、明け渡しであなたが私に何を求めるのだろうかと恐れています。

あなたはそれについて、完全にはっきりさせなければならない。既にあなたに内なる光があるなら、明け渡す必要はない。明け渡しは、あなたが内なる光をもたらすのを助けるだけだからだ。既にあなたにそれがあるなら、明け渡しについてはすべて忘れなさい。しかし……あなたにはそれがない。ただ明け渡しを避けるために、あなたは自分にはそれがあると想像している。

あなたにそれがあるなら、あなたにはそれがあるのだ。それなら明け渡しの問題は生じない。あなたにそれはない。あなたにはただ内側の暗闇があるだけで、内なる光はない。だから内に入る時、あなたは暗闇に気づく。それからあなたは明け渡しについて考え始める。明け渡しについて考え始める時、あなたは恐れるようになる——なぜならエゴが入って来るからだ。あなたの邪魔をしているのは内なる光ではない。内なる光は決して誰の邪魔もしない。

それをこのように言ってみよう。あなたが明け渡すなら、それは内なる光にとって助けになる。内なる光があるなら、それは明け渡すことの助けになる——なぜなら内なる光と明け渡しは、同じコインの二つの面だからだ。

あなたに内なる光があるなら、明け渡すことに恐怖はない。恐怖はただ、エゴのせいで生じるからだ。内なる光とは、既に明け渡している現象のことだ。あなたは既に明け渡している。

だからあなたに内なる光があるなら、まず私は明け渡す必要はないと言い、次に私は、内なる光があるなら明け渡すことに何の問題もない、と言う。あなたに内なる光がなければ問題がある。それなら最初に明け渡す必要があるが、次にあなたは明け渡しを避けるだろう。あなたに一つの非常に美しい話をしてみよう。それに瞑想してごらん。

ある日、無神論者が崖を歩いていた時、滑って崖の縁から落ちた。彼が落下した時、何とか岩の割れ目から生えていた小さな木の枝をつかむことができた。そこにぶら下がって、冷たい風に揺れながら、彼は自分のいる場所がどうにも助かりそうにないことを理解した。はるか下には尖った岩があり、登る方法はなかった。枝を握る彼の力は次第に弱まっていた。

「ああ、」と彼は考えた。「今は神しか私を救うことはできない。私はこれまで神を信じなかったが、私は間違っていたかもしれない。何か失うものを私は持っているだろうか？」

そこで彼は大声で呼んだ。「神よ、あなたが存在しているのなら、私を救ってください。そうすれば私はあなたを信じるでしょう」

答えはなかった。彼は再び呼んだ。「お願いです、神よ、私はあなたを信じたことがありませんでしたが、もしあなたが今私を救ってくれるならば、私はこれからあなたを信じます！」

突然、雲から大きな声が下に轟いた。

「いや違う、お前は信じないだろう、私はお前の性分を知っている」

その男はとても驚いた。彼は枝をつかむ力をほとんど失っていた。

「お願いです、神よ、あなたは間違っています。私は本気です。私は信じます」

「いや違う、お前は信じないだろう。それは彼らがみんな言うことだ」

その男は嘆願し、主張した。最終的に神は「わかった、お前を救おう。枝を手放しなさい」と言った。

「枝を手放せだと！」とその男は叫んだ。「あなたは私が狂っていると思っているのか？」

これについて考えてごらん。

失うものが何もない時でさえ、明け渡すことを恐れている。このお男はこう言う。「枝を手放せだと！　あなたは私が狂っていると思っているのか？」。冷たい風の中でこの枝にぶら下がり、彼のつかむ力は次第にますます弱くなっている。それでも彼は明け渡す準備ができていない。

神はあなたが明け渡す時にだけ、あなたを救うことができる。あなたの明け渡しは、あなたが信頼していることを示している。他にそれを示す方法はない。あなたの祈りは充分ではない。その男は祈っていた。「私を救ってください！」。しかし彼は信頼を示すことができなかった。あなたの祈りは無力だ。それを裏付ける信頼がなければ、それは何の意味もない。ただあなたの信頼だけが、あなたの祈りに意味があることを、あなたが本気であることを示す。

もしあなたが、自分では何もすることができず、暗闇の中にますます失われていると感じるなら……死だけがどんどん近づいて来て、つかむ力がますます弱くなっていき、遅かれ早かれ、自分が死の中に消え去るのがわかるなら、もしそれを見るならば、これが私のメッセージだ、枝を手放しなさい。そして手放すことができるなら、すぐさま、まさにその手放しによってあなたは救われる……なぜならあなたは、自分自身から救われるからだ。

問題はどこか外にあるのではない。問題はあなたのエゴだ。あなたはエゴから救われなければならない。問題は自分自身だ。人は自分自身から救われなければならない。敵は外にはいない。敵は内側にいる。明け渡すと、あなたはその敵を落とす。まさにその落とすことで内なる暗闇は消える。

あなたは明け渡し、そして私は何かをする、というわけではない。覚えておきなさい、誰も何もすることはできない。あなたが明け渡す時、そのまさに明け渡しによって何かが起こり、あなたの内なる光は輝き始め、あなたの内なる光が明らかになり始める。雲は消え去る。

あなたの明け渡しを通して、私があなたに何かをするということではない。あなたはあなたの明け渡しを通して、自分に何かをする。私は単なる口実だ。これは理解されなければならない。

責任を負わないようにするために、私に明け渡してはいけない。貪欲さで私に明け渡してはいけない。私が何かをするだろうと考えて、私に明け渡してはいけない。誰も、あなたに対して何かをすることはできない。それはあなたの完全な自由であり、誰も干渉できるものではない。私は単なる口実に過ぎない。私なしでは、明け渡すことはあなたにとって難しいだろう。さもなければ、あなたは空に明け渡すことができる。同じことが起こる。ブッダの彫像に明け渡すことができる。すると同じことが起こる。彫像のないモスクに行って明け渡すことができる。すると同じことが起こる。これらはすべて口実だ。あなたが好むどの口実でもかまわない。だがあなたは明け渡さなければならない。

明け渡しであなたのエゴは落ちる。あなたのエゴはあなたの無知で、あなたのエゴはあなたの暗闇で、あなたのエゴはあなたの牢獄だ。

第五章

超越の道

The Discipline of Transcendence

ブッダは言った。
不純物を完全に除去した金属から器具を作ると、その器具は優れたものになる。
道に従うことを望む僧侶であるあなたは、
悪い熱情の汚れからあなた自身のハートを浄化することで、
あなたの行為は申し分のないものになる。

人が邪悪な創造物から逃げたとしても、人間として生まれることは類い稀な幸運だ。

人が人間として生まれたとしても、六つの感覚のすべてにおいて完全であることは類い稀な幸運だ。

彼が六つのすべての感覚において完全であっても、
覚者（ブッダ）の時代に生まれることは彼にとって類い稀な幸運だ。

彼がブッダの時代に生まれたとしても、光明を得た者を見ることは類い稀な幸運だ。

彼が光明を得た者を見ることができたとしても、
彼のハートが信心に目覚めることは類い稀な幸運だ。

彼に信心があったとしても、知性の核心に目覚めることは類い稀な幸運だ。

彼が知性の核心に目覚めたとしても、

修行や達成を超えたスピリチュアルな状態を実現することは、類い稀な幸運だ。
おお、ブッダの子供たちよ！
あなたは私から何千マイルも離れているが、私の格言を思い出し、それについて考えるなら、
きっと光明の果実を得るだろう。
あなたは私の側に立って、いつでも私を見ているが、
私の格言を守らないなら、決して光明を得ないだろう。

意識は湖のようなものだ。波があればそれはマインドになり、波がなければ魂になる。違いはただ、騒乱があるかないかだ。マインドは乱された魂であり、魂は沈黙したマインドだ。マインドは単なる不健全な状態で、魂は健全な状態だ。波が湖から分離していないように、マインドも魂から分離したものではない。湖は波なしで在ることはできるが、波は湖なしで在ることはできない。魂はマインドなしで在ることはできるが、マインドは魂なしで在ることはできない。大きな風があって湖が乱される時、騒乱がある。そして湖はその騒乱の中で一つの特性を失う。それは反映という特性だ。その時それは実体を反映できない。実体は歪められる。空には満月があるかもしれないが、今、湖はそれを反映できない。月はそれでも反映されるが、それは歪んだ形で反映される。それは何千もの断片に反映される。それには単一性はない。それは集合ではなく、統合されてはいない。それは一つではない。実体は一つだ。しかし今、湖は数多くの月を反映する。湖の表面全体は銀色の光沢で満たされるかもしれない。あらゆるところが月だらけだ――だがこれは真実ではない。真実は一つだ。マインドが反映する時、それは多数になる。意識が反映する時、それは一つだ。

意識は、ヒンドゥー教徒でもイスラム教徒でもキリスト教徒でもない。あなたがヒンドゥー教徒なら、あなたはまだマインドの中にいて、歪んでいる。あなたがイスラム教徒なら、あなたはまだマインドの中にいて、歪んでいる。マインドが落ち着いて波がもうなければ、あなたは単なる意識であり、形容詞も条件付けもない意識になる。そうなると真実は一つだ。実際、真実は一つだと言うことさえ正しくない――なぜなら、一つは多数という状況でのみ意味を持つからだ。真実は全く一つであるため、東洋ではそれを「一つ」と呼んだことはなく、それを「不二」と、二つではないと呼ぶ。

なぜ私たちは、それを「二つではない」と呼ぶような遠回しの方法を選んだのだろう？　それが一つだと言うのは難しい、と私たちは言いたい。なぜなら、一つは二、三、四を暗に含んでいるからだ。私たちは単に「二つではない」と言い、それが何であるかは言わない。私たちは単に、それはそうではないものと言う。その中に「多さ」はない――それだけだ。

私たちはそれを否定の道（ヴィア・ネガティヴァ）と、それは二つではないと言うことで、表現せざるを得ない。それは全く一つ one であり、それは全くの孤立 alone だ。それだけが存在していて、他には何もない。だがそれは、マインドが存在しなくなった時に意識に反映される。私が「マインドはもう存在しない」

と言う時、覚えていなさい、私はマインドを能力として話しているのではない。マインドは能力ではない。それは単なる乱された状態で、意識が揺れ動き、ゆさぶられ、震えて、我が家にいない状態のことだ。

どんな風が意識に吹いて、それを乱すのだろう？　ブッダは、その風の名前は熱情、欲望だ、と言う。

見守ってごらん。するとブッダの言っている真実がわかるだろう。それは事実であり、それはどんな理論とも関係ない。ブッダは抽象的な体系には興味がない。彼はただそうあるものを言っているだけだ。彼は哲学を系統立てているのではない。常にそれを覚えていて、決してそれを忘れてはならない――彼は非常に実験的で、実存的であることを――。彼のアプローチ全体は、あなたがすぐに体験できることをただ話すことにある。そしてあなたの体験は、彼が正しいことを証明するだろう。正しいか間違いかを証明する方法は他にはなく、それについて論じる方法はない。

時々でいいから静かに座ってごらん。たとえ一瞬でも欲望が止めば、すべての騒乱が消えることがわかるだろう。何も求めず、静かに座りなさい。未来に動くことなく、静かに座りなさい。満足して、静かに座りなさい。その一瞬で、あなたはブッダが何を言っているかを理解できるだろう。突然、波が全くないのがわかる。すべての波がなくなった。波が生じるのは、あなたが望む時、あなたが現在に不満を持ち、未来に希望を抱いている時だけだ。

欲望とは、現在と未来の間にある緊張のことだ。その緊張の中で波は生じる。その時あなたは打ちのめされる——そして意識は非常に脆い。意識は非常に軟らかく、ほんのわずかな欲望で、欲望のちょっとしたちらつきで、湖全体は乱される。時には湖に行ってその岸に座り、見守ってごらん。ほら……そこにさざ波はない。小さな石を、非常に小さな石を、最も大きな湖に投げてみるがいい。すると小さな石はさざ波を作り始め、そのさざ波は最も遠い岸にまで広がり続ける。ほんの小さな石が、それほど多くの騒乱を引き起こす。ほんのわずかな欲望と騒乱は、裏口を通って来る。欲望は騒乱で、熱情は興奮だ。熱情の中では、あなたは自分自身ではなく、我を忘れて中心が定まっていない。あなたはバランスを失う。熱情の中では、自分がしたとは想像もできないような事をする。何世紀にもわたって、多くの殺人者は法廷で告白してきた——自分は犯罪を犯さなかった、それは起こってしまった、と。彼らはそれほど激怒していて、ほとんど狂っていた。彼らは故意にそれをしたのではなかった。それは起こった。彼らは犯罪者ではなく、自分自身の激情の犠牲者だ。彼らは欺いているのだと、あなたは思うかもしれない。彼らは今、刑罰を免れようとしている、と思うかもしれない。いや、それはそうではない。

あなたが意識していて、静かで、中心が定まっているなら、殺人は不可能になる。それはあなたがいない時にだけ起こる。あなたがとてもぼんやりとしている時、ただ波ばかりがあって、湖面が完全に乱されている時にだけ——それは起こる。すべての間違いは、あなたが乱されている時にだけ起こる。普通の宗教的な人々は「人格を養いなさい」と言う。ブッダは、意識を養いなさい、と言う。普通の宗教的な教師は、「善を行ないなさい」と言う。ブッダは、沈黙しなさい、そうすれば善が為される、と言う。あなたの影があなたの後に続くように、善は沈黙の後に続く。そしてあなたが沈黙しない限り、善を行なう方法はない。善を行なうことはできるが、あなたが沈黙しなければ間違いだけが起こる。だからいわゆる善行者は、世界で千と一つの害悪を加え続けているのだ。いわゆる善行者は最も害を及ぼす人々だ。彼らはあなたのために善行をしていて、彼らは善のためにそれをしている。そしてあなたは、彼らから逃げることさえできない。

善良な両親が危険な両親であることは、誰もが知っている。善良すぎる親は間違った親にならざるを得ない——なぜなら、彼はあなたを籠に閉じ込めるからだ。良過ぎることは破壊的だ。善い母親があなたを破滅させるのは、母親自身の中心が定まっていないからだ。彼女の善は強制されたものだ。彼女は善いことをしようとしている。その善は自然ではなく自発的ではない。それは影のようなものではない。それは努力であり、暴力的だ。いわゆるマハトマたちは多くの点で人々を不具にし、人々を駄目にし、人々の自由を破壊し続ける。彼らは微妙な方法で、微妙な手法で支配しようとし続ける。だがそのすべての欲望は支配することにあり、あなたが善である時、誰かを支配することは非常に簡単になる。彼はあなたに反抗すらできない。悪い母親からは、逃げることができる。しかし、善い母親に対してはどうしたらいい？　彼女はとても善良なので、あなたは気分が悪くなり始める。それを見守ってごらん。誰もがその状態を経験してきた。それは理解されなければならない。でなければ、あなたは決して自分自身を受け入れることができない。

子供がいる時はいつでも、子供と両親の間には必ず何らかの対立がある。特に最初は子供と母親の間に、それから後になって父親との間に――。それは当然だ――なぜなら母親には、自分自身のやり方や考え、人生はこう生きるべきだという哲学があるからだ。そして子供はほとんど野生だ。彼は社会も文化も宗教も知らない。彼は直接、神から来ている。彼は神と同じくらい野生的だ。彼には自由の他に何もないので、必ず何らかの対立がある。そして子供は、社会の壁の中に引き入れなければならない。彼は放っておかれない――それもまた真実だ。だから対立は自然なことだ。母親が非常に善良なら、子供は困難の中に、非常に大きな苦悩と不安の中にいる。その不安は、子供が自分の自由を愛していて、自由は良いと本質的に知っていることから来る。自由は本質的な価値だ。自由が良いことを証明する必要はない――自由は良い。自由の良さは自明だ。誰でもその欲望を持って生まれる。だから私たちは、東洋で究極のゴールを「完全な自由」であるモクシャと呼んだのだ。そこは本質的な欲望が完全に満たされていて、どんな類の制限もない境地だ。人は絶対的に自由であり、無条件に自由だ。

すべての子供は自由でありたいという本質的な欲求を持って生まれるが、今ではあらゆるところに束縛がある。母親は「これをしてはいけない、それをしてはいけない、ここに座りなさい、そこに行ってはいけない」と言う。そして子供は、あらゆるところから引っ張られたり押されたりするように感じる。さて、母親が悪ければ、大した困難はない。子供は母親が悪いのだと思い、心の奥底で彼女を憎み始めることができる。単純にそれは算術的だ――彼女は彼の自由を破壊していて、彼は彼女を憎んでいる。たぶん、政治的な理由で、彼はそれを表現できないので外交官のようになる。彼は、彼女が世界で最も不愉快な女性だと知っているが、それでも口先だけのお世辞を言い続ける。

だが母親が良ければ、問題が生じる。その時子供は、それを理解するのに困ってしまう。母親は良い……そして自由は良い。「では、もし母親が良いのなら、僕が間違っているに違いない。そして、僕の自由は間違っているに違いない。もし僕が良くて、僕の自由が良いのなら、母親は間違っているに違いない」

さて、母親が悪いと思うことは不可能だ――なぜなら彼女は本当に善良で、気遣い、愛し、子供のために千と一つの事をし続けているからだ。母親は本当に善良で、子供は彼女が良いことを知っている。だからあり得る決定はたった一つしかない。それはこのようになる。「僕は間違っているに違いない。母親は良くて、僕が間違っているに違いない」

いったん子供が「僕は間違っているに違いない」と考え始めると、彼は自分自身を拒絶し始める。私は普段、自分自身を完全に受け入れている人に出会うことはない。そしてあなたは自分自身を完全に受け入れなければ、決して成長しないだろう――なぜなら成長は受容から生じるからだ。自分自身を拒絶し続ければ、あなたは分裂を引き起こす。あなたは精神分裂症になる。あなたが拒絶する部分は、大きな重荷、大きな悲しみ、大きな不安、緊張のように、あなたの首にぶら下がっている。それはあなたの一部なので、捨てることはできない。それを分割することはできない。せいぜいそれを無意識の中に投げ入れることくらいしかできない。それに気づかなくなり、それを忘れて、それがそこにないと信じることはできる。そのようにして無意識は作られる。

無意識は自然なものではない。無意識はあなたが拒絶したあなたの存在の一部だ。あなたはそれに直面すらしたくないし、それに遭遇したくないし、それが存在しているということすら考えたくない。それはそこにある。あなたの存在の深いところで、それはあなたを操り続けている。それはさまざまな復讐をする。なぜなら、それもまた表現を必要とするからだ。さて、これが人間のすべての不幸だ。「良い」母親は、「悪い」子供という考えを作り出すことがある。子供自身は自分を拒絶し始める。これは人格の分割、分裂だ。子供はノイローゼになっている。

なぜなら、自分自身を良いと感じるのは自然で簡単なことだからだ。それがあなた方の宗教的な伝道者が、聖職者がし続けていることだ。モスクに行ってごらん、寺院に、教会に行ってごらん。彼らはそこにいる――雷鳴のように、非難的に、あなたを地獄に投げ入れる用意ができている。あなたが彼らに耳を傾けるなら、彼らに従うなら、天国であなたに褒美を与える用意ができている。もちろんあなたが従えないのは、彼らの要求が不可能だからだ。それに彼らの要求が不可能なのは、あなたに良く在るための方法を示さないからだ。彼らは単に「良くなりなさい」と言うだけだ。

良く在るための方法は、良いこととは何の関係もない。良く在るための方法は中心が定まること、気づくことと関係がある。良く在ることとは、あなたの人格とは関係がない。本当に良い人には全く人格がない。彼は無人格だ。そして私が「無人格」と言う時は、彼には自分の周りに防護服が、鎧がないことを意味している。彼の周りに防御はない。彼は単に開いていて、花と同じくらい無人格で、良くも悪くもない。彼はただ存在する――油断なく、意識的で、責任感がある。もし何かが起こるなら、彼は反応するだろう。だが彼はすぐに反応し、ここから反応する。彼は現在から反応し、過去からは反応しない。「人格」の意味は、あなたは過去に学んだことを持ち続けている、ということだ。「人格」とは、あなたに対して説教してきて、あなたを強制してきた良心を意味する。良心は意識にとって牢獄だ。

ブッダは宗教の世界に、かつてないほど大きな革命をもたらした。その革命は、彼が良心ではなく意識を強調したことだ。彼は人格ではなく気づきを強調した。もちろん、人格は自動的に生じるが、それは影のように生じる。あなたがそれを抱え持つわけではない。それなら重荷にはならない。見守ったことがあるだろうか?――あなたの影はあなたの後に従い続けるが、あなたは重荷を負っていないし、それを気にする必要はない。それについて考える必要はない。たとえそれを完全に忘れても、それはそこにある。あなたがそれを失うことはできない。

ブッダは、人格はあなたがそれを失うことができない時にだけ実在する、と言う。あなたがそれを失うことを恐れているなら、それは意識ではなく良心だ。

そこで、これらの経典に入る前にまず理解すべきは、人は欲望で、熱情で盲目になる、ということだ。なぜ彼は熱情と欲望で盲目になるのだろう?――それは欲望と熱情が、二つの物をもたらすからだ。まずは、現在に対する不満だ。それは欲望のまさに根そのものだ。現在に不満がなければ、欲望は存在できない。欲望は不満があってこそ生まれる。

ちょっと見てごらん……。あなたがここに座っていて、この瞬間に満足していれば――なぜあなたがこの瞬間に満足しないのか、私にはわからないが――それなら欲望はない。そして欲望がない時、そこには大変な穏やかさが、大変な静けさがある。沈黙は、ほとんどそれに触れることができ、味わうことができ、手に持つことができるほどしっかりしたものになる。

満足がある時はいつでも、欲望はない。欲望がない時、あなたは我が家にいてくつろいでいる。そのくつろいだ状態では、マインドはない。マインドは蓄積された緊張だ。マインドは能力ではない。マインドは、ただあなたのすべての欲望の束であり、あなたが作り続けるすべての波に過ぎない。一つの熱情が失われても、あなたはそれが失われる前に別の熱情に夢中になる。一つの欲望が終わっても、それが終わる前でもあなたは未来へ向けた別の旅の計画を立て始める。

だからあなたは、未来に突入し続けて現在を逃し続ける。そして在ることpresenceは、現在presentにおいてのみ可能だ。そしてあなたが存在しているpresent時、マインドはない。そしてこのノー・マインドの状態がゴールであり、仏教のゴールだ。

そこに緊張、考え、欲望、熱情がない時、素晴しい幸福があなたの魂に生じる。それは湧き出る。

それが祝福というものだ。あなたは途方もない幸福を感じ、何の理由もなく幸福を感じる。あなたはとてつもない高揚感を感じる――だがこの高揚感には原因がない。それはあなたが何かの麻薬やアルコールを摂取したということではなく、あなたがマントラを唱えていたということではない。なぜなら、マントラもまたあなたの化学的性質を変えるからだ。一定の音の絶え間ない繰り返しはあなたの身体の化学的性質に変化をもたらす。それは麻薬だ。マントラは麻薬であり、非常に微妙な麻薬だ。それはあなたの存在に特定の波を作り出す。そして一定のマントラ――オウム……オウム……オウム――を唱え続けるなら、徐々に、「オウム」という響きは、あなたの身体全体の化学的性質を変える。

あるいは断食し続けることができる。そしてその馬鹿らしさを見てごらん。断食を説く人々は麻薬に反対するが、断食は化学的な変化を起こす。それは他のどんな麻薬にも匹敵する麻薬だ。断食している時、あなたは何をしているのだろう？　あなたは自分の身体に特定の化学成分を与えていない。その化学成分とは、もしそれが与えられなければ、内的な化学的性質のバランスが変化するようなものだ。何らかの麻薬を摂取すると、それは内的な化学的性質の割合を変え、食べ物を食べるのを止めると、それは内的な化学的性質のバランスを変えるが、それは同じことだ！　人々が高揚感を感じる時、マハトマ・ガンジーが断食状態でいる時に非常に高揚感を感じると言う時、彼はティモシー・リアリーが語ることと違う何かを話しているのではない。両方とも同じことを言っている。両方とも化学的性質について話している。普通、私たちは断食を麻薬とは考えないが、それは麻薬だ――それはあなたを高揚させることができ、あなたを無重力にさせることができる。

　または、唱え続けることもできる。唱えることは、肉体の化学的性質に変化を引き起こす。そのため、いくつかの音が非常に重要になった。何世紀にもわたって、多くの人々が多くのマントラを試してきた。それからいくつかのマントラは成功して、いくつかは失敗した。成功したものは、あなたの化学的性質に直ちに変化をもたらすマントラだ。それを超越瞑想と呼んでもいい。それもまた麻薬だ。さて、マハリシ・マヘッシ・ヨーギは麻薬に非常に反対しているが、ＴＭ（超越瞑想）そのものが微妙な麻薬だ。

　または姿勢やヨーガを通して身体の化学的性質を変えることができ、特定のタイプの呼吸を通して、身体の化学的性質を変えることができる――だがすべての変化は、基本的に化学的なものだ。深く呼吸する時、より多くの酸素が身体に取り込まれ、身体の中の酸素がより多くなると、化学的性質が変化し始める――あなたは高揚感を感じ始める。深く呼吸しない時は、より多くの二酸化炭素が肺に集まる。割合が変わる。あなたはだるくなり、気分が沈み、落ち込む depressed。そう、その言葉は正しい。あなたはまさに何かによって「圧迫されている pressed」と感じる。岩の下にいるような意気消沈をもたらすものは、二酸化炭素だ。

　しかしこれらはすべて物質的な、化学的な変化だ。それらは、それより深く進まない。ブッダは言う、ただ気づいていなさい、ただ気づいて満足していなさい……と。彼は特定のパターンや特定のリズムの呼吸を説くことさえしない。彼は、呼吸を自然なものにしなさい、と言う。彼は断食を説いていない。彼は正しい食べ物について、食べ物の正しい量について説いている。彼は夜に寝ないでいることを説いていない。一晩中起きたままでいる多くの宗派があり、とりわけイスラム教徒はそうする。それもまた身体の化学的性質を変える。

ブッダは単純にこう言っている。一つだけ必要なことがあり、それは、未来に踏み込むべきではない、ここと今に留まっていなければならない、ということだ。その瞬間に満足していなければならない。その瞬間と共に動きなさい。先に進んではいけない。前方に跳んではいけない。熱情を手放しなさい。「熱情」にはあなた自身より先に跳ぶという意味がある。そこから不安が生まれ、欲求不満になり、心配になり、それから千と一つの波があなたの意識の表面に生じる。あなたはマインドになる。これらの波が消える時、あなたは再び意識になる。時々それをやってみなさい。

グルジェフは弟子たちにある技法を教えていた。彼はそれを「ストップ・エクササイズ」と呼んでいた。彼は弟子たちに、時々、突然、全世界を止めるように教えていた。自分自身を止めることによって、あなたは全世界を止めることができる。あなたは道を歩いている。突然、不意に、あなたは止まる。〇・五秒の間、あなたは全く動かないままでいる。その突然の不動は、マインドを止める役にも立つ――なぜならマインドは時間を要するからだ。もしゆっくり、ゆっくりと止まるなら、マインドは止まらない。それは順応する。突然止まるとショックがある。マインドは止まる。

突然停止するその瞬間に、あなたは全世界が止まったことがわかるだろう。なぜならすべての波が消えたからだ。

それをやってごらん。

ただ踊っていて、突然止まりなさい！　走って、突然止まりなさい。泳いで、突然止まりなさい。話していて、突然止まりなさい――そして一瞬の間、まるで彫像になったかのように完全に動かない――するともちろん、一瞬だが、あなたは自分のマインドが止まったのがわかるだろう。再びマインドはあなたを占有するが、その瞬間あなたは、沈黙が垣間見えるようになるほど静かになっているのがわかるだろう。それは大きな支えになる。そしてあなたは現実(リアリティ)がこのようなものであることを知る。その瞬間に、現実(リアリティ)はそれ自体をあなたに明らかにする。それこそがまさに神、真実、ニルヴァーナだ。

ブッダは言った。

不純物を完全に除去した金属から器具を作ると、その器具は優れたものになる。
道に従うことを望む僧侶であるあなたは、
悪い熱情の汚れからあなた自身のハートを浄化することで、
あなたの行為は申し分のないものになる。

熱情という不純物から、あなたのハートを浄化しなさい。そして実際、それをするのに大したことは必要ない。あなたが本当に汚れたというわけではない。あなたは単にかき乱されているだけ、それだけのことだ。それが不純物というものだ。かき乱されていない時はいつでも、不純物は消える。不純物とはあなたの存在に入ったものではない。それはただ、波のように表面上にあるだけだ。だからそれを起こらせたいなら、今すぐにでも起こり得る。

そして釈明で遊んではいけない。「どうしたら、それが今すぐに起こり得るのだ？ 私にはまず解決しなければならないカルマが多くある」と言ってはならない。すべてがナンセンスであり、後回しにするマインドの策略だ。マインドはこう言う。「どうしたら、今すぐそれをできるだろう？ まず私は、実に多くの生のカルマを解決しなければならない」

だがあなたは、ここでどれほど多く生きてきたのか知っているだろうか？ 何百万もの生だ！ もし本当にカルマを解決したければ、あなたはそれらを解決するために、再び何百万もの生を要するだろう。そしてあなたがそれらを解決した後、何百万もの生が再び過ぎ去る――そしてこれらの生で、再びあなたは多くのカルマを引き起こす。それを避ける方法はない。あなたが生きている限り、あれやこれやをする。何かを食べると、カルマが作られる。呼吸すると、カルマが作られる。歩くと、カルマが作られる。眠ると、カルマが作られる。どんな行動でもカルマになる。だからこれは悪循環だ。何百万もの生にわたって、あなたは存在していた。今それらのカルマを解決するために、再び何百万もの生が必要になる。そしてそれの後でさえ何も解決されない――なぜならこれらの何百万もの生で、あなたは再びカルマを引き起こすからだ。そうなると、あなたはこれから、この騒乱から抜け出せなくなる。そうなると出口はない。

出口はある、とブッダは言う。それは過去のカルマを解決するという問題ではない。それは単に現在のマインドの状態を解決するという問題であり、それだけのことだ。

それはまさに、ここと今にある。あなたが理解すれば、解決は可能になる。あなたは何もしてこなかった。あなたはただ、夢を見てきただけだ。行動または演技者、行為者と行為――すべては夢だ。ブッダはこう言う。あなたの最も奥深い核は全くの空だ。それは何もしたことがない。それはすることができない。それは本質的に目撃者だ。

それを見守ってごらん。彼の言うことが真実かどうか、確かめてみなさい。あなたの生でそれを試してみなさい。あなたは子供だった。今、あなたはもう子供ではない。それからあなたは若者だった。今、あなたはもう若くない。現在あなたは年を取った。子供時代の身体はなくなった。子供時代のマインドは消えた。それからあなたは、若い頃に別の身体を持っていた――それはなくなった。活気、生命力、若さ、美しさ――すべては消えた。あなたは異なるタイプのマインドを、野心的すぎる、欲望的すぎる、利己的すぎるマインドを持っていた。今、そのすべては過去の物語だ。今、死が来ている。あなたは、毎日近づいて来るその音を聞くことができる。日に日にその距離が縮まっていくのを、感じることができる。だが一つのことを見守ってごらん。あなたは同じままだった。

あなたの最も奥深い核は、少しも変わっていなかった。それは全く変わっていない。あなたが子供だった頃、背後から見守っていたのは同じ意識だった。あなたは若かった。見守っていたのは同じ意識だった。それからあなたは年老いた。それは同じ意識だ。

まるで意識は鏡のようだ。子供が鏡の前に立つと、鏡は子供を映し出す。若者が鏡の前に立つと、鏡は若者を映し出す。老人が鏡の前に立つと、鏡は老人を映し出す――だが鏡は、子供でも若者でも老人でもない。そしてすべてが去った時、何も映し出さず、ただ存在する鏡がそこにあるだけだ。

あなたの意識は鏡だ。

この鏡の隠喩は途方もなく意味深い。それを理解できるなら、それは途上で非常に役に立つ。意識はまさに背後に立っていて、見守っている。それは目撃者だ。物事は来ては去る……ちょうど映画のように。あなたは映画館に座っている。スクリーン上では多くの物事が往来する。時にはあなたは同一化することもある。時々俳優と同一化するようになる。おそらく彼は美しく、力強く魅力があり、人格において優雅であり、印象的で何らかのカリスマ性を持っている。あなたは同一化し、自分自身を忘れる。一瞬、まるで彼があなたであるかのように考え始める。時には、非常に悲しい場面があり、そしてあなたは泣き始めて、あなたの目が濡れる、ということが起こる……そしてスクリーン上には何もない――光と影が通り過ぎているだけだ。あなたはそれを知っているが、一瞬忘れてしまっている。それを思い出すと、あなたは自分を笑い始める。「何をしているのだ？　泣いている？　涙を流している？」

しかしそれは、あなたが小説を読んだ時にも起こる。少なくともスクリーン上には何かがある。小説を読んでもそこには何もない――スクリーンもない、俳優もいない、何もない。ただあなた自身の空想の中で、小説はずっと続いて行く。そして突然、時には非常に幸せに感じて、時には非常に悲しく感じる。小説の雰囲気があなたを虜にし始める。

これが、まさに生で起こっていることだ。生は大きなステージであり、優れたドラマだ。そしてそれは非常に複雑だ――なぜならあなたは俳優であり、演出家であり、フィルムであり、スクリーンであり、映写機であり、また観客でもあるからだ。今、あなたはすべての層だ。一つの部分は俳優という役を演じていて、別の部分は演出していて、別の部分はスクリーンとして機能していて、別の部分は映写機として働いている。そしてそのすべての背後に、あなたの本当の現実（リアリティ）――ただ見守っている目撃者――が在る。

この見守る者は……。

いったんあなたがその存在を感じ始めるなら、それに落ち着き、ますますそれと同調し始めるなら、ブッダが意識は鏡であると言う時に、彼が何を意味しているかがわかるだろう。鏡は決して汚染されない。それはそのように見えるだけだ。糞の堆積を鏡の前に置くことができる。もちろん、鏡はそれを映し出す。だがそれでも鏡は汚染されない。それは汚されない。肥料や糞の堆積が映し出されるために、それが汚されるわけではない。それはそれでも純粋なままだ。糞を取り除くと、鏡は全く純粋に存在している。糞が映し出された時でさえ、鏡は汚染されなかった。だから何であれ不純なものは本当は反映だ。それは映されている。

そしてブッダはこう言う。あなたがこの不純物を、悪や熱情というゴミを除去するなら、あなたの行為は申し分のないものになるだろう。

だから重要な点は行為にはない。重要な点は、鏡のような意識の純粋性にある。

ブッダは言った。

人が邪悪な創造物から逃げたとしても、人間として生まれることは類い稀な幸運だ。

これらが七つの極めて稀な幸運だ。ブッダはそれらについて何度も、多くの方法で話している。それを理解しなければならない。それらは非常に重要だ。

まず、人間として生まれることは類い稀な幸運だ。なぜだろう？　犬として、または水牛として、ロバとして、木として、または岩として生まれることは、なぜ稀な幸運ではないのだろう？　なぜ人間として生まれることは稀な恩恵なのだろう？――それは、人間を除いて自然全体がぐっすり眠っているからだ。あなたは目覚めてもいない。繰り返そう。自然全体は人間を除いて眠っている。そして人間は目覚めてもいなくて、ちょうど中間にいる。

朝、ベッドでゴロゴロし続けるということが時々起こる。あなたは今起きるべき時間だというのがわかっているが、それでも眠っている。それは中間にある状態だ。あなたは牛乳配達人が妻と話しているのを聞き、子供たちが急いで学校に行く準備をしているのを聞き、家の外で子供たちを乗せるためにバスが止まるのを聞くが、それでも夢も続いている。あなたはまだ眠く感じていて、目を閉じる。時々あなたは眠りの中へ押し流され、時には眠りから醒める。これが人間の状態だ。

そしてブッダはこう言う。それは稀な恩恵だ――なぜなら自然全体は非常に深く眠っていて、夢すらないほど深く眠っているからだ。それはスシュプティの状態にある。人は二番目の状態、夢を見る状態に来た。少なくともそこには特定の夢がある。夢は、あなたがもうぐっすり眠っていないことを意味する。あなたは確かに目覚めていない。なぜなら目覚める時、あなたは覚者（ブッダ）になるからだ。あなたは動物とブッダの間のどこかにいる。あなたは不確定な状態でぶら下がっている。

そしてブッダは言う。それは大いなる機会、稀な恩恵だ――なぜなら、少し努力をすればあなたは目覚めることができるからだ。犬はどんな努力をしようとも、目覚めることができない。木は目覚めることができない。どれほど熱心に試みても、それは不可能だ。木が熱心に試みるなら、それは犬になるだろう。犬が熱心に試みるなら、犬は人間になるかもしれない。しかし、目覚めはあなたが人間である時にだけ起こる。神への道は人間からしか始まらない。そして東洋ではこう考える――その考えには多くの妥当性がある――その考えは、デヴァたち、天使たち、神々でさえ人間ほど祝福されてはいない、というものだ。なぜだろう？　それは人間が分岐点に立っているからだ。

たとえ神々が解放される必要があるとしても、彼らは人間として生まれなければならないだろう。動物はぐっすり眠っていて、人間はまさに中間地点にいて、神々はあまりにも自分たちの夢の中にい過ぎる。神々の世界は夢の世界だ。だから彼らには、とても多くの美しい天女（アプサラス）たちがいるのだ。それは夢の世界、ファンタジーだ。彼らはファンタジーの中に生きている。人間はちょうど中間に生きていて、より目覚めた存在の状態へ進める可能性がある。彼は目覚めることができる。

……人間として生まれることは類い稀な幸運だ。

だから、この素晴しい機会を取り逃してはいけない。あなたが人間として生まれるのは、非常に大変な奮闘の末だ。それを浪費することは、全く馬鹿げている。何百万もの生の間ずっと、あなたはこの状態に向かって進んできた。今、あなたは人間でいる機会に至ったが、あなたはただ食べて、飲んで、陽気に楽しむことでそれを壊すかもしれない。そのすべての機会を簡単に失うかもしれない。あなたが、祈りなさい、瞑想しなさい、と言っても、「そんな時間がどこにある？　我々にはどんな時間もない」と言う人々がいる。そしてクラブでトランプをしている彼らを見ることができ、「あなた方は何をしているのだ？」と尋ねれば、彼らは「時間をつぶしている」と言う。それは同じ人々だ。それが瞑想の問題になると、彼らは「しかし時間がない」と言う。そしてそれが、飲酒、ギャンブル、映画に行く、あるいはテレビの前で、何時間も釘付けで座ったままでいるともなれば、彼らには充分な時間がある。それからあなたが尋ねると、彼らは「私たちは時間をつぶしている」と言う。

あなたが時間をつぶして killing いるのだろうか？　誰がこれまで時間をつぶすことができただろう？　それとも、時間があなたを殺して killing いるのだろうか？　さもなければ、時間をつぶしていたとても多くの人々のせいで、もうとっくに時間は死んでしまっていただろう。誰も時間をつぶすことはできなかった。時間は誰でも殺す。各瞬間──時間は死をもたらす。

インドでは、両方に対して同じ言葉がある。時間を『カル』と呼び、死に対しても同じ『カル』を使う。なぜなら、時間が死をもたらすからだ。

時間は死だ。各瞬間、あなたは死へと滑り込んでいる。各瞬間、死はますます近づいている。すべての時計は死に仕えている。すべての時間は死に仕えている。そして、人間であることは稀な機会であり、それを失うことは非常に簡単だ。ブッダは私たちに思い出させる。彼が言う二番目のことは──、

人が人間に生まれたとしても、六つのすべての感覚において完全であることは、類い稀な幸運だ。

人間として生まれるかもしれないが、盲目の、または耳が不自由な、口のきけない、精神発達障害者がいる。その時もそれは不可能だ──誰もこれまで、精神発達障害者が覚者(ブッダ)になったのを聞い

たことがない。それはこれまで聞いたことがないし、不可能だ。優れた知性が必要だ。感覚が失われているならば、気づくことは非常に難しい——気づきのためには感受性が不可欠だからだ。目がある人と目がない人は異なる状態に、全く異なる状態にある。目がある人がより敏感なのは、目が身体の最も敏感な部分だからだ。あなたの感受性の八十パーセントは目に属している。盲目の人は目がある人に比べて、感受性がわずか二十パーセントしかない。盲目の人は微妙な暗闇に囲まれていて、それから出る方法はない。彼は非常に微妙な牢獄に囲まれて生きている。それから逃れることは非常に難しい。

外側の目はあなたにいくつかの一瞥を、いくつかのビジョンを与え、あなたは内なる目についても考え始めることができる。だが外側の目がない人は、第三の目とは何か、内なる目とは何かについて、どんな概念も持つことができない。これまで何も見たことがない人は、洞察力を持つことができない。もし「外の視界」が欠落しているなら、内なる視界は欠落している。それらは一対で存在する。だから盲目の人を見る時、大きな同情があなたに生じるのだ。単に盲目の人を見るだけで、人はとても、非常に同情する。なぜだろう？　その人にはとても多くのものが欠けている。彼は人間でありながら、色彩経験の八十パーセントが、光が欠けている。彼の全人生は無色だ。彼は緑色が何なのかを知らない。ちょっと自分自身について考えてごらん。これまで緑色を知ったことがなければ、これまでバラを知ったことがなければ、一度も虹を見たことがなければ、一度も日の出や日没を見たことがなければ、これまで一度も美しい女性や男性の顔を見たことがなければ、一度も美しくて無垢な子供の目を見たことがなければ、あなたがこれまで一度も達成した人の顔を、その優雅さを見たことがなければ、どれほど多くのものを見逃してきたことだろう。

あなたはより岩石のようであり、あまり人間のようではない。

ブッダは感覚に反対していない。この一文がそれを証明している。ブッダは、感情の高ぶり(センセーション)と感情の高ぶりを切望することは悪いが、感覚(センス)は良い、と言う。そして感じやすさは絶対に必要だ。だから、より感じやすくなりなさい。

それをあなたにはっきりさせよう。あなたが自分の目を、ただ官能的欲望を得るためにだけ使い、色欲を求め続けるなら、あなたの目はやがてどんよりするようになるだろう。好色な目は常にどんよりしている。好色な目は常に醜い。男が好色な目であなたを見るなら、あなたは突然気分が悪くなる——彼は侵入している。彼の目は心臓へのナイフのように作用する。彼は教養のある人ではなく、全くもって紳士的ではない。

それは起こった。

ムラ・ナスルディンが事務所に入った。彼は何らかの仕事のために行ったに違いない。受付は美しい女性だった。彼はとても好色な目で彼女を見て、それから「トイレはどこですか?」と尋ねた。女性はこう言った。「通路の終わりまでまっすぐ行ってください。『紳士用』と表示された部屋が見つかるでしょう——その表示を回避しないようにしてください。ただ入ってください」

好色な目で女性を見る時、あなたは紳士ではない。実際、あなたは少し非人道的だ。目が感じやすくて色欲がない時、それには深みがある。目が感じやすくなくて、ただ感情の高ぶりに飢えている時、それは浅くなっている。そしてあなたは、それが濁っているのに気づくだろう。それは透明ではない。目が途方もなく感じやすい時、それには深みが、透明な深みがある。あなたはそれをのぞき込むことができ、その人のまさにハートに達することができる。その人はその目を通して把握できるようになり、その目を通して、あなたは自分が出会っているその人がどんなタイプの人なのかを見ることができる。

目は非常に示唆的だ。そのため犯罪者は、あなたの目を直接にはのぞき込まない。彼らはそれを避ける。罪の意識を感じている人々は横目で見る。彼らは直接見ない——なぜなら彼らは無垢ではないからだ。彼らは自分の目が暴露できることを、言いたくない事を言えるのを知っている。人の目を見ることができれば、あなたは彼の人格を知る手がかりを持っている。

そして同じことが別の感覚にも当てはまる。ワーグナーを聴いたことがなく、ラビ・シャンカールを聴いたことがなく、朝に鳥が歌うのを聴いたことがない耳の不自由な人々について、ちょっと考えてごらん。彼らにとってカッコウは存在せず、愛の歌や悲しみの歌を聴いたことがなく、彼らにとってフルートは、単なる中空の竹に過ぎないような人々について考えてごらん。彼がどれほどかわいそうか、ちょっと考えてみなさい。

ブッダが言うには、最初の恩恵は人間として生まれることにあり、二番目の恩恵は六つの感覚を持って生まれることにある。今この機会を利用して、ますます感じやすくなりなさい。ではどうしたら、より感じやすくなれるのだろう？　欲望を持たない時、あなたはより感じやすくなる。欲望を持つ時、あなたの感じやすさは失われる。あなたは浅薄になる。欲望を持たない人は、やがてとても多くのエネルギーを集める。人が欲望を持たないでいるなら、彼のすべての感覚は透き通った窓になる――煙も障壁もない。そして内側と外側は、その感受性を通して出会う。

彼が六つのすべての感覚において完全であっても、覚者(ブッダ)の時代に生まれることは彼にとって類い稀な幸運だ。

そしてブッダは言う。あなたは人間であり、すべての感覚を完璧に持って生まれているかもしれないが、覚者(ブッダ)の時代に生まれていなければ、あなたは知られざるものとの接触を逃すだろう。あなたは木を見るかもしれず、花を見るかもしれず、星を見るかもしれないが、これらは光明を得た人と比べたら何でもない――なぜなら彼は、既知の世界で未知なるものを表わすからだ。彼は地球の暗闇の中に神の光線をもたらす。彼は意識の真の開花だ。

ブッダは「覚者(ブッダ)の時代に生まれることは類い稀なことだ」と言う。実際、ブッダが過ごす同じ時間を、同じ空間を過ごすことは、素晴しい恩恵だ――なぜなら、彼の生命の振動の何かがあなたに触れるに違いないからだ。彼の現存は祝福のシャワーになるに違いない。たとえ彼のところに行かなくても、彼に反対していても、彼があなたの町を通り過ぎてあなたに彼を訪ねる時間がなくても、彼の落ち着きはあなたに何かを、求められていない何かをもたらす。彼は招かれずにあなたに達する。

ちょっと考えてごらん。もしブッダが誕生しなかったなら、世界は同じではなかっただろう。そしてキリスト教徒はキリストの後に、うまく彼らの暦を始めることにした。それはよいことだ——キリストは、過去とのすさまじい決別を行なう。まさに彼の存在が——キリストは覚者(ブッダ)だった——彼の存在が全く異なる歴史を作り上げた。キリスト教徒が彼らの歴史の年代をキリスト以後、キリスト以前として定めるのはよいことだ。キリスト以前ではそれは大したものではない。それはすべて普通だ。キリストより後、途方もない現象が起こり、人類は異なる高度で動き始めた。

インドでは、そうすることはできなかった。それは私たちが、とても多くのブッダたちと遭遇してきたからだ。私たちがそのようにすることは難しかった。そうでなければとても多くの暦があったし、混乱したことだろう。しかしブッダが存在する時はいつでも、人類は変わる、上向きに転換する。ブッダが歴史に登場する時はいつでも、歴史は決して同じではない——すべての見方が変わる。そしてブッダが現存している時に瞑想するなら、彼のエネルギーが動いているので、瞑想は非常に容易になる。あなたは簡単に彼の波に乗ることができる。一人で瞑想をしていて、ブッダが現存していない時、あなたは独力で非常に大きな障壁と戦っている。あなたが勝利者になることは、ほとんど不可能で、見込みがない。ブッダと共にあれば、それはほとんどこのようになる。

ラーマクリシュナはよくこう言っていた。「風が正しい方向に吹いている時は、ボートをただ流れの中に置くだけで、風がそれを運んで行く。ただ正しい方向を待ちなさい。その時はどんな努力も必要ない。ただボートに座っていれば、風がそれを運んで行く」

ブッダの風が吹いていて存在全体が上昇している時、すべてのものは神に向かっている。あなたはただ手を握り合うことができ、それで非常に簡単に波に乗ることができる。ただ、ボートを流れの中に置けばいい。流れは既に進んでいる。

そのためブッダが、覚者（ブッダ）の時代に生まれることは稀な機会だ、と言う時、彼は正しい。

彼が覚者（ブッダ）の時代に生まれたとしても、光明を得た者を見ることは類い稀な幸運だ。

だが困難がある。あなたが覚者（ブッダ）の時代に生まれたとしても、決して彼を見に行かないかもしれない——誰かが光明を得たというまさにその考えが、あなたのエゴに反するからだ。あなたは、誰かが光明を得てあなたはそうではない、ということが信じられない。誰かがあなたより先に行ったということは、あり得ない。あなたは自分のエゴのせいでそれを信じられず、ブッダのところに行かない千と一つの理由を見つける。あなたは、彼は間違っている、彼は誇大妄想狂だ、彼は自分でそう主張しているだけだ、彼は本当はブッダではない、という論拠を見つける――「証拠は何だ?」。人々はブッダのところに行って「証拠は何ですか? あなたの証人は誰ですか?」と尋ねた。

さて、これらは愚かな質問だ。誰が証人であり得るだろう? 仏性(ブッダフッド)は非常に深い独りの状態で起こるので、誰も証人になることはできない。それは世界の中でのある行為ではなく、世界から外れた、ある行為なのだ。誰が証人であり得るだろう? それは途方もない独りの状態で起こる。それは最も内側の核で起こる。誰もそれを見ることはできない。ブッダは自ら主張しなければならない。他に方法はない。そして彼が覚者(ブッダ)であることを、誰が保証するだろう? 人々は彼のところに行って、何であれ彼が言っていたことは古い経典と一致しているかどうか、ということを証明する千と一つの方法を見つけた。それは決して一致しない。それは物事のまさに本質においてあり得ない。なぜなら、誰かが光明を得る時はいつでも、彼は以前には決して存在したことのない異なるビジョンを世界にもたらすからだ。

光明を得た人はそれぞれ、以前には存在しなかった新しい贈り物を世界にもたらす。だからヴェーダを調べても、あなたはそれを見つけられないかもしれない。ウパニシャッドを調べても、あなたはブッダが言うことを見つけられないかもしれない。それは正統ではなく少し反逆的に見える。光明を得た人は反逆的で、正統ではない。なぜなら真理は反逆的であって、正統ではないからだ。

だから覚者(ブッダ)が来る時はいつでも、人々はまず証拠があるかどうかを見るために、彼らの古い経典を調べ始めるが、証拠は決して見つからない。

キリストが来た時、ユダヤ人は彼らの古い経典を調べ始めたが、彼らはこの男が自分たちの待っていた救世主であることを、決して確信できなかった。彼らは彼を磔にした。なぜだろう？――彼らはそれを理解できなかったからだ。

人々は経典を信じている。経典は死んだ物であり、経典はあなたによって作られて、あなたによって収集されて、あなたによって解釈される。経典が本当は何を意味しているのか、誰も知らない。誰も知ることができない――言葉はそこにあるが、その内容はあなたが与えなければならないからだ。聞いたことがある……。

ムラ・ナスルディンは主治医のところに行って、こう言った。

「俺はとても心配だ。一週間前に帰宅すると、別の男の腕の中にいる妻を見つけた。その男は俺にコーヒーを飲みに出かけるよう言い聞かせたのだ。次の五日間の夜も、全く同じ事が起こった」

「なあ、あんた、」と医者は言った。「あんたが求めているのは医者ではない。弁護士だ」

「違う、」とムラは主張した。「俺が求めているのは医者だ。自分がコーヒーを飲み過ぎているのではないかと、ちょうど今わかったのだ」

さてそれは、あなたが特定の物事をどのように受け取るか、どのように解釈するかによる……。

解釈は、必ずあなたのマインドから生じる。

ひとつの逸話に耳を傾けてごらん。

それは彼らの新婚旅行の夜で、ユダヤ人の花嫁は薄地のナイトガウンを着てベッドにもぐり込んだ。しかし、彼女は監督教会員 Episcopalian である夫が、ソファーの上で眠ろうとしていたことに気づいた。それは四旬節 (Lent) の月で、キリスト教徒は彼らの楽しみの少なくとも一つを、止めなければならない時だった。

「ジョージ、」と彼女は大声で呼んだ。「あなたは私とセックスするつもりはないの?」

「できないよ、ハニー、」と彼は答えた。「なぜならそれはレント (lent 貸した) だからだ」

「なぜ、ひどい!」。彼女は叫んで、泣き出した。「誰に? そしてどれくらい長く?」

わかったかね?

さて、熱情的なマインドや好色なマインドは、それ自身の解釈を持っている。言葉はあまり重要ではない。あなたは自分の考えを言葉に投影する。何かを探しているならば、あなたはそれを見ることができるだろう。探していなければ、それを見ることができないかもしれない。そして人間のマインドの自然な傾向は、誰かが到達したことを最初に否定することだ。それはエゴにとって不愉快だ。だから、それはあなたにとって非常に難しいのだ。

誰かが来て、あなたの隣人の男が殺人者だと言えば、あなたはすぐに信じる。どんな証拠も気にしない。あなたは「私はずっと前から彼を知っている。彼が殺人者だといつも思っていた」と言う。誰かが来て「その男は泥棒で、不道徳だ」とあれこれ言うなら、あなたはどんな証拠も決して気にしない。人々が証拠について気にしていたら、世界でそんなに多くのうわさ話はなかっただろう。誰が証拠について気にするだろう？　誰かが非難されている時、あなたがすぐにそれを信じるのは、それがあなたに、あなたは他の人よりましだという感じを与えるからだ。

だが誰かが来て、「ある人が瞑想者に、偉大な瞑想者になった」と言えば、すぐに疑いが生じる。あなたはそれを聞くが、聞きたくない。あなたはこう言う。「それはあり得ない。私はその人を知っている。彼は詐欺師だ。どうしたら彼が瞑想をすることができるだろう？　私は彼を、まさに子どもの頃から知っている。私たちは学校で仲間だった。いや、彼には無理だ。証拠は何だ？」とあなたは尋ねる。

ある人が他の善良な誰かについて話す時はいつでも、あなたはそれが自分のエゴを傷つけるために証拠を求める。「では、他の誰かが私より先に善良になったというのか？」

ブッダが地上を歩く時、彼は不可能なことを、稀にしか起こらないことを主張している。彼は自分がブッダになったと話している。もちろん彼だけがそれを言うことができる。それを証明したり反証したりする方法は他にはない。彼の発言は証明可能でも反証可能でもない――そしてあなたのエゴは不快に感じる。

ブッダはこう言う。覚者の時代に生まれることは類い稀な幸運だが、光明を得た者を見ること、そこへ行くこと、頭を下げることは、それ以上に稀な幸運だ。なぜならあなたが頭を下げるなら、明け渡すなら、あなたは見ることができるからだ。それは肉体的な目の問題ではない。多くの人々は覚者が歩いているのを、一つの町から別の町へ通り過ぎるのを見たが、彼らは彼を見た人々ではなかった。見ていたのは、彼の弟子になった数人の希少な個人たちだけだ。なぜなら覚者を見て弟子にならないことは不可能だからだ。あなたが見たのなら、あなたは見たのだ。そうなるとあなたは再び同じではあり得ない。その時、あなたの全人生はひっくり返る。そしてあなたは混乱状態に陥り、それから生まれ変わる。そしてあなたの過去の完全な崩壊があり、新しい誕生があり、そしてもちろん、常に新しい誕生に伴うすべての痛みがある。

……彼が光明を得た者を見ることができたとしても、彼のハートが信心に目覚めることは類い稀な幸運だ。

あなたは見ることができるが、それは大したことではない。信頼 trust があなたに生じない限り……。

……彼のハートが信心に目覚める……この「信心 faith」という言葉を理解しようとしてごらん。

それは信条beliefという意味ではない。「信条belief」は教義を意味している。「信条belief」は教義を信じることを意味している。

たとえば、キリスト教徒は三位一体、父、息子、そして聖霊を信じている。これは信条だ。またば、ヒンドゥー教徒は三つの顔の神を信じている。それは信条だ。

あなたがブッダに遭遇してその人物を信頼trustする時、それは信心だ。信心は個人的で、信条は理論的、概念的だ。信心は愛のようなものだ――あなたは恋に落ちるように信心に落ちる。それは信条ではない。ブッダがあなたに、何かを納得させたわけではない。違う、彼の存在があなたに彼自身の存在を納得させた。彼は教義を信じないことを納得させ、ここでこの人間に何かが起こったということをあなたに納得させた。あなたは、変容し、変貌した人間が、もはやこの世界のものではない人間がここにいる、という事実を確信した。それは確信であり、個人的な確信だ。それは議論でもなく、神学でもない――それは恋愛だ。

人々がサニヤスを受けるために私のところに来る時、私はすぐにそれが信心か信条かを区別できる。二つのタイプの人々がいる。一人の人はやって来て「あなたが言うことは、何でも私を納得させます。あなたの議論は実に見事です。あなたの道理は私に訴えかけます」と言う。さて、この人は信条者として私のところに来た。彼は本当には来ていない。いつか彼は、私について疑いを持たせる誰かを見つけることができる――なぜならそこには、より優れた議論があり得るからだ。そこには常にその可能性がある。なぜなら論理は両刃の剣だからだ。それは両方に使える。同じ議論は確信を壊すために使うことができ、同じ議論を使ってそれを作ることもできる。論理は売春婦のような、または弁護士のようなものだ。それは誰とでも、誰であれ支払う者と共に歩むことができる。

それは起こった。

喫茶店で重大な議論があった。ある日、喫茶店で一人の哲学者が言った。

「私にアリストテレスの論理体系を与えてくれるなら、私は話の終わりまで私の敵を説得するだろう。私に三段論法を与えてくれ。そして私が求めるのはそれだけだ」

別の哲学者が言った。

「私にソクラテス式問答法を与えてくれるなら、私は敵を窮地に追い詰めて、すぐに彼を打ち負かすだろう。私が求めるのはそれだけだ」

ムラ・ナスルディンはこれをみんな聞いてこう言った。

「兄貴、私に手持ちの現金を少し与えてくれれば、要領良く常に敵を結論に導くだろう。なぜなら少し現金を準備しておけば、知性が素晴らしく明晰になるからだ」

論理はあまり根本的ではない。それは表面的だ。ある人が来て、私の言うことを信じていると言うなら、それは信心ではない。しかし、こう言う何人かの稀な人々がいる。

「私たちは、あなたが何を話しているのかわかりません。私たちはほとんど理解さえしていません。私たちはあなたの言うことを楽しんでいますが、それは肝心なことではありません。私たちはあなたに恋してしまいました」

信心が生まれた。今や、誰もこの信心を壊すことはできない。なぜならそれは非論理的だからだ。信心を壊すことができないのは、それが論理に基づいていないからだ。論理に基づいたものは、何でも壊すことができる。論理を引き出すことができれば、それは崩壊する。それには原因がある。原因を取り除くと結果は消える。しかし信心には原因がない。それはちょうど、恋をするようなものだ。マジュヌのところに行って、ライラが世界で最も美しい女性ではないことを彼に証明し、それを論理的に証明し続けるなら、彼はこう言うだろう。

「不要にあなた自身を悩ませてはいけない。誰もそれを証明することはできないのだ」

マジュヌの町の王が、彼に呼びかけるということが実際に起こった。王は彼に対して非常に親切になった。マジュヌは夜の路上で泣き、涙を流して、叫んだりしていた。

彼はただ「ライラ！　ライラ！」と呼びかけた。すると王はとても同情的になり、彼を呼んでこう言った。「お前は愚かだ。私はライラを見たことがある。彼女は普通の少女だ。実のところ、お前がそんなにも泣いていたので、私は彼女が非常に美しいに違いないと思った。それで私は興味を持つようになったのだが、彼女を見た時、私は笑うしかなかった。お前はバカだ！　そして私はお前の愚かさにとても同情している。お前は良い若者だ。お前の人生を浪費してはいけない」

彼はハーレムから十二人の美しい女性を呼んで、「どれか一人を選びなさい」と言った。彼女たちは彼の王国で最高の、最も高貴な女性たちだった。マジュヌは見て、「ライラとは比べものになりません」と言った。そして彼は王に言った。

「陛下、もし本当にライラを見たければ、あなたには私の目が必要でしょう。マジュヌの目が必要でしょう。マジュヌの目を通さずに、ライラと彼女の美しさを見る方法はありません」

弟子はマジュヌだ。彼は狂人だ。彼は恋をした。ブッダはこう言う、彼のハートは信心に目覚めた……。ブッダの現存は彼の魅力になる。ブッダを取り囲むその優美さが、彼のハートに触れた。それはブッダの論理ではなく、ブッダの哲学ではない。たとえブッダが沈黙したままでいても、それは大した違いにはならない。彼はそれでも納得する。たとえブッダが矛盾したことを言い始めたとしても、それは何の違いにもならない。そのためあなたは、私が矛盾し続けているのを見るのだ。知性を通してやって来る人々はやがて消える。私の矛盾は、私の庭から雑草を追い出す助けになる。愛を通して来た人々は気にしない。彼らはこう言う。

「問題ありません。あなたは矛盾するのを楽しんでいますが、私たちはあなたを愛しています。あなたは私たちを欺くことはできません」

彼らは「あなたは矛盾し続けることができますが、あなたから逃げるように私たちに強制はできません」と言う。

信条を通して来る人々は、遅かれ早かれ去らなければならない——なぜなら真実は逆説的だからだ。理論だけが逆説的ではない。真実はその中に生のすべての矛盾を持っている。真実は非常に非論理的で、非常に不合理だ。

彼に信心があったとしても、知性の核心に目覚めることは類い稀な幸運だ。

それからブッダは、だがこれは終わりではない、と言う。あなたのハートが愛に満ちている時、信心と信頼に満ちている時、これは終わりではない。これはまだ始まりに過ぎない。今あなたは、知性が生じてあなたがそれでいっぱいになるかのように、手助けすべきだ。信心がその扉だ。あなたはそれを通って入らなければならないが、扉に留まるべきではない。さもなければ、決して宮殿に入ることはない。最終的に、あなたは自分自身で体験しなければならない。信じることは良い、ブッダを信頼することは良い、信心を持つことは良い、だがそれだけでは充分ではない——なぜなら、ブッダへのあなたの信心はまだあなたの体験ではないからだ。ブッダに起こったことは、あなたにも起こらなければならない。その時、第二段階が起こる。あなた自身の知性が生じる。それはブッダへの愛だけではない。今、あなた自身の体験によって、あなたは目撃者になった。それは根拠のない信心だけではない。最初、信心には根拠がないが、最後にはそれは完全に根拠があるものになる。根拠は論理によって補われるのではなく、あなたの体験によって補われる。それがあなた自身の体験になった時、あなたは「私はブッダを信頼する」とは言わない。あなたはそれが正しいことを、それが真実であることを知る。

誰かがシュリ・オーロビンドに「あなたは神を信じますか？」と尋ねると、彼は「いいえ」と言った。その人は困惑した。彼はドイツから来ていて、教授だった。彼はこの偉大な男の言うことを聞くためだけに来ていた。彼はこの男が「いいえ」と言ったことに、非常にショックを受けた。そして彼は神を探求していた。彼が「私はあなたの言う事を正しく聞いたのでしょうか？　あなたはいいえと言うのですか？」と言うと、オーロビンドは繰り返し「そうだ、」と言った。

「絶対的に否だ——なぜなら信じるという問題ではないからだ。私は神が存在することを知っている。信じるという問題ではない。あなたは『神の存在を信じますか？』と尋ねている。私は信じているのではない。私は知っている」

信条 belief は、知識の貧しい代用品だ。

だからブッダはこう言う。まず信頼しなさい。信頼とは単に、あなたから離れている人に、あなたから遠く離れている人に出会ったことを意味する。あなたは、あなた自身の未来を、あなたの運命をあなたに示した人に出会った。それはまるで種が木のところに来て、木が可能であることに気づいたようなものだ。そして木は「かつて私も、ちょうどあなたのような種だった」と言う。今、信頼が種に生じる。もし彼が木を見たことがなければ、彼は決してそれを夢見ることはなかっただろう。どうすれば、種は木を夢見ることができるだろう？　彼はそれを見たことがない。だから覚者（ブッダ）の時代に生まれることは、偉大な恩恵なのだ――なぜならそこに木が存在し、あなたの種は夢を見始めることができるからだ。木の最初の衝撃が種に落ちる時、彼は信頼する。彼自身の未来は今、可能性に満ちている。それは過去の単なる繰り返しにはならない。それは新しい何かになる。彼はわくわくしている。そのわくわく感が信心だ。彼は心底わくわくしている。今、初めて、彼は意味があることを知る。今、初めて、彼は運命があることを知る。何かが起ころうとしている。

「私とは、単なる偶然的なものではない。私は素晴らしいメッセージを持ち運んでいる。それは翻訳されなければならず、解読されなければならない。私は木や花になって、私の香りを風に広めなければならない」

ブッダを見ることで、あなたは自分自身の仏性（ブッダフッド）の可能性を見た。それが信心というものだ……だがそれで充分ではない。それからあなたは、それを実現させるために熱心に取り組まなければならない。種は大地に落ちて大地の中で死に、芽として誕生しなければならない。そして千と一つの困難を、通過しなければならない。風があり雷があり、動物がいて、新しい芽は非常に脆く、非常に弱い――強くなる無限の可能力を秘めているが、現在は強くない。誰かの助けが必要だ。庭師が必要になる。それがマスターの意味だ。

あなたがマスターを選ぶ時、あなたは庭師を選んでいる。そしてあなたは「私が自分の道を行けるほど充分強くなるまで、私を守ってください」と言う。だが信心は単なる扉だ。

彼に信心があったとしても、知性の核心に目覚めることは類い稀な幸運だ。

そして最後。

彼が知性の核心に目覚めたとしても、
修行や達成を超えたスピリチュアルな状態を実現することは、類い稀な幸運だ。

修行のすべてのゴールは、修行を落とすことができる地点に来ることだ。宗教的実践である修行(サダーナ)のすべてのゴールは、すべてのサダーナを落とすことができて、あなたが単純に自発的になれる瞬間に到達することだ。その時あなたは開花している。

たとえば、瞑想を続けなければならない状態にあり、ある日瞑想を止めて、マインドが飛んで戻ってくるなら、これは大した状態ではない。あなたは、瞑想を落とすことさえできるが、それでも何も違わず、それは同じままだ、という瞬間が望まれるべきであり、それが切望されるべきだ。

瞑想をするしないにかかわらず、あなたは瞑想的なままでいる。瞑想はあなたの最も奥深い部分に、あなたの存在の一部になり、もはや外側から課されたものではない。あなたは自身を良くするように、強制する必要はない。悪への誘惑を抑圧する必要はない。違う。今や誘惑も強制もない。人は修行 discipline を超えている。これがブッダが『超越の道 The Discipline of Transcendence』と呼ぶものだ。これが七つ目の幸運であり、最後の、究極のものだ。

人間として生まれることは単なる始まりであり、それからすべての修行を落とせるこの地点に来なければならない。その時あなたは神になり、自然と同じくらい自発的になり、緊張はなくなり、どんな人格も持たず、子供と同じくらい無垢になる。あなたの気づきは今や完全で、あなたには充分な気づきがある。他に何も必要ない。

おお、ブッダの子供たちよ！
あなたは私から何千マイルも離れているが、私の格言を思い出し、それについて考えるなら、きっと光明の果実を得るだろう。
あなたは私の側に立って、いつでも私を見ているが、私の格言を守らないなら、決して光明を得ないだろう。

そしてブッダはこう言う。七番目に到達しない限り、つまり、修行の無い修行の状態、無努力の状態、タオの、ダンマの状態、カビールがサハジと呼ぶ自発的な状態、そこに到達しない限り、決してどこにも止まってはいけない。しかしあなたはそのために熱心に働きかけなければならない。

そこでブッダはこう言う。あなたは私と一緒にいることができるが、私が言うことに従わないなら、それをあなたのハートに、知性に、あなたの存在にもたらさなければ、あなたは私から何千マイルも離れている。あなたは私から何千マイルも離れているかもしれないが……私の言ったことに従っていれば、あなたは私の近くにいて、あなたの光明は絶対に確実で、保証され、約束されている。

ブッダの近くにいるためには……彼の足跡を辿る方法は一つしかない。ブッダの近くにいるということは、ますます気づくようになり、ますます油断しなくなるという意味を持つ。小さな仏性(ブッダフッド)をあなた自身にもたらしなさい。

ゴールは、あなたもブッダにならなければならない、ということだ。ただその時だけあなたは、目覚めることの意味、意義、そして崇高さが何であるかを正確に理解できるだろう。

この意識はたった今、まさにこの瞬間に、あなたの内側に存在している。あなたはそれを見ることができないかもしれない。私はそれを見ることができる。それは鏡のようにそこにあり、あなたは鏡に映るものすべてと同一化している。あなたの同一化を落としなさい。

あなたは身体ではないということを見始めなさい。あなたはマインドではないということを見始めなさい。あなたは感情や思考ではないということを見始めなさい。

あなたは、喜びや苦痛ではないということを見始めなさい。

老いもなく若さもないことを見始めなさい。

成功も失敗もないことを見始めなさい。
あなたは、その目撃者であることを常に覚えていなさい。
やがて、この鏡のような性質は、あなたの存在の中へ爆発するだろう。
あなたが自分は鏡であることを認知する日、あなたは自由だ。あなたは解放される。
これこそがモクシャまたはニルヴァーナというものだ。

第六章

動き続けなさい

Go on Moving

質問一
なぜ私はとても多くの愚かな質問をするのでしょうか？

なぜなら賢明な質問などないし、あり得ないからだ。賢明な質問は存在しない。質問すること自体が馬鹿げている。私はそれを非難しているのではない。私は尋ねるなと言っているのではない。だが覚えておきなさい、質問するマインドとは混乱したマインドであり、混乱から質問が生じることを——。それに与えられる答えは、何であろうと再び混乱したマインドに入る。その答えは歪められる。混乱したマインドはその上で遊び始め、それからさらに多くの質問を作り出す。それは悪循環だ。

質問すること自体が無駄であると理解しない限り、質問することは無意味だという理解が深く成長しない限り、どんな答えも助けにはならない。あなたの質問に答えられる人は誰もいない。存在はどんな説明もなしに存在する——それは完全に沈黙している。あなたは尋ね続けるが、それは応答しない。やがてあなたは、質問が無意味であることを理解するだろう——その時それは消える。

質問が消える日は偉大な日だ。まさにその日に、答えが得られるようになる。答えは決して質問を通してはやって来ない。それは質問が消えた時にやって来る。実際、それがやって来ると言うことは正しくない。質問が消えた時、あなたは突然、あなたが答えであることに、あなたの存在そのものが答えであることに気づく。それがあなたが探しに探し求めていたものだ。

すべての質問は馬鹿げている。それはそうでなければならない。そしてすべての答えは嘘だ。それはそうでなければならない。なぜなら、愚かな質問に真実で答えることはできないからだ。それらの間に出会いはない。あなたが質問をすれば、マスターは答え続ける――やがてあなたの質問が消えることを期待して。それがマスターと教師の違いだ。

教師は、あなたの質問に答えられると信じている。彼もちょうどあなたのように愚かだ。マスターは答えがないことを知っているが、やがてあなたがより深く見るようになることを期待して、あなたに答え続ける。あなたの理解は深まり、ある日突然、あなたの質問は消える。あなたは内側を見るが、どんな質問も見つからない。まさにその瞬間、あなたは答えになる……あなたが答えだ。

それまでは質問し続けなさい。それは重荷を降ろすプロセスだ。ただ質問することによってのみ、あなたは質問が無駄であることがわかるようになる。そして人は何であれ、話さなければならない。

私は聞いたことがある……。

ある男が教会に、カトリック教会に駆け込んで、懺悔室に入ってこう言った。

「神父様、私は朝から今まで、二十五回も女性とセックスしました!」

神父でさえ驚いた。彼は多くの告白を聞いてきた。彼の生涯はただ告白を聞くことだけだったが、これは何か新しいものだった――朝から二十五回だと？

彼は「あなたは結婚していますか？」と尋ねた。

その男は「はい、神父様、その同じ女性とです」と言った。そこで神父は気を落ち着つかせて、「問題はありません。それはあなたの妻です、セックスしていいですよ」と言った。

彼はこう言った。「わかっています。そしてさらに、私はキリスト教徒ではなく、カトリック教徒でもありません。私はユダヤ教徒です。しかし、私は誰かに言わなければならなかったのです！」

もし何かがあなたに負担をかけているなら、負担をかけ過ぎているなら、誰かに話さなければならない。あなたは私に尋ねればいい。それらを愚かにさせなさい。

だから、私がすべての質問は馬鹿げていると話す時、尋ねることを止めなさいと言っているのではない。そうでなければ、老いたパリトーシュは困るだろう――彼は質問を持ってこなければならない。尋ね続けなさい……。

そして尋ねないことには、あなたは質問が馬鹿げているのを理解できないだろう。だが、尋ねることによって、そして私の絶え間ない答えと、それでもそれらに答えていない事実によって、あなたは理解するだろう。これが気づきの全プロセスだ。あなたは質問をする。質問をする時、あなたはそれを非常に深刻なものと考えている。あなたは質問をして、それは非常に深いものだと思っている。それから私は答えるが、私はジョークでそれに答える。すべての深さ、深刻さはなくなる。

あなたは笑い始める。あなたは自分の質問に、その馬鹿らしさに笑い始める、という素晴らしい可能性がそこにある。

生は生きるためにある。生に疑問符はない。それは神秘であり、説明はない。そして説明が何もないのは良いことだ。もし説明があったなら、それは大変な不運であっただろう。あなたを満足させられる答えがあるとしたら、物事がどれほどつまらなくて、どれほど退屈で、どれほど単調になるか、ちょっと考えてみるがいい。あなたの質問に答えられる答えはない。生は冒険のまま、それは絶え間のない探求のままに残される。

探求すると、ある日あなたは、自分が探求にエネルギーを浪費しているのを理解するようになる。同じエネルギーは祝福に使うことができる。あなたは楽しむことができる。

質問者、探求者、思索者、哲学者のアプローチ、そして宗教的な人、神秘家、詩人、画家、ハートの人のアプローチ、これらは生に対する二つのアプローチだ。

思索者が庭に入る時、彼は質問をし始める。「なぜ木は緑色なのだ？　なぜバラは赤いのだ？」詩人が入ると、彼は赤いバラと緑色の木について歌を歌い始める。画家が来ると、彼は絵を描く。神秘家が来れば、彼は途方もない畏怖の念を抱いてただそこに立ちつくす。彼の呼吸は止まり、時間は止まる。それはとても恍惚的だ。質問は全く生じない。

哲学者は尋ね続ける。芸術家は描き続ける、何度も同じ美を創造し続ける。神秘家はどちらもしない。彼は尋ねることもなく、花を創造することもない。彼はただそこにいて、深い瞑想の中に立って、楽しんでいる。神秘家は喜びの道を知っている。

喜びの道を学び、ダンスの道を学び、少なくとも詩の道を学びなさい。そして思索者の道を忘れなさい、あなたの中に質問を生み出す道を忘れなさい。

しかし、それはまもなく起こってくるだろう。あなたは多くの質問をしなければならない。

ある囚人が殺人事件の裁判を待って独房に座っていた。立派な服装をした弁護士が中に入った。弁護士は言った。「私は最高の弁護士だ。あなたは何も心配することはない。私は君が完全に正気でなかったことを、または殺人の時にヨーロッパにいたことを証明するつもりだ。それに、証人は買収されていて、私の叔父は君の事件の裁判官だ。その間に、逃げようとすればいい」

どんな質問にも答えはない。それに答える人は誰もいない。それは一度も答えられたことがなく、物事の本質上、それは答えることができない。その間は、尋ね続けなさい。なぜなら尋ねなければ、あなたはあなたの現状から動かないだろうからだ。そして人は動いているべきだ。

生が動きであるというのは、生の大きな秘密の一つだ。そしてどこかで立ち往生するなら、あなたは生との接触を失う。その時あなたは、不明確になり曇らされる。それからあなたは道に迷い、自分が誰なのか、どこに行こうとしているのか、何が起こっているのかがわからなくなる。あなたはすべての手掛かりを失う。

動き続けなさい。あなたがどこにいようと、一つのことを覚えていなければならない。立ち往生してはいけない。質問することが、あなたが動く助けになるなら、それは良い。どこであろうと、あなたがいる所から少しでも動くことは良い。その場所から、あなたは別の場所を見つけなければならない――なぜならあなたは動的（ダイナミック）な時にだけ、動いている時にだけ、生と接触しているからだ。生は流動であり、生は流れだ。あなたが停滞している時は、いつでも接触を失う。


英語には「豊富 affluence」という美しい言葉がある。それはその元来の意味を失ってしまった。それは裕福とは何の関係もない、それは高級品、科学技術の装置、大きな宮殿、大きな車や高額な銀行預金残高とは何の関係もない――これらとは何の関係もない。あなたは百万長者であるかもしれない、が豊富ではないかもしれない。

「豊富」とは、流れの中にいる人、流れている人のことだ。流れとともにあることは豊富であることだ。その言葉の元来の意味は、流れの中にある、動いている、流れている、立ち往生していない、ということだ。あなたが流れていて、生と共に動いているなら、あなたは豊かだ――そしてそれが存在する唯一の豊かさだ。他のすべての豊かさは偽りの代用品だ。

だからあなたの質問が、あなたが動く助けになるなら――私は質問が、あなたが答えを見つける助けになるだろうとは言っていない、なぜなら答えには何もないからだ――だがあなたの質問することが、あなたがほんの一歩先に進むことの助けになれば、良いことだ。それはあなたが動くべき時だ。

ブラニハンは道路を運転していた。交通の流れに入ったり出たりしてふらふら走っている様子から、ブラニハンがすっかり泥酔していたのがわかった。

「あなたはどこに行こうとしているのだ?」と、ついに彼を止めた白バイの警官が尋ねた。

「私は——ヒック(しゃっくり)——大晦日のパーティーから家に帰るところだ」

「冗談を言っているのか?」と警官は尋ねた。「正月は三週間前だぞ!」

「わかってるよ、」とブラニハンは言った。「だから私は家に帰ったほうがいいと思うのだ」

あなたは充分長く、自分の家から離れていた。もう家に帰るべきだ。

動くことなら何でもよい。質問は、それが本物なら、あなたが動くのを助ける。繰り返して言うが、それはあなたが答えを見つける助けにはならない。なぜなら答えは見つからないからだ。しかし、あなたの存在から生じる真正な質問は、あなたにとって意味深いものだ——それは私にとっては馬鹿げているかもしれないが、それはあなたにとっては適切だ。それは物事の究極の理解において的外れであるかもしれないが、それがあなたにとって適切なら、それを馬鹿げたものにしておきなさい、それを不合理なままにしておきなさい——それを尋ねなさい。そして私の答えは、あなたをもうひと押しするだけだ。それであなたは動くだろう。

動き続けなさい。一つのことを覚えておかなければならない。動き続けなさい。その時、あなたは生きているだろう。だから質問は信条よりも重要なのだ。私はすべての質問は馬鹿げていると言うが、それらは信条と比べたら何でもない。信条は全く愚かだ。質問はただ馬鹿げているだけだ。馬鹿 fool であることは面白くもあるが、愚か stupid であることは醜く、間抜け idiotic でいることは病んでいる。


信条は間抜けだ。ある人は「私はヒンドゥー教徒だ」と言う。ある人は「私はキリスト教徒だ」と言う。ある人は「私はジャイナ教徒だ」と言う。ある人は「私は仏教徒だ」と言う。この人たちは間抜けだ。なぜなら信条とは、彼らは答えに行き着いたという意味だからだ。質問者は少なくとも動いている。彼は答えに行き着かなかった。彼は質問することによって、行き着くことができると考えている。それが彼が馬鹿な理由だ。だがそれでも、彼は答えに行き着いていなかった。「私はキリスト教徒だ」と言う信条の人は到着している。彼は答えを見つけたと思っている。さて、彼は完全に間抜けだ。彼は立ち往生していて、彼の流れは完全になくなっている。だから、いわゆる宗教的な人々が喜びに満ちているのを見たことがないのだ。彼らが生と共に流れているのを、開花しているのを見ることとは、決してないだろう。

「開花 flower」という言葉も、流れ flow から来ているに違いない。私はそれが「流れ」から来ているのかどうか正確には知らないが、それは来ているはずだ。語源的に、言語的には、それは来ていないかもしれない――私は思い悩まないし、少しも気にしない。しかしそれは来ているはずだ。開花 flower ――流れ flow。そして花を見てごらん。それこそが流れであるものだ。木全体は、その開花の頂点を迎えた。根から花まで、生命、エネルギー、樹液の絶え間ない流れがある。そして花によって木は開花した。その流れは歌を歌うようになった。ダンスがあり、木は開花した。

あなたのすべての質問が消える時、あなたにどんな信条も与えず、すべての信条がなくなり、すべての質問がなくなる時、すべての愚かさ、すべての馬鹿馬鹿しさはなくなる。その時そこには咲く花が、開花があり、その開花が答えだ。それはすべての質問に答えている。突然あなたは知っている。知識はないが、あなたは知っている。突然あなたは我が家にいる。その時あなたは生と奮闘していないし、それが何であるかを尋ねていない。今、あなたは自分の存在の最も深い核から、それが何であるかを知っている。あなたはそれになった。あなたはそれが自分の中を流れるようにした。今、あなたはもうそれから離れていない。

英語の「宗教」という言葉は美しい。それは一緒にいること、結婚していること、一緒に結ばれること、統合の中にあることを意味する。それは、サンスクリット語の言葉「ヨーガ」が意味していること――一つであること――を正確に意味している。あなたの小さな流れが全体の流れと一つである時、あなたは宗教的だ。あなたの小さな川が大きなガンジス川に落ちる時、そしてガンジス川と一緒に流れ始めて、あなたが自分の境界を失う時、あなたは宗教的だ。
「宗教」は「ヨーガ」と同じくらい美しい言葉だ。それは、あなたは今、全体と究極の結婚をしている、という意味を持つ。ちょうど今あなたが立ち往生している時、あなたは少なくとも離婚の、分離の状態にある。あなたは小さな流れのように動いている——動いてさえいない。あなたは水溜りになり、停滞し、死んでいて悪臭を放っている。そこから出て来なさい。

あなたの質問が、あなたが動く助けになるなら、尋ね続けなさい。信じることより、質問することの方が良い。なぜなら信じる人は質問をすることを止めたからだ。彼の動きは止まってしまった。「私はキリスト教徒だ」、または「私はヒンドゥー教徒だ」、または「私はイスラム教徒だ」と言う時、それは何を意味しているのだろう？　どういう意味だろう？——あなたは、「今、私には質問はない。私は質問することにうんざりした。私は信じ始めた」と言っているのだ。その時あなたの全人生は縮んでいる。それならあなたはもう拡大していないし、もう探求していないし、もう問いかけていない。

イスラム教徒、ヒンドゥー教徒、キリスト教徒であることは、質問者や不可知論者であるよりも悪い。不可知論者であり、質問し続ける方が良い——なぜなら質問し続けるなら、そしてまさに最後まで質問し続ける勇気が充分にあるなら、ある日それが——あなたは残り、質問が消えるという ことが——やって来るからだ。信条があなたに与えられるということではない。質問は単に消えて、信頼が、生への信頼が生じる。聖書への信頼ではなく、ヴェーダへの信頼ではなく、コーランへの信頼ではない。すべてのヴェーダとすべてのコーランと、すべての聖書が現れては消える所から、生への信頼が生じる。その信頼が答えだ。

流れになりなさい。そして役立つものは何でも使い続けなさい。質問し続けなさい。私はあなたに、どんな答えも与えるつもりはない。私は教師ではない。だから何度もあなたは少し心配する。あなたは「なぜ彼は避け続けるのだろう？」と考え始める。よく見るなら、私は決してあなたの質問に直接には答えず、他の何かに答えている。私はあなたを、ただ前方に押しているだけだ。私はあなたが、さらに多くの質問ができるような方法であなたに答える。このあなたのエネルギーを究極へ向けて押すことは、質問するマインドが爆発するクライマックスをもたらす。そして質問がなくて信条がない時、突然マインドそのものが消える。そのノー・マインドの状態になると、あなたは我が家にいる。あなたは帰ってきたのだ。

質問二

時々、私はあなたが夢の世界に生きていると思ってしまいます。

あなたの立場からでは、それはそう言える――あなたが現実だと思うものは何でも、私は非現実的だと思うからだ。だから当然、私が現実だと思うものは、何でもあなたには非現実的に見える。しかし、私にはあなたにない一つの優位な点がある。その優位な点とは、私はあなたの現実を、あなたが現実と呼ぶものを生きたことがあるということだ。私は両方を知っている。あなたは一つしか知らない。

私はあなたがいるところにいた。だから私は、あなたの現実を知っている。そして私は今、私の現実を知っている。私は誰が現実的で誰が非現実的かを判断できる、よりましな状況にある。あなたは自分の状態だけを知っていて、私の状態を知らない。だからそれを判断するより、少し待ちなさい。私の状態にも来てみなさい。そうするとあなたは、完全に自由に判断できる。

しかし、この状態に来た人は誰でも、あなたの世界が現実だとは決して言わなかった。あなたの世界は、非現実的な架空のものであるマーヤだ。判断するためには、あなたは両方とも知る必要がある。その時にだけ比較することができる。一つだけを知って比較することはできない——どうやって比較するのだろう？

夜眠るとあなたは夢を見始める。夢の中では、夢は現実に見える——それは夢の中であなたは世界との接触を、目覚めていた時に知っていた世界との接触をすべて失うからだ。今、そこに比較はない。比較できない。たとえば、夢の中で石や岩を見るなら、あなたが目覚めていた時に見た現実の岩と比較することはできない。なぜなら、両方の岩は決して一緒のものにならないからだ。そう、もちろん夢の岩も現実のように見える。どうやってそれを非現実的だと判断したらいいだろう？なぜならそれ以外に判断するものがないからだ。基準がない。朝目覚めると、その時あなたはそれが非現実的だったと理解する。しかし、またもやあなたの判断は正しくない。なぜなら夢の岩が無くなっているからだ。現在あなたは現実の岩を、いわゆる現実の岩を持っていて、夢の岩は無くなっている。またもやあなたの判断は正しくない。一つだけがそこにあり、もう一つは無くなっている。あなたの目の前で両方が一緒にない限り、どうやって判断できるだろう？

もう一つの目覚めがある。それが究極の目覚めである私たちが仏性（ブッダフッド）と呼ぶもので、夢から目覚めるだけではなく、いわゆる目覚めた状態からも目覚める時だ。その時、それらは両方とも手に入れることができ、それで両方とも夢であることがわかる。

いくつかの夢は閉じた目で見られ、いくつかの夢は開けた目で見られるが、両方とも夢だ。そしてあなたが目覚めていて、あなたの中に眠りが残っていない時、あなたの存在のどの部分も無意識でない時、完全に意識的であなたの存在全体が光に満ち、輝いている時、その時にだけあなたは現実とは何かを知る。たった今、あなたは眠っている。あなたが知っているすべてのものは夢だ。

しかし、私はその質問が理解できる。あなたがいる所からでは、ほとんど私が夢を見ているように見えるだろう。私は愛について話す。あなたも愛を知っている。しかし私の話を聞くと、あなたは私が、不可能な他の何かについて話していることに気づくようになる。どうしたら愛は非所有であり得るのだろう？　どうしたら愛はどんな自己もなく、どんな動機もなしに、純粋な分かち合いであり得るのだろう？　どうしたら愛は無条件であり得るのだろう？　あなたは私の話を聞き、私の言葉を聞くが、それらの言葉の現実味(リアリティ)を感じられない――それはあなたが条件付きの愛を知っているからだ。あなたはいつも動機づけられている愛を知っている。いつも利己的な、欲望に基づく愛を知っている。あなたは支配し、所有するための策略である愛を知っている。本当に暴力的な、攻撃的な愛を知っている。

だから、あなたが自分の愛を私の愛と比較する時、あなたの愛はあなたにとって現実のように見えて、私の愛はユートピアのように、幻想(ファンタジー)のように見えるのだ。だから世界はブッダたちを決して信頼しなかった――なぜなら彼らは、あなたの経験とは何の関係もないことを話すからだ。それは非常に超えたものであり、非常に超越的で、とても現実離れしているので、あなたはそれを理解できない。それは不可解だ。あなたはそれが何なのかよくわからない。全くどうしようもなくなって、あなたは自分の現実に固執してこう言う。

「それについてはすべて忘れよう――これらの人々は神秘家か狂人かのどちらかだ。彼らは未知なるものの詩人で、夢想家で、変人で、狂人だ。彼らについてはすべて忘れよう！」

あなたは忘れることもできない。それが問題になる――なぜならブッダに近づく時はいつでも、彼はあなたのハートの奥底を打つからだ。あなたのマインドは、彼を夢想家だと言い続けるかもしれないが、どこかであなたのハートは彼が言うことを感じ始める。その香りは近づいてきて、ハートに達する。彼が歌っているものは、あなたの存在のあるレベルのどこかで聞こえている。おそらくそれはあまり意識的でなく、ちょうど闇の中を手探りするようなものだろうが、あなたは聞いた。そしてあなたがブッダを見る時、もしあなたが彼の近くにいるという幸運に恵まれて弟子になり、入門者となるのに充分祝福されているならば、やがて彼の現実(リアリティ)は、あなた自身の現実(リアリティ)よりも現実(リアル)になるだろう。それが明け渡しの意味だ。

何度もあなた方は私に「明け渡しとはどういう意味ですか？」と尋ねる。その言葉はとても大きい。そこには多くの意味がある。あなたがある人のところに来て、彼は超えて行った、と感じる時……これが最も深い意味の一つだ。もちろん、あなたは感じることしかできない。あなたにはそれを理解するための概念的な可能性も、精神的な構造もない。あなたは感じることしかできない。それは非常に、非常に暗い。だが、それは非常に生き生きとしてもいる、と感じることができる。あなたは何かが起こったと感じることができる。あなたのマインドはそれを否定したいし、あなたのエゴはそれを否定したいが、あなたのハートは催眠術をかけられたように感じ始める――まるで大きな磁石が、あなたを未知の中心に引き寄せているかのように。

明け渡しの意味とは、あなたにとってはほとんど非現実的でありながら、それでも魅力を持っている誰かに恋をすることだ。あなたは自分の現実を明け渡し、そして「はい、私の現実は夢で、あなたの現実は真実です。今、私は準備ができています。私をあなたの現実に連れて行ってください」

と言う。

本当のところ、あなたの現実とは何だろう？　本当に、あなたの現実とは何だろう？　それは惨めさ以外の何だというのだろう？　それは幸福のほんの小さな一瞥、非常に束の間の幸福以外の何だというのだろう？　あなたはつかまえることができず、それらは消え失せ、再び惨めさがある。地獄での経験以外の、何があなたの現実だろうか？

読んでいた本からだ……。

ある男が地獄に到着して、悪魔によるガイド・ツアーに参加した。「お前は永遠を過ごすために、これらの三つの部屋から一つを選ぶことができる」と彼は言った。最初の部屋では、人々は熱湯の中に首まで浸かって立っていた。湯は沸騰していて、蒸発していた。その男は身震いして扉を閉めた。

次の部屋では、人々は凍った冷水の中に首まで浸かっていて、彼らは震えていた。これもまた、その男には興味がなかった。

笑いながら、悪魔は最後の扉を開けた。人々が一フィートもある牛糞の中を歩き回っていて、コーヒーを飲んで楽しくおしゃべりしていたので、その男は驚き、そして安堵した。

その男は「ここが私にふさわしい」と言って、彼らと交わり始めた。

数分後、補佐役の悪魔の一人が来て呼びかけた。「コーヒー休みは終わりだ。逆立ちに戻れ！」

だから、あなたが知っているすべての幸福はただのコーヒー休みに過ぎず、また逆立ちになる！ほんの瞬間的な魅惑……。惨めな年月があり、それから小さな瞬間がやって来る。そして再びあなたはその瞬間を望み、再び苦しむ用意ができている。そしてその瞬間でさえ、その中に大したものはない。それを覗き込めば、その内側は空洞であるのがわかるだろう。あなたが喜びと呼ぶものには、本当にそこに実質的なものがあるだろうか？　それともそれは、あなたがこの地獄でどうにかい続けて行けるようにするための、単なる希望なのだろうか？　希望がなければ、それは難しすぎる。希望がなかったなら、あなたはどうやって生きて行くのだろう？　一日でさえ難しい。朝、ベッドから出ることさえ難しい。何のために？　疑問が生じる。

「なぜだ？　なぜまた起きて、なぜまた職場に行くのだ？　なぜ同じ不愉快なお決まりの仕事に行くのだ？　そして同じ社長、同じ妻、同じ子供……？　何のためにだ？　もうたくさんだ！」

あなたは、ベッドでただただくつろいで死ぬだろう。ベッドから抜け出ることに、何の意味があるのだ？　しかし、これまで起こらなかったことが今日起こるかもしれない、という希望がある……。「たぶん、まだ起こっていなかったその機会が今になって訪れるかもしれない。人はその機会がやって来る時に、起きていてそれを活用するべきだ」

だが、それは決して本当にはやって来ない。すべての喜びは待っていることの中に、望んでいることの中にある。すべての喜びは未来の中に、欲望の中にある。それは決して現実（リアリティ）ではない。それでも、あなたはそれを現実(リアル)と呼ぶのだろうか？

私の至福は希望の中にはない。私は何も望んでいない。私はすべての希望を捨てた。実際、私がすべての希望を捨てた日に、現実(リアリティ)は私に起こった。希望によってあなたは現実(リアリティ)が起こるのを許そうとしない。あなたが欲望を落とす日、大きな至福があなたを襲う。それは常にそこにあったが、あなたが強く望むため取り逃していたのだ。あなたは絶えず欲望に心を奪われていたので、それを手に入れることができなかった。あなたは閉じていた。いったん望むことが消えたら、あなたは開いている。あなたは手に入れることができる。

私はあなたの現実を知っている。私はその惨めさを、何千年もの間、多くの生で、あなたがそれを生きたのと同じくらい、長く生きてきた。確かに、私の至福を、私の真実を信じることは難しい。それで疑問が生じる。「この人は夢を見ているのかもしれない」

しかし、一つの事を私はあなたに言いたい。たとえこれが夢であっても、それが夢のように見えるとしても、それはあなたの現実よりかはましだ。それを試してごらん。あなたは失うものを何も持っていない――が、それでもあなたは、それを失うことをとても恐れている。たぶんあなたは自分が何かを持っていると思い続けていられるように、それを失うことをとても恐れているのだろう。それを失うかもしれないという恐れは、あなたには失うものがあると感じさせ続ける。しかしあなたは、自分のポケットを覗き込んだことがあるだろうか？　そこには何もない。それどころか、そこには大きな穴がある。あなたのポケットには何も入っていない。しかしあなたは真実に出くわすことを恐れて、ポケットを決して覗き込まない。

かつて私は、ムラ・ナスルディンと一緒に旅をしたことがあった。車掌が来ると、ナスルディンはあっちこっちのポケットや日記を、バッグやスーツケースの中を調べだした。彼はすべてを、私のスーツケースの中さえも捜した！　それから彼は私のポケットを覗き込み始めた。私は言った。

「ナスルディン、待ちなさい！　何をしているのだ？」

彼は「切符がなくなったのだ」と言った。

「それは、私のポケットや私のスーツケースの中にあるはずがないだろう。気でも狂ったのか？」

私は見ていた、そして「私は君が右のポケットを見ていないのを知っているぞ」と言った。

彼は「見れない」と言った。

私は「なぜだ？」と言った。

彼はこう言った。「もしそれがそこになければ、終わりだ！　それならそれはどこにもない！　だから、まずあらゆる所を捜させてくれ。それは最後のことだ——なぜならそれは、俺が切符を持っていないという意味だからだ！」

あなたが覗き込まないのは、たぶんそこには何もないだろう、と恐れているからだ。

クーパーマンは、郊外でイチゴをトラックに積んで安売りしていた。彼はある家の扉を叩いた。

「イチゴはいかがですか？」

「裏に回ってちょうだい」とかわいくて若いブロンドの女性は答えた。

クーパーマンは裏口の方に歩いて、ベルを鳴らすと、その女性が扉を開けた。驚いたことに、彼女は一糸まとわず全裸で立っていた。クーパーマンは泣き出した。

ブロンドの女性は「どうしたの？」と尋ねた。

「今日、私の妻は私の親友と一緒に逃げました」とクーパーマンは説明した。

「私は株式市場で三千ドルを損しました。そして今、あなたは私のイチゴも私から取り上げるつもりですか！」


さて、唯一のイチゴ……だが彼は、今それもまたなくなることを恐れ、泣いている。あなたは自分に関して何を手に入れたのだろう？　イチゴでさえない……。そしてあなたはとても恐れていて、とても不安で、絶えず震えている。失うものは何もない！

私の現実も試してごらん。あなたは失う者にはならない。そして私がそれほどの確信を持ってそれを言うのは、私が両方の現実を知っているからだ。あなたの現実はただの見せかけに過ぎない。私の現実(リアリティ)は本物(リアル)だ。

あなたが本物（リアル）である時にだけ、あなたは現実（リアリティ）の中にいる。あなたの覚醒が本物（リアル）である時、あなたは現実（リアリティ）の中で生きている。あなたの覚醒が不完全な時、あなたは非現実の中で生きている。そしてあなたは毎日覚醒を起こしているが、覚醒しているようには見えない。

あなたが眠りにつく時、どうなるだろう？　あなたが眠っている時、なぜ夢が生じるのだろう？――あなたの意識はより低く、非常に低くなる。それはほとんど消える。その時、夢が湧き上がる。あなたは酔っているのだろうか？　アルコールを飲むと、再びあなたは夢の世界にいる。あるいは麻薬を摂取したり、ＬＳＤなどを摂取すると、あなたの意識は下がり、再び夢の世界にいる。

だからＬＳＤは、あなたの友人に与えた同じ経験をあなたには与えないかもしれない、ということが起こるのだ。ある人は天国に入るかもしれないし、ある人は地獄に入るかもしれない――どんなタイプの夢を作り出すかは、あなたのマインド次第だからだ。ＬＳＤや他の麻薬は、ただあなたの意識を下げることしかできない。それは単に、すべての障壁を取り除くだけのことだ。それはただあなたが私的な世界に、夢の世界に移動するのを助ける。そして、もちろんあなたが幻覚症状を起こしている時には、物事は途方もなく美しく、非常にサイケデリックで、非常に色鮮やかだ……。

だが、それは時と場合による。あなたが詩人で、木や花や鳥と共に生きていれば、開放された非常に美しい世界を持つだろう。だがあなたが畜殺者であるなら、用心しなさい。その時あなたは畜殺者の世界――悪夢を持つだろう。

だからさまざまな人々が幻覚症状を起こして、異なる経験を持って戻って来るのだ。それは天国だったと言う人もいれば、地獄だったと言う人もいる。それはあなた次第だ。

あなたが夢を作っている。麻薬は夢を作るものではない、麻薬は単に、夢見を許さないあなたの意識を下げるだけだ。睡眠は夢のために必要だ。あなたが覚醒すればするほど、夢を見る可能性はより少なくなる。あなたが完全に覚醒している時、夢は消える。その時あなたは夢を作らない。あなたはそうあるものと単純に直面している。

あなたが現実(リアル)である時、あなたは現実(リアル)の世界に生きている。そして私が「あなたが現実(リアル)である時」と言う時、何を意味しているのだろう？　私は『あなたが覚醒している時』を意味している。それこそがブッダのメッセージだ。

質問三
教育は瞑想に導くでしょうか？　どうか教育と宗教について説明してください。

通常、教育と呼ばれるものはほとんど瞑想に反している。それはそうあるべきではないが、そうなっている。「教育」という言葉の元々の意味は、瞑想に反するものではない。その元々の意味は引き出す、ということだ。教育するということは、引き出すという意味だ。個人の中に隠されているものは、何でも引き出すべきだ。個人は開花しなければならない――それが教育の本来の意味だ。それが瞑想でもある。あなたは自分自身の存在において、開花しなければならない。あなたは、自分が何になろうとしているのかがわからない。あなたは、どんな花があなたに生じるのかわからない。それがどんな色なのか、どんな香りなのか、あなたは知らない。あなたは未知の中に入って行く。あなたはただ、生エネルギーを信頼するだけだ。それはあなたを誕生させた。それはあなたの基礎であり、あなたの存在だ。あなたはそれを信頼する。あなたは自分がこの宇宙の子供であることを、そしてこの宇宙があなたを誕生させたのなら、それはあなたの世話もするだろうということを知っている。

自分自身を信頼する時、あなたは宇宙全体をも信頼する。そしてこの宇宙は美しい。ちょっと見てごらん……とても多くの花がこの宇宙で誕生する。どうしたら、それを信頼せずにいられるだろう？　そのような途方もない美しさが、あたり一面にある。どうしたらそれを疑うことができるだろう？　大変な雄大さ、大変な優雅さが、小さな塵粒子から星まで、素晴らしい均整、素晴らしい調和が……どうしたら、それを疑うことができるだろう？

芭蕉は「花がこの宇宙から誕生するのなら、私はそれを信頼する」と言った。わかるかな？　それは充分論理的であり、素晴しい論証だ。「この宇宙が、とても多くの美しい花を生み出すことができるなら、バラが可能なら、私はそれを信頼する。蓮の花が可能なら、私はそれを信頼する」

教育とは、あなた自身と存在に対する信頼であり、教育はあなたの中に隠されているものは何でも許し、内にあるものは何でも外に出るようにさせる。

しかしそれは、世界で教えられている教育というものには当てはまらない。それは引き出すというよりも、物事を強制している。それは単に情報を注ぎ込むだけだ。その「情報 information」という言葉も誤りだ。それは使われるべきではない――それは「外側の形成 out-formation」だ。「情報 information」はあなたの内側の形成を意味している。何かが、あなたの中で成長しなければならない――その時それは情報になる。しかし誰もあなたについて気にしていない。社会はそれ自体の考え、イデオロギー、先入観、科学技術について気にしている。彼らはあなたに強制し続ける。あなたの頭は空っぽの場所として使われているので、彼らは備品を供給しなければならない。通常、教育または教育の名の下に利用できるものは何でも、知識をあなたのマインドに詰め込んでいるだけだ――なぜなら、知識には何らかの実用性があるからだ。誰もあなたのことを気にしていない。誰もあなたの運命を気にしていない。彼らにはより多くの医師が必要で、より多くのエンジニアが必要で、より多くの戦略家が必要で、より多くの専門家、配管工、電気技師が必要だ。だから彼らには、そのような人たちが必要になる。彼らは配管工になることを、医師になることを、エンジニアになることをあなたに強いる。

私は、エンジニアまたは医師であることに何か間違いがあると言うのではないが、それが外側から強制されるのなら、確かに何かが間違っている。誰かが医師として開花するなら、あなたは彼の周りに大きな癒しが起こっているのを見るだろう。そして彼は、生まれながらの治療師になる。彼は本当の医師で、彼の触れる手は尊いものだ。彼はそうなるために生まれている。

しかしそれが外側から強いられて、職業として受け入れたら、人は生きなければならないし、学んで生計を立てなければならないゆえに、それを引き受ける。そして人は不具になり、その重みで潰される。単にだらだらと引きずり続けて、ある日、死ぬ。その人生に、お祝いの瞬間は決してなかった。もちろん、彼は自分の子供たちが順番に医師になるために、大学に行くための、彼がためにされた同じ大学に行くためのお金を多く残すだろう。そして子供たちは、彼らの子供たちに同じことをする。これが、物事が一つの世代からもう一つの世代へと引き継がれ続いて行く方法だ。いや、私はこれを教育とは呼ばない。それは犯罪だ。こんな教育にも関わらず、時たまブッダが世界で開花するというのは本当に奇跡だ。それは奇跡だ。どうすれば、誰かがそれから逃げることができるのか、全く信じられない。それはあなたを殺すための方法論であり、それはそのように設定されている。そして小さな子供は自分がどこへ行くのかもわからず、何をされようとしているのかもわからないまま、その機構に捕えられてしまう。彼らが気づく頃には、彼らは完全に堕落し、破壊されている。彼らが自分の人生で何をすべきか考えられる頃には、どこか他の方向に進むことはほとんど不可能になっている。

二十五歳か三十歳になる頃には、人生の半分は過ぎ去っている。今更変わることは、あまりに危険なように思える。あなたは医師になった。あなたの仕事はうまくいっている。突然、ある日あなたは、これはあなたがなるつもりだったものではないことに気づく。

これはあなたに向いていない――だが今やどうしたらいい？　そこであなたは、医師であるふりをし続ける。そしてもし、その医師が医師であることに満足していなければ、彼はどんな患者も助けることはない。彼は患者に薬を飲ませるかもしれないし、薬を与えるかもしれないが、本当に治療する力にはなれない。医師が本当に医師で、天性の医師である時……そして誰もが天性の何かだ。あなたはそれになれないかもしれないし、それを取り逃すかもしれないし、それを知ることさえないかもしれない。ある人は天性の詩人だ。あなたは詩人を作ることはできない。詩人を作り出す方法はない。ある人は天性の画家だ。画家を作り出すことはできない。

しかし、物事は非常に間違って配置されている。画家は医師として働いている、医師は画家として働いている。政治家がそこにいる。たぶん彼は優れた配管工であったかもしれないが、彼は総理大臣、または大統領になった。そして総理大臣であったかもしれない人は、配管工になっている。

このため、世界にはとても多くの混沌があるのだ。誰もが間違って配置されている。誰もまさにそうあるべき所にいない。正しい教育は、正確に瞑想への道になるだろう。間違った教育が瞑想への障害になるのは、間違った教育があなたに合っていないことを教えるからだ。そして何かがあなたに合っていて、あなたがそれに合っているのでない限り、あなたは決して健康かつ完全であることはできない。あなたは苦しむだろう。

だから通常、教育を受けた人が瞑想に興味を持つようになったら、彼は自分が学んだことを何であれ忘れなければならない。彼は再び子供時代に戻って、そこから、ＡＢＣから始めなければならない。だから私の強調は、あなたが再び子供になれる特定の瞑想にあるのだ。

踊る時、あなたは大人というよりも子供のようになる。だからあなたは、お偉い方々が私のところに来たり、私の瞑想をしに来たりするのを見ないのだ。ある人は長官であり、収税官だ――彼は来ることができない。なぜなら踊ることができないからだ。彼は理事長であり、または知事だ――どうしたら、彼は普通の人々と一緒に踊れるのだろう？

だが踊ることができないなら、あなたは知事であるかもしれないが、死んでいる！　子供のように歌うことができないなら、あなたは地球上の重荷だ。自殺するならその方がいい。少なくともあなたは、他の誰かが成長して開花するための場所を空けるだろう。あなたは開花しようとしていない。それは確かだ。

何らかの体面を持つ人たちが全く動けなくなってしまうのは、彼らは何もできないからだ――彼らは自分の体面を危険にさらすことができない。彼らは恐れている。彼らは幸福ではなく、至福とは何かを知らず、生き生きとしていることが何を意味するのか正確にはわかっていなくても、立派だと思われている。だから彼らは自分の体面に固執し、そうして死ぬ。彼らは決して生きない。彼らは生き始める前に死ぬ。生きる前に死ぬ人々が多くいる。

私の瞑想は、あなたを子供時代に連れ戻すためのものだ――あなたが立派だと見られていなくて、気違いじみたことができて、無垢で社会に汚されていなくて、世界のどんな策略も学ばず、世間から離れていて世俗的でなかった頃に連れ戻すためのものだ。私はあなたにその時点にまで戻ってほしいし、そこからやり直してほしい。そしてこれはあなたの人生だ。体面やお金は最下位の褒美であり、それらは本物の褒美ではない。それらに騙されてはいけない。

あなたは立派さを食べることはできないし、お金を食べることはできないし、名声を食べることはできない。それらは単なるゲームで、無意味で、愚かで平凡だ。充分に知性的なら、あなたは自分の人生を生きなければならず、他の物事に煩わされるべきではないことを理解するだろう。他のすべての考慮の対象は無意味だ。それはあなたの人生だ。あなたはそれを真正に、愛をこめて、大きな情熱を持ち、大きな慈悲を持ち、大きなエネルギーを持って生きなければならない。あなたは至福の津波にならなければならない。そのために必要なことは何であれ、やりなさい。

学んだ事を捨てることが必要だ。学んだ事を捨てるとは、社会がそこに入るようにあなたを強制的に説得し、誘惑したその間違った方法を止め、その間違った道に入って行くのを止めるという意味だ。あなたは自分自身の生の責任を負う。あなたは自分自身の主人になる。

それがサニヤスの意味だ。だから私は、サニヤシンをスワミと呼ぶのだ。「スワミ」とは、その人自身の生の主人になった人を意味する。それは伝統的なスワミとは何の関係もない。彼らは彼ら自身の生の主人ではない。彼らは再び同じ社会と一緒に、同じ愚かな権力、名声、政治と一緒に、同じ列車に乗り合わせている。

真のサニヤシンとは、他人の意見を気にしない人、自分の生きたいように自分の人生を生きると決めた人だ。私はあなたに、無責任であれと言うつもりはない。あなたが責任を持って自分の人生を生き始める時、あなたはただ自分自身を気にかけるだけではなく、他人のことも気にかける——だが全く違う方法で、だ。

今、あなたは他の誰かの生に干渉しないように細心の注意を払う——これが責任というものだ。あなたは誰にもあなたの生に干渉することを許さない。そして当然、あなたは誰の生にも干渉しない。あなたは誰にもあなたの生を導いてほしくない。あなたは自分の人生が案内人付きであるのを望まない。案内人付きの旅は全く旅ではない。あなたは自分自身で探検したい。あなたはどんな地図もなしに森の中に入って行きたい。そうすればあなたも発見者になることができ、新しい場所に初めて来ることができる。

地図があったら、あなたは常に多くの人が以前に来た場所に来る。それは決して新しくなく、決して原初でなく、決して未踏地ではない。それは既に汚染され、毒されている。多くの人たちがそこに移動してきて、地図さえ存在している。

私が子供だった頃、両親がよく訪れていた寺院に天国と地獄と解脱(モクシャ)の地図があって、それに私は驚いた。ある日、私は父に「もし解脱（モクシャ）に関する地図が存在するなら、僕はそれには興味がない」と言った。

父は「なぜだ？」と言った。私は「地図が存在しているなら、それは既に腐っている。多くの人々がそこに到達し、地図製作者でさえ、そこに到達している。すべてが測定されて、彼らはすべての場所を知り、名前をつけてラベルを貼った。これは単なる同じ古い世界の延長のように見える。それは何も新しいものではない。僕は地図のない世界に行きたい。僕は探検家でありたい」と言った。

その日、私は寺院に入るのを止めた。

父は「なぜ来ないのだ？」と尋ねた。

「それらの地図を取り除いてほしい。僕はそこにある地図が我慢できない。それらは非常に目障りだ。ちょっとそれについて考えてほしい。解脱（モクシャ）さえ測定されているのか？　それなら測れないものは何もない！」と私は言った。

そしてすべてのブッダたちは、真理は計り知れないと言っている。すべてのブッダたちは、真理は未知であるだけではない、それは知ることができないと言っている。それは海図にない海だ。あなたは小さな舟に乗って、海図にない海に入る。あなたは冒険をする。

それは命がけで、危険だ。しかし、命がけと危険の中で魂は開花し、統合されるようになる。

私にとって、もし教育が正しいのなら、それはまさに瞑想の一部になり、瞑想は教育の最後の段階になるだろう。教育が正しいのなら、大学(ユニヴァーシティ)はユニヴァース(宇宙、万物、世界、森羅万象)に反対であってはいけない。大学はまさにトレーニングの場、ユニヴァースへの跳び板であるべきだ。教育が正しいのなら、それはお金に関心を持たないし、権力や名声に関心を持たない。そうすればそれは全く政治的ではなくなる。

教育が正しければ、それはあなたの至福に、あなたの幸福、音楽、愛、詩、ダンスに関心を持つだろう。それは展開する方法を教える。それはただ、あなたの頭の中に情報を投げ込み続けたりしない。それはあなたが自分の存在から出て来るのを、開花し、成長し、広がり、拡大するのを助ける。それは全く異なる教育になる。

そして当然、教育が瞑想と関わるようになれば、それは宗教的になる。私が教育を宗教的と言わないのは、それがキリスト教の教義を、またはそれがヒンドゥー教を教えるからだ。それは宗教的ではない。教育が、あなた自身を受け入れ、あなたの生を生き、あなた自身の方法で、あなた自身の独自な方法で、神への捧げ物になるための勇気をあなたに与えるなら、教育は宗教的になる。

質問四

お願いです、OSHO、あなたがユダヤ人の金銭的貪欲さについて話すように、サニヤシンのエネルギー的貪欲さについても、ちょっとした逸話を話していただけませんか?

すべての貪欲はユダヤ人だ。「ユダヤ人」とは、特定の民族の名前ではない。いや、貪欲な人は誰でもユダヤ人だ。そして貪欲はお金とは何の関係もない。お金は、貪欲のほんの一つの対象に過ぎない。何でも対象になることができる。

クンダリーニは貪欲の対象になり得る。スピリチュアルなエネルギー、霊能力、ニルヴァーナ、光明は貪欲の対象になり得る……だが、それならあなたはユダヤ人だ。

覚えておきなさい、「ユダヤ人」とは単なる象徴的な言葉だ。それは貪欲を表している。そして新しい逸話を持つ必要はない。古い逸話は完全に良くて、それは役に立つ。

あなたが質問をしたことで、あなたは誘った。

新しい牧師は、典型的な居酒屋から出て来た彼の教区民をつかまえた。

「私は残念だ」と彼は言った。「あなたがそのような場所から出て来るのを見ることが。息子よ、酒は悪魔のものだ。悪魔があなたに加わるよう誘う時、なぜあなたは断わらないのだ?」

「そうしたいものです、牧師様、」とその人は言った。

「でも彼は気を悪くして、二度と私を誘わないかもしれません」

あなたが私を誘ったので、いくつかの逸話を話そう。あなたは二度と尋ねないかもしれない。そして覚えておきなさい、私があなたに話そうとしているこれらのユダヤ人の逸話は、ユダヤ人とは何の関係もない。それらはあなたの内なる貪欲と関係がある。対象を変えることでは何も変わらない。だから問題は対象を変えることではなく、貪欲がもたらす惨めさを理解することだ。それを理解したら貪欲は落ちる。


ブロードウェイを歩いている男が、「私を買わない?」と囁いている商売女に出会った。

彼は「いいだろう、君がユダヤ人のやり方でそれができたらね」と言った。

彼女は「ユダヤ人のやり方を教えてくれたら、半額でいいわよ」と言った。

彼は「それがユダヤ人のやり方だ」と言った。


ファインスタイン老人の親族は、彼の遺書を読むために集まった。

「健全な心を持っているので、」と彼の弁護士は読んだ。

「私は死ぬ前に、最後の一セント硬貨まで使い尽くした」


「健全な心を持っているので、私は死ぬ前に最後の一セント硬貨まで使い尽くした」——人々は本当に、非常に自己中心的な世界に生きている。当然、もし彼らが惨めになるなら、彼ら以外の誰にも落ち度はない——なぜなら生でのすべての偉大な出来事(ハプニング)は、あなたが自己中心的でない時、貪欲でない時、分かち合う用意ができている時に起こるからだ。

愛は、あなたが別の人と分かち合う準備ができている時に起こる。祈りは、あなたが神と分かち合う準備ができている時に起こる。瞑想は、あなたが存在と分かち合う準備ができている時に起こる。美はあなたが花や星、飛んでいる鳥と分かち合う準備ができている時に起こる。

あなたが分かち合う時はいつでも、そこには美があり、真実があり、幸福がある。あなたが貯め込む時はいつでも、自分自身のためにだけ生きる時はいつでも、あなたは本当には生きていない。自分自身のために生きることは、墓の中で生きることだ。本当に生きたければ、もっと多く分ち合い始めて、貪欲をもっと少なくしなさい。すると、ますます多くの生があなたに起こるだろう。それは素晴らしい分かち合いだ。あなたが息を吸い込み、口と鼻を閉じて、「吐き出すなら空気が外に出るだろう、もう自分のものではなくなるだろう」と恐れてあなたが空気の貯蔵庫になるなら、あなたは死ぬ。しかしあなたはそれを取り入れ、それを外に出す。あなたはそれを取り入れ、外に出す。ちょうど息を吸ったり吐いたりすることが、生のすべてのリズムであるように。

一人の年老いたユダヤ人は、心臓切開手術を受けなければならなかった。彼は医学会に電話して、この手術のためにニューヨークで最高の医師を要望した。彼らは国の最も有名な外科医を推薦し、フィンケルシュタイン老人はすぐに彼の事務所に行って、手術を受ける手続きをした。手術は完全に成功して、年老いたユダヤ人は速やかに回復した。

病院から戻った後、彼は医師から千五百ドルの請求書を受け取った。彼は医師に電話して面会を求めた。

フィンケルシュタインは医師を見て言った。「先生、私は老人です。私があなたに千五百ドルを払うことは、一生かかって貯めた貯金のほとんどすべてを費やすことを意味します」

医師は「わかりました。私は通常この手術のために千五百ドルを受け取りますが、そのような事情でしたら、七百五十ドルをいただきましょう」と言った。

フィンケルシュタインは非常に悲しそうにこう答えた。「先生、七百五十ドルは、それでも私のような老人にとっては大金です。何といっても、私はもう働いていません。そして再びそれだけのお金を貯めるのに長い時間がかかるでしょう」

医師は完全にイライラして「いいでしょう、二百ドルではどうですか?」と答えた。

老いたユダヤ人はこう言った。「二百ドルがあなたにとって大したものではないように思えるのは知っていますが、私にとってはまだ大金です」

医師は完全に腹を立て、老人を見て言った。「あなたの勝ちだ! 私はこの手術費をあなたに請求しません。それは無料にしますが、知りたいことが一つだけあります。あなたが私のところに来る前、あなたは私が合衆国で最も高額な外科医の一人であることを知っていましたね。では、なぜあなたは来たのですか?」

フィンケルシュタインは「手術が私の健康に繋がりそうな時は、お金は問題ではありません」と答えた。

貪欲に満ちたマインドは、絶えずお金に取りつかれているマインドは、既に地獄にいる。それは既に楽園の外にある——なぜなら楽園は、あなたが全く何にも固執していない時にあるからだ。固執しないマインドの状態が楽園だ。

普通、私たちは固執し続ける。あなたは世界を去り、それから世俗を離れた何かに固執し始める。あなたはお金のための愚かな競争から離脱して、それから霊性（スピリチュアリティ）の、霊能力の、ニルヴァーナのために別の競争を始める。しかしあなたは同じまま、同じ競争的マインドのまま、他の誰よりも先に行きたいという同じ野心的なままだ。

あなたがどこにいようと、あなた自身を受け入れることだ……。競争の観点から考えてはいけない！　他のどこにもいる必要はない。どこにいようとも、そこで幸福になれるなら、あなたは宗教的になり、スピリチュアルになっている。スピリチュアリティは、競争も貪欲も野心も全く知らない——なぜならスピリチュアリティとは、無欲を意味するからだ。

しかし、人々は一方からもう一方へ、一つの極端から別の極端へと変わり続ける。だからブッダは、中間にいることを非常に強調するのだ。あなたは自分のすべてのお金を捨て、自分の銀行預金残高を失くし、世界を放棄することができるが、その時あなたは何らかの微妙なお金を、プーニャ——美徳——というある微妙な通貨を蓄え始める。あなたは「私は何回断食をしただろう？　そして私はどれだけ多くの善い行為をしただろう？」ということを集め始める。あなたは神に見せるために「これらの善い事を私はした。では私の報償は何だろう？」と帳簿をつける。

報償と結果の観点から考えるとは、貪欲の観点から考えるということだ。喜びの観点から考え、何をしていようと今ここで喜びに溢れ、それの結果について決して気にしないためには、貪欲から離れるべきだ。そうするとあなたは宮殿に住むことができ、あらゆる富に取り囲まれるが、それでも貪欲でいることはない。または世界を放棄してヒマラヤの洞窟に住むことができるが、まだ野心的かつ欲望的でいるなら、あなたは貪欲で世俗的だ。

無欲でいることは別世界的でいることだ。

最後の逸話だ。

ハリーとティリーは五十回目の結婚記念日を祝い、三人の息子とその妻たち、孫たちをパーティーに招待した。

長男が立ち上がって両親に乾杯した。彼は「お父さん、お母さん、知ってほしいのは、私があなた方にあげられるプレゼントを何か思いつくことができたとしても、あなた方のような素晴しい両親に与えるに充分なものを、本当には何も思いつかなかった、ということです」と言った。

次男が立ち上がってこう言った。「お父さん、お母さん、なぜ私がこのお祝いのためのプレゼントをあなた方に持ってこなかったのか、理解してくれることを望んでいます。でも私たちは自分たちの新しい夏の別荘を改装している最中であり、それで全く時間がなかったことを理解していただけると思っています」

三男は微笑んでこう言った。「お父さん、お母さん、私がどれほどあなた方を愛しているか、きっとわかってくれると思います。プレゼントを持ってきても、私の気持ちがどれほど誠実であるか、あなた方に示すことはできないでしょう」

父親はその時立ち上がり、息子たちの方に向いてこう言った。「親愛なる子供たちよ、お母さんと私が一緒に生きた五十年を祝った今、お前たちに何かを言うべき時が来たと感じている。知っているだろうが、お母さんと私が出会った時、私は貧しく彼女も貧しく、私には仕事がなく、次の食事がどこから来るのかさえわからなかった。それが信じられるかな？　私たちには婚姻許可証を買うのに充分なお金さえなかったのだ」

長男は立ち上がり、ひどく腹を立てて尋ねた。

「あなたは、私たちがろくでなしだと言うつもりですか？」

父親は微笑んで答えた。「そうだ、そしてしみったれた者たちでもある！」

普通の世界では、私たちの関係性はすべてお金の関係だ。すべての関係性はお金の関係で、何らかの力の誇示（パワー・トリップ）、何らかのマネー・トリップ、支配、エゴの関係だ。だが、あなたのすべての関係性が単なるマネー・トリップや貪欲さのトリップに過ぎないなら、あなたは関わる方法をわかっていない。そして関わる方法を知らないのなら、あなたは決して満たされない。なぜなら満足感が生まれるのは、深い関係性の中でだからだ。

チベットには非常に古い格言がある。神があなたに何かを与える時はいつでも、彼は決してあなたに与えない。彼はあなたを通して与える。

私は長い間、その格言について瞑想してきた。それには本当に途方もない重要性がある。神が何かをあなたに与える時、彼は決してあなたに与えない。彼はあなたを通して与える。彼はあなたに与えるが、彼のやり方は、あなたを通して与えることだ。

だから、あなたが分かち合っていなければ、あなたは神からの贈り物を逃し始めるだろう。あなたが分かち合っていて貪欲でなければ、あなたが持っているものを何でも、ただ単に分かち合い続けるなら――花が香りを分かち合うように、あなたが分かち合い続けるなら、雲が雨水を大地と分かち合うように、あなたが分かち合い続けるなら、太陽がその光線をすべての木々と、すべての人間たちと、すべての動物たちと分かち合うように、あなたに起こるものは何でも分かち合い続けるなら――あなたは成長し、より多くのものがあなたから生じ始める。

与えれば与えるほど、あなたはより多くのものを得る――なぜなら、神はあなたを通して与えるからだ。彼は決してあなたには与えない。あなたは単に通路として機能する。与えるのを止めるなら、あなたの通路は縮んで閉まる。あなたの通路が閉じる時、何もあなたの中に入ることはできない。

それはほとんど、井戸を掘る時のようなものだ。それから水を汲み上げ続けるなら、新鮮な水がその中に湧き出し続ける。井戸は、地下深部にある多くの水源から流れる新鮮な水が供給されている。水を汲み上げるのを止めるなら、貪欲になるなら、物惜しみする観点から考え始める。「私が水を汲み続けたら、水はある日消えるかもしれず、井戸に水がなくなるかもしれない。それならどうしたらいいだろう？」

そこであなたは井戸を覆い、それから水を汲むのを止める。あなた自身にとってそれが必要であっても、あなたは川に行ったり、公共の場所に行ってそこから水を得る。あなたは井戸を完全に閉じたままにする。井戸はどうなるだろう？　わかるかな？　今、新鮮な水が生じることはない――新鮮な水が入って来るためには、空間が必要だからだ。古いものが空間を満たしていると、新しいものが来ることはできない。そして古いものはやがて淀み、死んでしまい、悪臭を放ち始める。その時あなたは、それを飲めなくなる。それは有毒にさえなり得る。

淀んだ水は常に有毒になる。あなたが賢明なら、あなた自身のために水を汲み上げるだけではなく、隣人にあなたの井戸から水を汲むように勧める方がいい。そして新鮮な水がますますやって来るので、あなたは彼らが井戸から水を汲み上げたことに感謝するだろう。汲み上げれば汲み上げるほど、新鮮な水が得られる。

そして同じことが、あなたの最も内側の世界についても言える。あなたは井戸であり、あなたの水源は神と、存在の中心と繋がっている。

分かち合いなさい……そうすればより多くのものがあなたのところに来るだろう。あなたが完全に分かち合うことができ、何も持たないでいるならば、すべてがあなたのところに訪れるだろう。神から訪れるものは、あなたが他の人たちに与えたのと正確に同じ割合になる。

サニヤシンとは、欲望を捨てて分かち合い始めた人だ。サニヤシンはユダヤ人であることはできない。もしユダヤ人がサニヤシンなら、彼はユダヤ人のままでいるか、サニヤシンになるかを選ばなければならない。両方でいることは不可能だ。あなたは両方一緒であることはできない。

サニヤシンであるために、ユダヤ人は消えなければならない。

第七章

十地の道

The Ten Grounds of the Way

ブッダは僧に尋ねた――人の生の長さはどのように測るか？
僧は答えた、「日数によって」
ブッダは言った――お前は道を理解していない。
ブッダは別の僧に尋ねた――人の生の長さはどのように測るか？
僧は答えた、「食事に費やした時間によって」
ブッダは言った――お前は道を理解していない。
ブッダは三番目の僧に尋ねた――人の生の長さはどのように測るか？
僧は答えた、「息によって」
ブッダは言った――よろしい、お前は道を知っている。

ブッダは僧に尋ねた――人の生の長さはどのように測るか？
僧は答えた、「日数によって」

非常に単純な質問であり、非常に単純な答えだ。しかし、多くのことがその質問でほのめかされている。そしてその答えもまた僧について、彼の理解や彼のマインドの状態について、多くのことを示している。

ブッダが「人の生の長さはどのように測るか？」と尋ねる時、彼は深さによってのみ答えられる質問を提起している。人の生は、深さによってのみ測ることができる。それは逆説的に見える——長さは深さによってのみ測ることができる、というのは。

実際、深く生きれば生きるほど、あなたは長く生きる。あなたの生の長さは、あなたの深さに依存する。あなたの生の量はあなたの質に依存する。その僧はそれが理解できなかった。彼は単純に「日数によって」と言った。彼の単純な答えは、彼自身についても多くのことを示した。

「日数によって」は、時間によって、「日数によって」は、いつしか過ぎ去るものによって、「日数によって」は、流転や変化によって、ということだ。彼は永遠なるものによってではなく、時間を超えたものによってではなく、束の間のもので生を測っている。

生は時間の中に存在するが、生は時間に属していない。それは時間の中を通り、ある日、それは時間から消える。それはちょうど太陽光線が水に射し込む時のようなもので、それが水の中を通る時、その角度は変わる。だから、まっすぐな棒を水に入れるとそれは曲がって見えるのだ。それがまっすぐに見えないのは、光の角度が変わるからだ。そして光線が水という媒体に入る時、光線は水に属していない、それは彼方から来ている。それは元に戻り、反射して返っていく——なぜならすべてのものはその源に戻るから、その源に戻らなければならないからだ。その時にだけ環は完結し、そして充足がある。

ブッダが「人の生の長さはどのように測るか?」と尋ねて、僧が「日数によって」と答えた時、彼は自分の理解を示した。彼は時間を超えたものを何も知らない。彼は、生とは単に時間で成り立っているものだ、と考えている。誕生し、結婚して生きて、それから年老いてそして死ぬ。ちょうどガソリン・スタンドの数値のように、日々は過ぎて行く。

しかしこれは生ではない――これは全く表面的なものに過ぎない。内側を見ると時間は存在しない、ということを観察したことがあるだろうか? 外側を見るなら時間はあるが、内側を見るなら時間はない。時々それを感じたことはないだろうか?――目を閉じて静かに座ると、内側であなたは全く年を取っていないことを。あなたの内側は子供だった頃と、若かった頃と同じままだ。内側は何も変わっていない。顔は年のせいでしわが寄り、髪は白くなり、死が近づいている――これはすべて外側からのものだ。鏡を見ると、もちろん多くの時間が経っていて、ごくわずかの時間しか残されておらず、遅かれ早かれあなたがいなくなることの兆候がある。しかし内側を見てごらん。そこにはどんな時間も存在したことはない。あなたは庭を走り回っていたり、海浜で色石や貝殻を集めていた頃と全く同じだ。ちょっと思い出してごらん……。内側であなたはこの瞬間も全く同じだ。内側の世界に関する限り時間は虚偽だ。なぜなら内側の世界では何も変わらないからだ。それは同じままで、その味わいは同じままだ。

内なる世界では時間は全く的外れになる。そして生は内側にある。それは外側に表われるが、それは外側には属していない。それはあなたの内部から湧き出る。それはさざ波のように外へ動き、外へと脈動するが、それはあなたの最も奥深い核から生じる。

ブッダが、人の生の長さはどのように測るか？と尋ねていた時、非常に単純な質問の中で、彼は非常に複雑で哲学的な質問もしていた。そして僧は欺かれた。僧は「日数によって」と言った。しかし、そこには昼も夜もない。時間とは実用的な概念であり、それは外側では必要だ。あなたが一人でいる時、時間は必要ない。それはあなたと他者との間の関係性だ。それは相対的な概念だ。見つけ出そうとしてごらん。するとあなたは、時間を信じることで自分が幻を信じていたことに驚くだろう――なぜなら、あなたの内なる真実(リアリティ)に一致しないものは、現実(リアル)ではあり得ないからだ。

それはちょうどお金のようなものだ。市場に行けば価値がある。あなたがただお金を持って一人で座るなら、それには価値はない。価値はあなたが他人と関係する時にだけ生じる。価値とは、あなたと他人との間の単なる取り決めに過ぎないからだ。だからお金には美しい名前があるのだ。それは通貨と呼ばれる。「通貨」の意味は、お金が動く時には価値があり、お金が動かない時には価値はない、ということだ。あなたが四六時中それをポケットに入れておくなら、それは無意味だ。それの代わりに、他の何かを入れておくことができる。それは同じことだ。

お金は持ち主が変わる時に価値を持つ。一方の手からもう一方の手へ――その時価値がある。価値はそれが通貨であることの、移動力の中にある。それがあなたから他の誰かに動く時、それは価値を持つ。再び、それがそこで動かなくなるなら、それは価値を失う。だから、けちな人々は世界で最も貧しいのだ。彼らはお金を持っているが、お金はそれが通貨である時にだけ価値があることを彼らは知らない。あなたはそれを自分の金庫に隠すことができるが、あなたは貧しいままだ。

時間もまた二人の間の、関係性の間の、社会の間の通貨だ。しかし内側の世界では、あなたが一人の時、それは全く無意味だ。

時間のすべての概念を深く調べてみるなら、非常に馬鹿げて見える。だが人々は物事を深く見ない。深く見ることが不安を引き起こすからだ。その時あなたは非常に不安になる。すると安定したものは不安定になり、何かが不安定になる時は、いつでも人は不安を感じる。人は再び安定したくなる。

人々は『時間が過ぎる』と言う。しかし、それはどこへ過ぎ去るのだろう？　それはどこから来るのだろう？　あなたは、それは未来から来て過去に去って行くと言うのだろうか？　それは、未来とはそれが現在になる前に存在している、という意味なのだろうか？　そうでなければ、それはどこから来るのだろう――どこからともなく？　無から？　それから過去に去って行くと言うのだろうか？　それは時間が過去に集まり続けて、それはまだそこにあるという意味なのだろうか？　それはまだ存在しているとでも？　現在、過去、未来がすべて存在するなら、それらの違いは何だろう？　それならそれらはすべて現在であり、そこには過去も未来もない。

あなたは、過ぎ去った瞬間が過去であり、まだ来ていない瞬間が未来だと言う。あなたは道に立っていて、二マイル歩いた。それは通り過ぎた。しかしその二マイルは存在している。あなたは振り返ることができ、その二マイルはまだそこにある。そしてあなたが戻りたいなら、戻ることができる。しかし時間の中に戻ることはできるだろうか？

振り返ってごらん——何も存在していない。この現在の瞬間を除いては、両側にはただ煙だけがあり、何もない。過去は単に消えて、未来は無から現れる。そうすると問題が生じる。もし初めに何もなくて、最後にもまた何もないなら、二つの無の間にどうしたら何かが存在できるだろう？それは不可能だ。

時間は全く根拠のある概念ではない。それは単に実用的なものに過ぎない。それが受け入れられるのは、実用性があるからだ。毎朝あなたは八時にやって来る。もし時間がなかったらそれは難しい。あなたはいつ来るのだろう？　どうやって管理するのだろう？　そして私があなたと会うという可能性が、どうやって存在するのだろう？　それは難しくなる。しかしそれは単なる取り決めであり、真実ではないことを覚えておきなさい。

真実は時間を超えている。時間は人間の発明であり、真実は永遠だ。実際は、時間が過ぎ去っているのではなく、私たちが過ぎ去っている。私たちは来ては去る。時間は残る。それなら時間は時間ではない。そうなるとそれは永遠だ。

ブッダは単純な質問でこれらすべてを尋ねていた。僧は「日数によって」と言った。

ブッダは言った——お前は道を理解していない。

その人の理解は非常に表面的だった。それを身体のレベルでの理解と呼ぶことができる。もちろん、身体はその中に時計を持っている。現在、科学者はそれを体内時計と呼ぶ。だから、もしあなたが毎日一時に食べて、それをあなたの昼食時間にするなら、毎日一時に身体は空腹を伝えるだろう。身体には時計がある。実際に時計を見る必要はない。あなたが自分の身体に耳を傾けるなら、身体はあなたに「今、寝る時間だ。なぜなら毎日あなたはこの時間に寝るからだ」と言うだろう。

そしてあなたは、目覚ましを自分の体内時計に付けることさえできる。あなたが眠ろうとしている時、自分の名前を大きな声で、三回繰り返してごらん。あなたの名前がラーマなら、「ラーマ、聞きなさい。私は五時に起きなければならない。私を助けてくれ」と言えばいい。あなたの身体に話して、それから眠ってごらん。すると、ちょうど五時にあなたの身体はあなたを起こすだろう。身体には時計がある。だから毎月、正確に四週間後、二十八日後、生理が女性に来るのだ。身体の具合が悪くない限り、身体は非常に正確にやり遂げる。女性に障害がない限り——そうでなければ、それは正確に二十八日だ。時計がうまく機能しているなら、何の問題もない。二十八日は二十八日だ。九ヶ月後に身体は子供を産む準備ができている。正確に九ヶ月後に。女性が健康で、彼女に合併症がないなら、九ヶ月が完結した瞬間、それは正確に起こる。身体は時計を備えていて、それは完全にうまく機能する。

もちろん、身体は日数で測られる。そして身体は時の経過のあらゆる兆候を示す。若さ、老い、あなたはそれを身体上に見ることができる。身体は伝記全体を記載している。
　この男の理解は非常に物質的で、非常に表面的だった。

ブッダは別の僧に尋ねた――人の生の長さはどのように測るか？
僧は答えた、「食事に費やした時間によって」

　彼の理解は少し深まる。彼はそれほど身体的ではなく、より心理的だ。食事を楽しむためにはマインドが必要だ。欲望を満たすためにはマインドが必要だ。官能的であるためにはマインドが必要だ。この人の理解はもう少し深かった。彼は何を言っていたのだろう？　彼は、人の生は、楽しみ、耽溺、官能性、その人が自分の人生で積んだ体験によって測られる、と言っていた。その人は、「どれだけ長く生きるかが問題なのではなく、生の喜びをどれだけ楽しむかだ」と言っている。
　ローマ皇帝ネロについての話がある。彼はこの二番目の僧と、全く同じタイプの人だったに違いない。彼には常に二人の侍従医がいた。彼が食べると、医師は彼が吐くのを手伝った。それから彼はまた食べた。食べ続けることはできない。限界がある。そこで彼が今満腹になったと感じる時は、医師に自分が吐くのを手伝うよう命じる。それから彼は再び食べることができた。彼は一日に十、十二回も食べた。そして、これは非常に大袈裟だと思ってはいけない。私はそうする人に何人か出会ったことがある。

一人のサニヤシンがいた。彼女は少なくとも二年間ここにいた後、私にこのことを話した。彼女はこう言った。「お恥ずかしいですが、私は毎日食べると、すぐに吐くのです」

私は「なぜそうするのかね？」と言った。彼女は「もっと食べられるようにです。でも、それからまた吐くのです」と言った。

今では嘔吐が習慣になっている。今、彼女は抵抗できない。食べる時、彼女は吐かなければならない。それは機械的な習慣になった。彼女の習慣を止めるのに、およそ六ヶ月かかった。

ネロはそれをしていたに違いない。普通、吐いてはいないかもしれないが、食べ過ぎるのを続けることはできる。食べるために生きる人々がいる。食べることはいいし、生きるために食べることはいいが、食べるために生き始めると、あなたは非常に混乱した状態にいる。食べることは手段であって目的ではない。

この僧は「食事に費やした時間によって」と言う。

彼は食いしん坊であったに違いない。彼はただ一つの言語しか、味覚の言語しか理解できなかったに違いない。彼は食物依存症であったに違いない。彼が言うには、現実の生を推し量るなら——現実の生とは、私たちが楽しんで耽っているその瞬間を意味する。それは食べ物であるかもしれず、セックスまたは他の満足感かもしれない。多くの人々はそのタイプだ。彼らの哲学とは、食べて飲んで浮かれることで、生には他に何もないようだ。

インドにチャールヴァーカという偉大な哲学者がいた。

「食べて、飲んで、楽しみなさい。そして来世や魂や神など気にしなくていい。これはすべて馬鹿げている。これらは、あなたを搾取するために聖職者によってでっち上げられた理論に過ぎない」

これが弟子への彼のメッセージだった。彼は最初のマルクス主義者だった。マルクスは三千年後にやって来た。彼は最初のマルクス主義者、共産主義者だった。

しかし、生がただ食べて飲んで楽しみに耽るだけなら、それはどんな意味も持ち得ない。だから西洋では、新しい問題が非常に重要になってきたのだ。その問題とは、人生の意味は何か？だ。西洋で知的な人々はみんなそれを尋ねている。なぜだろう？　東洋では誰もそれを尋ねないが、西洋では、その問題がほとんど蔓延 epidemic している。それはもはや学術的 academic ではない。誰もが人生の意味を尋ねている。そして彼らは間違った時に尋ねている。食べるものが充分あり、飲むものが充分あり、そして楽しみに耽ることが充分ある時に尋ねている。なぜ彼らはこの疑問を尋ねているのだろう？

実のところ、この世界があなたに与えられるすべてのものをあなたが持つ時に、「それは何の意味があるのだ？」という疑問が生じる。昨日あなたは食べた。今日あなたは食べている。明日もあなたは食べるだろう――それで、何の意味がある？　食事と排便――一方では自分自身に詰め込み続けて、他方では自分自身を空にし続ける。これがあなたの全人生なのだろうか？　その二つの間には、舌に少し味があるだけ……。

それは馬鹿げているように見える。その努力は非常に大変そうだが、その結果は何もないように、ほとんど無であるように思える。

人間は意味を持つことを必要とするが、意味はより高いものからしかやって来ない。意味は常に超えたところから来る。あなたが高次の何かと関係しているように感じない限り、あなたは無意味に感じる。ニーチェは「神は死んだ」と言ったことで、多くの醜い現象への扉を開いた。

たとえば、ナチズム、ファシズム、共産主義が可能になった。いったん神がいなくなれば、人間が常に人生の意味を感じていたその扉は閉ざされるからだ。意味は、あなたが自分は神の計画の一部であると感じ、自分は神聖な流れの一部であると感じる時に生じる。あなたが自分は大きな全体の一部であると感じる時、あなたは意味を持つ。レンガ自体には意味はないが、それが偉大な宮殿の一部に、タージ・マハルの一部になる時、それは意味を持つ。それはタージ・マハルの美しさに何らかの貢献をした。それは無駄ではない。それは重要だ。

神がそこにいない時、人は自分の生に新たな意味を見つけ始める。彼は政党の、強大な共産党の、または強大な独裁政党の一部になる。その一部になると……スターリンやアドルフ・ヒトラーは神になる。そしてあなたは小さな意味を感じられるように、彼らと手を結ぶ――自分は一人ではない、自分はただの付属的な存在ではなく、果たすべき何らかの使命がある、と感じられるように――。

おそらくあなたは、共産主義を世界にもたらすために、階級のない社会を世界にもたらすためにここにいるのだろう。またはアーリア人の王国をもたらすために、ここにいるのだろう。そうして人は、ヒンドゥー教徒、キリスト教徒、イスラム教徒の一部になる。人は何かの一部になるために、何らかの方法を、どこかの場所を見つける。そして人々は馬鹿げたことをしかねない。人々は、ただ自分たちが国際機関の一員であるという感覚を持つために、ロータリークラブやライオンズクラブの会員になる。あなたはどうにかして選ばれる。あなたはロータリークラブの会員だ。誰もがロータリークラブ会員になれるわけではない。ほんのわずかな人々だけがロータリークラブ会員になれるが、あなたはロータリークラブの会員だ。それであなたには意味があるが、なんと馬鹿げた意味だろう！　あなたがロータリークラブ会員であるかどうか、それがどうしたというのだ？　それは本当に、あなたの人生に意味をもたらしはしない。それは単にあなたを欺いているだけだ。

あなたはよく食べ、よく生き、生のすべての楽しみを得ることができる――それでもあなたは空虚なままだ。この男、二番目の僧は、生は楽しみで、耽溺で、官能にふけることで測られるべきだと言った。しかしブッダは、お前は道を理解していないと言った。なぜなら、道は身体指向のマインドでは理解され得ないし、マインド指向のマインドでも理解され得ないからだ。それは時間を通しても理解され得ないし、経験を通しても理解され得ない。道は時間を超えていて、経験を超えている。

ブッダは三番目の僧に尋ねた――人の生の長さはどのように測るか？
僧は答えた、「息によって」
ブッダは言った――よろしい、お前は道を知っている。

さて、英語の翻訳で「息によって」と言うことは、僧が「プラーナによって」と言った時に、ブッダに対して明らかにしたものほど、意味深いようには思えない。「息」は「プラーナ」の訳だが、プラーナは息よりずっと意味深い。真実により近い実際の翻訳は「スピリット」であって「息」ではない。

そして「スピリット」という言葉は、「インスピレーション（吸気、霊感）」、「エクスピレーション（呼気）」のような言葉の中に存在する。「スピリット」はより核心をついているように見えるが、それでも厳密には真実ではない。そこで、まずプラーナとは何かを説明させてほしい。そうすれば理解できるだろう。さもなければそれは少し馬鹿げているようだ。その男は「息によって」と言い、ブッダは、よろしい、お前は道を知っている、と言う。その男はただ「息によって」と言っているだけだ。

まず第一に、あなたが自分自身を見るなら、そこに身体があることに気づくだろう。それはあなたの周りの最初の円、あなたの最も外側の円だ。それからマインドがある――最初の円の内側にある二番目の円だ。それからあなたは橋に来る。その橋があなたの息、プラーナだ。その橋によってあなたは魂と結びついている。だからある人が呼吸を止める時、私たちは、彼は死んだ、橋は壊されたと言うのだ。今や魂は切り離され、身体は切り離されている。子供が生まれる時、彼がするべき最初の行為は呼吸することだ。息を通して魂と身体は結びつく。そして再び、彼が死ぬ時にする最後の事は、呼吸するのを止めることだ。再びそこには分離がある。身体と魂は切り離される。

プラーナは架け橋であり、あなたをくっつけている接着剤だ。人間は何日も食べ物なしで生きることができる。あなたは何時間も水なしで生きることができる。しかし息なしでは、あなたは数分さえも生きることができない。数秒でさえ難しいようだ。

呼吸は物質と非物質の、形と無形の、世界と神の間にある架け橋だ――あるいはどんな用語を選んでもいい。息は橋であり、多くのものは息に依存する。どのように呼吸するか、あなたのプラーナの質は何か――多くのものはそれに依存する。

見守ってごらん……怒っている時、あなたはある方法で呼吸している。黙っている時、あなたは別の方法で呼吸している。脈拍が違う、リズムが違う、質が違う。怒っている時、あなたの息はリズミカルではなく、音楽的ではなく、調和していない。それは乱れている。熱情や性欲がある時、再び息は熱っぽくなる。それは調和していない。何かが呼吸によって具合が悪くなっている。あなたが静かに座っていて、ただ穏やかで何もしていない時――欲望もなく、熱情もなく、怒りもなく――全く同情に満ちて、愛に満ちている時、あなたの呼吸は非常に柔らかい。あなたの呼吸にはリズムがあり、ダンスがある。それにはどんな暴力も、どんな攻撃性もない。それは非常に繊細だ。見守ったことがあるだろうか？　熱情がある時、あなたの息はひどい悪臭を放つ。穏やかな時、あなたの息には非常に甘い匂いがある。なぜならあなたはくつろいでいるから、存在全体がくつろいでいるから、あなたは我が家にいるからだ。その呼吸は、あなたは我が家にいるというメッセージを伝えている。

呼吸がほとんど止まる時、そこには深い瞑想の瞬間がある。私はほとんどと言う。それは本当には止まらない。しかしそれは、あなたが感じられないほど静かになる。鏡をあなたの鼻の近くに置かなければ、感じることができない。鏡でなら呼吸を感じることができる。そうでなければ感じることはできない。それは恩恵と祝福という稀な瞬間だ。

世界のヨーガ体系は、すべて呼吸に働きかけてきた。身体から無身体に移行するのは、呼吸を通してだからだ。呼吸を通して、あなたは自分の存在の最も奥深い核に入る。

僧が「人の生は、彼が呼吸する方法によって、どのように呼吸するかによって測られるべきだ」と言う時、彼は正しい。恐れているなら、あなたの呼吸は異なる。神経質になっているなら、呼吸は異なる。悲しいなら、呼吸は異なる。すべての気分であなたの呼吸は変わる。呼吸はあなたの現状を示し続ける。自分の呼吸を見守ることができるなら、あなたは内的に変化する雰囲気に関するイロハのすべてを学ぶだろう。あなたは呼吸に反映されているすべての気分を見ることができる。

呼吸は、あなたがどこにいるのか、あなたとは何か、あなたが何をしているのかを測る最適な方法だ。ブッダは呼吸を非常に強調した。そして彼の強調は独特だ。それはパタンジャリとは非常に異なり、ハタ・ヨーガとは非常に異なり、他の体系とは、他のすべての体系とは非常に異なる。彼は、どんな呼吸の方式も使ってはいけない、と言う。なぜなら呼吸を用いて何かをするなら、あなたは人工的な何かを引き起こしているからだ。呼吸を自然なままにさせなさい——単にそれを見るだけでいい。それに対して何もしない。あなたは単なる目撃者であり、ただ単にそれを見るだけだ。

さて、呼吸を見守るなら、やがてあなたは自分が呼吸とは違うのがわかるだろう。確かに——なぜなら見る者は見られるものであることはできず、主体は対象であることはできず、観察者は観察されるものであることはできないからだ。

あなたが自分の呼吸を見守り始める時——そしてブッダは、それを持続的に行ないなさいと言う。歩いていたり座っていたり、あなたが他に何もしていない時はいつでも、ただあなたの呼吸を見守りなさい、それを見続けなさい——それを見ることで、あなたの中に大きな静けさが生じる。なぜならあなたは呼吸の後ろに立っていて、呼吸の後ろにあなたの魂があるからだ。あなたは自分の魂に中心を定めている。

そして呼吸を見守るなら、呼吸の微妙な変化があなたの今の状態を示し、呼吸がそれを測る尺度として継続的に機能することを学ぶ。気づきが充分な時、呼吸にわずかな変化が見られる。そしてあなたはその場で止めることができ、もっと注意深くなることができる。自分の呼吸が少し乱れていると感じるなら、そしてこの乱れはセックスに取りつかれる時に生じる乱れだと感じるなら、それはより気づくようになるための瞬間になる。そしてその乱れた呼吸が再び落ち着くなら、あなたはそれを通過した。あなたを支配しそうだったその欲望は、あなたを支配できなくなる。やがて、自分が怒る時、呼吸にどんなタイプの変化が起こるのかに気づくようになる。それはとても微妙なので、呼吸がわずかに変わる時に気づくことができるなら、それを落とすことができる——なぜならそれはまさに種の中にあり、種は簡単に落とすことができるからだ。それが大木になる時、それを落とすことは非常に難しい。あなたは、怒りが既にあなたを支配した時にしか怒りに気づかない。あなたの識別は遅すぎる。

ロシアで、彼らは新しい写真術を発展させた。彼らはそれをキルリアンと呼ぶ。そして現在、キルリアン写真家は、病気が実際にその人に起こる六ヶ月前に、それを捉えることができると言う。そしてもしそれができるなら、誰も病気になる必要はないだろう。その人自身は、六ヶ月で自分が結核になることに気づかない。どうしたらそれに気づけるだろう？　しかしそれは、身体の中に入る前に、まずプラーナに入る。それは身体の中に入る前に、まずエネルギーに入る。彼らはロシアではそれを「生命の原形質(バイオプラズマ)」と呼ぶ。あなたの活力であり、あなたの身体電気であるバイオプラズマ、それはまさに私たちがプラーナで意味していることだ。

まずそれは身体電気に入り、それから肉体的な現象に変わるのに六ヶ月かかる。それは身体の中で堅固なものになる。その時は既に遅すぎる。それを治療し始める時、それは既に遅すぎる。それがバイオプラズマの中にあった時に、それを捉えることができたなら、あなたは極めて簡単にそれを破壊できたはずだ。そこに問題はなかっただろう。そして身体は決して苦しまず、それについて知ることさえなかっただろう。

ブッダは、バイオプラズマの中に入るものは何であれ、まずあなたの呼吸で起こる、と言う。あなたの身体に、あなたのマインドに起こることは何でも、最初はあなたの呼吸に起こる。たぶんいつかキルリアン写真家は、バイオプラズマの波動と呼吸の間に一定の関連性があるという事実を、再発見できるだろう。それはそうでなければならない──なぜなら深く呼吸する時、あなたはより大きなオーラを持つからだ。それは写真に撮られてきた。深く呼吸する時、あなたはより多くの酸素とより多くの流れるエネルギーを持ち、あなたの身体はより大きなオーラを、より多くの光輝を持つ。活気のない呼吸をする時、あなたの肺全体は酸素に満たされず、多くの淀んだ二酸化炭素を抱え続ける。その時あなたのオーラは縮み、非常に小さくなる。

本当に生きている人は非常に大きなオーラを持っているので、彼があなたの近くに来ると、彼のオーラはあなたのオーラに触れる。そしてあなたはそれを感じる。その人々がいると、あなたは突然、惹かれたり引き寄せられるように感じる。彼らは非常に魅力があり、あなたは彼らの近くに行きたい、ますます近づきたいと思う。彼らのオーラがあなたのオーラに触れたのだ。

そしてオーラがほとんど死んでいる人々、オーラが全く存在しない人々がいる。彼らは寄せ付けず、惹き付けない。彼らは死んだ人々のようだ。誰も彼らに魅力を感じない。

見守り、自分の呼吸に気づいていなさい、とブッダは言う。

彼のヨーガはアナパナサティ・ヨーガ ANAPANASATI YOGA と呼ばれている——入る息を見守り、出る息を見守るヨーガだ。彼は、これで充分だ、と言う。だから僧が「息によって」と言った時、ブッダは言った——よろしい、お前は道を知っている。

ブッダの道には、ブーミス BHUMIS（十地）と呼ばれた十の地盤がある。ブーミ BHUMI は地盤 ground を意味している。

ブッダは、あなたがこれらの十の地盤を理解するなら、これらの十の地盤を実践するなら、あなたは究極のものに到達すると言った。そして私はこれらの十のブーミス（十地）に、これらの十の地盤に入りたいと思う。それらは非常に実践的だ。

最初のブーミスは、プラム・ギータ PRAMU-GITA（歓喜地）だ。それは喜びを意味している。さて、あなたは驚くだろう。人々はブッダと彼の教えについて誤解している——彼らは彼が非常に悲しそうな、悲観的な思想家だと思っている。彼はそうではない。彼の最初の地固め grounding は喜びだ。喜んでいない限り、あなたは決して真実に達しないだろう、と彼は言う。

喜び、楽しみ、お祝い——それがプラム・ギータの意味だ。花のようでありなさい——開いていて、そよ風の中で踊り、そして喜びなさい。ただ喜びだけがあなたを彼岸に連れて行くことができる。あなたが喜んでいなければ、まさにその悲しみはあなたの首の周りで岩のように作用して、あなたを溺れさせる。人々は、自分自身の悲しみと悲観的な見方以外に、他のどんなものによっても溺れることはない。生は楽しくなければならない。その時、生はスピリチュアルになる。

あなたがよく行く教会が悲しみであるなら、その教会は生のためではなく、死のために存在している。教会や寺院は楽しくなければならない。あなたが聖人のところに来て、彼にユーモアのセンスがないなら、彼から逃げ出しなさい。用心しなさい。彼はあなたを殺すことができる。彼は毒になる。彼が笑うことができなければ、あなたは彼が真実とは何かを知らないことを確信できる。真実はユーモアのセンスをもたらす。真実は笑いをもたらす。真実は、全く理由のない微かな幸福をもたらす。

プラム・ギータは、全く理由なく楽しい、という意味だ。あなたは時には喜ぶが、それには理由があるため、それはプラム・ギータではない。ある日、あなたは競争に勝ち、とても幸せだ。あなたは何をするだろう？　それは毎日起こるわけではない。明日は何をするだろう？　または、宝くじに当たってとても幸せだが、これは毎日起こるわけではない。

ある日私は、非常に悲しそうにベランダに座っているムラ・ナスルディンを見た。

私は「どうしたのだ、ナスルディン？　なぜそんなに悲しいのだ？」と尋ねた。

彼は「二週間前、俺の叔父の一人が死んで、俺に五万ルピーを残したのだ」と言った。

それで私は言った。「これは何も悲しむことではない。君は喜ぶべきだ」

彼はこう言った。「うん、俺は喜んだ。それから次の週に別の叔父が死んで、俺に十万ルピーを残したのだ」

そこで私は「なぜ君は悲しいのだ？　踊ればいいじゃないか！」と言った。

彼は言った。「わかってる。でも今……もう叔父はいないんだ」

叔父が死ぬこと……それは毎日起こることはない。

あなたの喜びは、それが引き起こされたものなら、遅かれ早かれ不幸に変わる運命にある。不幸は既に近づいている。気をつけなさい。あなたが幸せになる理由があるなら、あなたは既に不幸に陥っている――なぜなら理由は消えるからだ。唯一理由のない喜びだけが、あなたのものになり得る。そうなると、誰もそれを取り去ることができない。

聖人と狂人だけが、全く理由もなく喜びに満ちている。だから狂った人々と聖人の間には類似性が、少しの類似性があり、重なるものがあるのだ。彼らの境界は重なり合っている。両者は非常に異なる。聖人は気づいていて、狂人は完全に気づいていない。しかし一つだけ確かなことがある。両者は全く理由もなく幸福でいる。

狂人が幸福なのは、自分が不幸になる方法を知らないほど気づいていないからだ。彼は惨めさを生み出すことができないほど、無意識でいる。惨めさを生み出すためには少しの意識が必要になる。そして聖人が幸福なのは、彼が完全に気づいているからだ。どうやって彼は惨めさを生み出せるだろう？　完全に気づいている時、あなたは自分自身で幸福を生み出す。あなたは自分の幸福の源泉になる。

それがブッダがプラム・ギータで意味していることであり、これが最初の地だと彼は言う。

二番目の地はヴィマール VIMAL（離垢地）だ。それは無垢、純粋、単純を意味する。無垢……その言葉を覚えておきなさい。あまりにも物知りになるなら、あなたは無垢を失う。あなたがパンディット（博学者、専門家）になるなら、無垢を失う。だから、信念や知識を集め続けてはいけない。そうしなければあなたの無垢は汚される。あなたが知らないなら、あなたは知らないのだ。単純に「私は知らない」と言いなさい。自分の無知を受け入れなさい。そうすればあなたはもっと無垢になる。そして無垢から、多くのことが起こる。決してあなたの子供らしさを失ってはいけない。私はあなたが幼稚であるべきだと言うのではない。幼稚なことと子供らしくあることは、全く違う。幼稚なことは無責任であることだ。子供らしいことは単純で、無垢で、信頼しているという意味だ。

三番目の地はプラバーカーリ PRABHAKHARI（発光地）だ。それは発光、光を意味する。

あなた自身を炎のように感じ、まるであなたが内的な燃えている光であるかのように生き、内なる炎と共に動きなさい。あなたがすることは何でもしなさい。だが常にあなた自身を、まるであなたが光から作られているかのように感じなさい。するとやがてあなたは、発光が自分の周りに生じているのがわかるだろう。

それは既にそこにある！　あなたが手助けするなら、それは生じる――そしてあなたはオーラを持つだろう。

現在、キルリアン写真家はその写真を撮ることさえできる。それは今や非常に具体的だ。人間は生体電気でできている。あらゆるものは電気でできている。電気はすべての基本的な構成要素であるようだ。物理学者に尋ねてごらん。彼らは、物質は電気だけから成ると言う。だからあらゆるものは、エネルギーの異なる配合と組み合わせに他ならない。そしてブッダは、人間は光だ、と言う。光は電気を意味する。

あなたはただその事実を認識し、ただそれに協力しなければならない。そうすれば、あなたは偉大な光になる――あなた自身に対してだけでなく、他の人たちへの光にもなる。そしてあなたがどこを歩こうと、そこには光がある。

これがプラバーカーリ、三番目の地盤だ。

四番目の地盤はアルシマティARSIMATI（焔光地）――輝き、生き生きとしていること、活力だ。宗教的探求者は、鈍くて死んだようであってはならない。だが普通、あなたはこのような人々を見つける。だから私は――仏教徒でさえ忘れてしまった――これらの地盤についてあなたに話すことに興味があるのだ。

あなたが仏教の僧に会うなら、顔色の悪い、死んだような、活気のない人に会うだろう――眠そうでぼうっとしていて、どうにかして引きずっていて、どうにかして生の重荷を運んで、何にも興味を持っていない人に。輝き、生き生きとしていること、活力、これが四番目の地盤だ、とブッダは言う。はつらつと生きなさい。なぜならあなたが真実に達するのは、唯一生の翼の上でだからだ。活気がなければ、あなたは道に迷う。

そして輝きなさい――なぜなら未来への不安や欲望がない時、すべてのエネルギーが手に入るからだ。その時あなたは、すぐに両端から松明を燃やすことができる。

五番目はスドゥルジャヤSUDURJAYA（難勝地）だ。それは大胆であること、勇気があること、挑戦を歓迎することを意味する。挑戦がある時はいつでも、それを歓迎しなさい。それを避けてはいけない。そして冒険がある時はいつでも、逃げてはいけない。遍歴し続けて、旅を続けなさい。冒険的でいることで、誰も何も失いはしない。私は冒険の道がバラの花に満ちているとは言っていない——そうではない。バラはごく少なく、多くの棘がある。しかし冒険の生を受け入れる時、人は成長し、結晶化する。

通常、人々は安全な生を、冒険のない生を受け入れる。よい仕事、よい家、よい妻、よい夫、よい子供——そして人々は満足する。人々は快適に生きて死ぬことに満足する。まるで快適さがゴールであるかのように。

それなら彼らは決して成長しないし、決してどんな頂点にも達しない。彼らはマズローが「実現」と呼ぶものには決して達しない。彼らは単に可能性のままでいる。それはまるで、種が家の中に隠れることに決めて、土の中に落ちるという冒険に挑む用意ができていないようなものだ。それが危険なのは、種は死ななければならないからだ。それが危険なのは、種は自分が消えた時に、何が起こるかを知らないからだ。どの種も、これまで種が死んだ後に何が起こるかを知りはしなかった。どうしたら種が知ることができるだろう？　木は生まれるかもしれないし、生まれないかもしれない。

ブッダは、スドゥルジャヤ——遠くを見なさい、と言う。非常に遠くのものであるスドゥル、それをあなたの挑戦にしなさい。快適なもの、馴染んだもの、安全なものに引きこもってはいけない。

生命保険会社の契約に、あなたの哲学の基礎を置いてはいけない。もう少し勇気を持って、未知なるものの中へ入って行きなさい。

未知なるものの中へ入って行く時、未知なるものがあなたに向かって来る。あなたが自分の安全を落とす用意ができている時、神も自分の神秘を落とす用意ができている。あなたが裸になり、応じる用意ができている時、神も裸になり、応じる用意ができている。彼は応える。彼は完全にあなたに応答する。彼は決して、あなたが行くところより遠くへ行くことはない。あなたが彼の方に行けば、彼はあなたの方に来る。あなたが逃げれば彼も逃げる。それがスドゥルジャヤだ。

それから六番目の地盤は、アビムクヒ ABHIMUKHI（現前地）——直接性、対面性、そこにあるものとの遭遇、だ。アビムクヒとは直接的に対面することだ。過去について思い悩まず、未来について思い悩んではいけない。生じたままの真実と直面しなさい。生じたままの真実と遭遇しなさい。準備せず、直接的に。

準備して生きる人は偽りの人だ。生においてリハーサルはあり得ない……だが私たちは、みんなリハーサルをして生きる。家に帰る前、あなたは妻に何を言おうかと準備し始める。すぐにそうすることはできないのだろうか？　妻がそこにいる時にしばらく待って、成り行きに任せられないのだろうか？　だが職場から帰りながら、あなたは準備している。彼女は何を尋ねようとするのだろう？　そしてあなたは何と答えるつもりなのだろう？　リハーサル……そしてあなたは、いつもリハーサルによって曇らされる。あなたはそこにあるものを見ることができない。あなたは常に自分の雲を通して見る。その雲は非常に歪んでいる。

ブッダは言う、アビムクヒ、直接性――油断せずに、そこに反応をあらしめなさい。結果がどうであれ、それを恐れてはいけない。人々がリハーサルし始めるのは、結果を恐れているからだ。だから彼らはすべてを計画する。すべてを計画する人々がいる。すべての身振りが計画される。そうなると、もちろん生は演技者の生になる――それは現実ではなく、本物ではなく、真実ではない。そしてあなたの生が真実でなければ、あなたが真実に至ることは不可能だ。

七番目はドゥランガーマ DURANGAMA（遠行地）だ――遠くへ行くこと、彼方のもの the beyond の呼びかけを受け入れること。至る所に彼方のものがある。私たちは彼方のものに取り囲まれている。その彼方のものとは神のことだ。その彼方のものは、浸透させなければならない。それは内側にあり、外側にもある。それは常にそこにある。そしてあなたがそれを忘れるなら……。私たちは普通そのようにする。なぜなら、彼方のものを覗き込むことは非常に不快で、都合が悪いからだ。それはまるで奈落を覗き込むようなもので、人は震え始め、気分が悪くなり始める。まさに奈落に気づくことで、あなたは震え始める。誰も奈落を見ようとしない。私たちは他の方向を見続けて、真実（リアル）を避け続ける。真実（リアル）は奈落のようなものだ。なぜなら真実（リアル）は大きな虚空だからだ。それは境界のない広大な空だ。

ブッダは言う、ドゥランガーマ――彼方のものが利用できるようになりなさい。決して境界の中に閉じこもったままでいてはならない。常に境界に侵入しなさい。必要なら境界を作りなさい。だが、そこから踏み出さなければならないことを常に覚えていなさい。決して牢獄を作ってはいけない。私たちは多くの種類の牢獄を作る。関係性、信仰、宗教――それらはすべて牢獄だ。人が居心地よいと感じるのは、そこでは激しい風が吹いていないからだ。人は、その保護が偽りであるにもかかわらず、保護されていると感じる。なぜなら死がやって来ては、あなたを彼方 the beyond へと引きずり込むからだ。

ブッダは言う、死がやって来てあなたを彼方へ引きずり込む前に、自ら進んで行きなさい、と。

禅僧が死を迎えようとしていた。彼は非常に老いていて、九十歳だった。突然、彼は目を開いて言った。「わしの靴はどこだ?」

すると弟子が言った。「どこに行くのですか? あなたは気が狂ったのですか? あなたは死を迎えようとしていますし、医師はもはや可能性はないと、数分ももたないと言ったのですよ」

彼はこう言った。「だからわしは、自分の靴を要求しているのだ。わしは墓地に行きたい。なぜなら引きずられたくないからだ。わしは自分で歩いてそこで死を迎えるつもりだ。わしは引きずられたくない。そしてお前はわしを知っている――わしは一度も、他の誰かにもたれかかったことはない。四人の者がわしを運んでいるのは非常に見苦しい。それは嫌だ」

彼は墓地まで歩いた。それだけではない。彼は自分自身の墓を掘って、その中に横たわり、そして死んだ。これがブッダの言うドゥランガーマだ。それは、未知なるものを受け入れる大変な勇気、自ら進んで行って彼方を歓迎する大変な勇気だ。それなら死は変容し、死はもう死ではなくなる。

そのような勇敢な人は決して死なない。死は打ち負かされる。そのような勇敢な人は死を超えて行く。自ら進んで彼方に行く人にとって、彼方は決して死のようなものではない。その時、彼方は歓迎になる。あなたが彼方を歓迎するなら、彼方はあなたを歓迎する。彼方は常にあなたに反響し続ける。

八番目はアチャラ ACHALA（不動地）、中心が定まること centering、地に根ざすこと grounding、不動性だ。そしてブッダは、人は中心が定まること、動かないこと、地に根づくことを学ぶべきだと言う。何が起こっても、動揺しないままでいる方法を人は学ぶべきだ。世界全体を消滅させるがいい、世界全体を解消させるがいい。だが、ブッダは菩提樹の下で動かずに座り続けるだろう。彼の中心は揺らぐことはない。彼は中心から外れない。

それを試してみなさい。次第に、あなたは自分の中心に近づき始める。そして近くに来れば来るほど、あなたは幸せに感じ、大きな堅固性があなたの存在の中に生じる。物事は起こり続けるが、それらは外側で起こっている。あなたの中心には何も入り込まない。あなたがそこにいれば、何の違いも生じない。生は来て、死は来て、成功、失敗、賞賛と侮辱、苦痛と喜び——それらは来ては去る。それらはすべて過ぎ去るが、観照している中心は常に残る。

九番目はサドゥマティ SADHUMATI（善慧地）、知性、気づくこと、留意（マインドフルネス）だ。ブッダは知性 intelligence を非常に支持しているが、彼はそれで知識力 intellect を意味しているのではないことを覚えておきなさい。知識力は重いものであり、知性はもっと全体的だ。知識力は借りもので、知性はあなた自身のものだ。知識力は論理的で、理性的だ。知性は論理以上のもので、超論理的で、直観的だ。知識人は議論だけを通して生きる。確かに、議論はある地点にまであなたを導くことができるが、それを超えると、直感が必要になる。

理性を通して働きかける偉大な科学者でさえ、理性が機能しない地点に、彼らが直感を、ある直観的な閃きを、未知なるものからの光を待つ地点に来る。それは常に起こる。もし知識力で熱心に働きかけ、知識力がすべてだと考えず、あなたが彼方のものに応じることができるなら、いつか、一筋の光線があなたを貫く。それはあなたのものではない。それでもそれは他の誰のものでもないので、それはあなたのものだ。それは神から来る。それはあなたの最も奥深い中心から来る。それがまるで彼方から来ているように見えるのは、直観的であるあなたの中心がどこにあるのか、あなたは知らないからだ。

ブッダは「気づくこと」という意味で、「留意（マインドフルネス）」という意味で、知性という言葉を使う。サンスクリット語のサドゥマティSADHUMATIという言葉は非常に美しい。マティは知性を意味していて、サドゥは賢者を意味している。それは賢明な知性だ。知的なだけではなく、賢明な知性だ。合理的かもしれないが、道理をわきまえない人々がいる。道理をわきまえることは、合理的であること以上のものだ。時には道理をわきまえた人は、不合理なことも受け入れる用意ができている――それは彼が道理をわきまえているからだ。彼は、不合理なことも存在するのを理解できる。合理的な人は、不合理なことも存在することを決して理解できない。彼は、限定された論理的三段論法しか信じられない。

しかし論理的に証明できないが、それでも存在するものがある。誰でもそれらが存在するのを知っているが、誰もこれまでそれらを証明できなかった。愛がそうだ。誰もこれまでそれが何なのかを、あるいは、それがあるかどうかを証明できなかった。だが誰でも知っている――愛はある。愛を否定する人々でさえ……彼らには論理を超えたものを受け入れる準備がないが……彼らでさえ恋をする。彼らが恋をする時は、困難に陥り、罪悪感を抱く。だが愛はある。

そしてハートも満たされない限り、誰も知識力だけで満足することはない。頭とハート、これらはあなたの内側にある二つの極性だ。サドゥマティの意味は、頭とハートの、両方の大いなる統合だ。サドゥはハートを意味し、マティは頭を意味する。

賢明なハートが鋭い知性と結びついた時、大きな変化が、変容がある。それが覚醒のすべてだ。

そして十番目はダルマ・メーガDHARMA-MEGHA（法雲地）、降り注ぐ恩寵、真理、愛、恩寵の雲になることだ。ダルマ・メーガ……。

あなたは見ただろうか？　ほんの数日前、とても多くの雲があり、それが乾燥した大地に雨を、にわか雨を降らせたのを。ブッダは言う——あなたが恩寵を降り注ぐものにならない限り、究極には到達しない。九つの地は、あなたに準備させるためのものだ。十番目の地は分かち合いの始まりで、あなたは降り注ぎ始める。

あなたが得るものは何であれ、分かち合わなければならない。そうすれば、あなたはより多くを得る。あなたが持っているものは何であれ、降り注がなければならない。それを他の人たちに与えなければならない。それを分配しなければならない。あなたが自分の存在の中で達成するものは、すべてあなたの慈悲にならなければならない。そうすればあなたはより多くを得る。あなたが内なるエネルギーの浪費家になればなるほど、神があなたの中に降臨するための、真理があなたに浸透するための空間が作り出される。

だから、真理を知ってそれを分かち合わないことは非常に難しい。それは不可能だ！　マハーヴィーラは十二年間沈黙を保ち、そして突然ある日、彼は溢れ出した。何が起こったのだろう？十二年間、彼は沈黙していた。彼は九つの地に移動していたに違いない。そうして十番目に来て、彼はダルマ・メーガになった。彼は真理の雲になって降り注ぎ始めた。

あなたはそれについて何もできない。それはちょうど、花が開いてその香りを風に放つようなものだ。それはちょうど、灯火を灯すとあたり一面にその光が注がれるようなものだ。それを防ぐ方法はない。真理に関してけちであることはできない。

ブッダは真理に到達し、それから四十二年間、絶え間なく一つの場所から別の場所へと移動した——彼に起こったことを絶えず話していて、絶えず言っていた。ある日彼は「あなたは沈黙することを私たちに教えますが、あなたは話し続けています」と聞かれた。

ブッダはこう言った。私は沈黙することをあなた方に教えるために、話さなければならない。沈黙しなさい、ある日、あなたもまた話すことができるように。沈黙しなさい、なぜなら沈黙の中であなたは生気（ジュース）を集めるからだ。

花は、香りを準備するのに適切な瞬間が来るまで閉じ続ける。その時に花はその花びらを開くが、その前ではない。

沈黙しなさい、気づきなさい、冒険的でありなさい——いつの日か、これら九つのブーミスの、これら九つの地のすべては、あなたが雲になるための準備をするだろう。その時、あなたは人々に降り注ぎ、分かち合う。

真理は常に異なるやり方で共有されてきた。ミーラは踊った。彼女は真理をどのように踊るかを知っていた。ブッダは決して踊らなかった。チャイタニアは歌った。彼はどのように歌うかを知っていた。ブッダは決して歌わなかった。それはその個人による。あなたがどんな能力を持っていようと、あなたがどんな創造的可能性を持っていようと、真理があなたの中に入る時、それはあなたの可能性を、あなたの創造性を見つける。

つい先日の夜、あるサニヤシンが私に「非常に困っています。私が瞑想的になればなるほど、私は作曲したくなります」と言っていた。彼は作曲家で、作曲を止めていた。今彼は、これは邪魔になるようなものだと考えている。

「何が起こっているのですか？　私が瞑想的になる時はいつでも、すぐに素晴らしいアイデアが頭に浮かび、作曲したくなります。今、どうしたらいいでしょうか？　それを止めるべきでしょうか？」

止める必要はない。瞑想はあなたの創造性を表現に至らしめる。あなたの中に隠されているものは、何でも明らかになる。あなたが自分の内側に持っているものは何でも歌われ、踊られる——それが何であっても。あなたはダルマ・メーガになる。

三人の僧のこれらの三つの答えは、三つのタイプ——身体的、心理的、霊的(スピリチュアル)なタイプ——の理解を示している。息は霊(スピリット)を意味する——だから私は、三番目の理解をスピリチュアルと呼ぶのだ。あなたに一番目の理解があるなら、これらの十のブーミス(十地)は、あなたのためのものではない。あなたに二番目のタイプの理解があるなら、その時もまた、これらの十の地はあなたのためのものではない。あなたに三番目の理解があるなら、これらの十の地はあなたのためのものだ。

そしてダルマ・メーガになれない限り、あなたの生は無駄だったことを覚えておきなさい。あなたはどんな目的もなしに、無益に、不毛に生きていた。実のところ、あなたは生きていなかった。あなたは、ただ生きているように見えるだけだった。

さてブッダのこの小さな話に、彼の問いかけ、そして答えに瞑想してごらん……ちょっとそれに瞑想してごらん。私たちがどのように理解するかを示すために、いくつかの逸話を話そう。

ある牧師が小さな女の子に、初めての教会での礼拝についてどう思ったのか尋ねた。「うーん、」と彼女は少し考えた後、「音楽は良かったわ。でもコマーシャルは長すぎたわね」と言った。

さて、小さな女の子だ――彼女はテレビを見る方法しか知らない。それが彼女の理解だ。そして彼女は音楽とコマーシャルを知っている。教会でも、彼女は説教をコマーシャルだと思った。彼女は「音楽は良かったわ。でもコマーシャルは長すぎたわね」と言った。

夫婦は四十年間結婚していた。彼女は病院で診察を受けることにした。家に帰った時、彼女は有頂天だった。

「お医者さんは、私が完璧に健康だと言ったのよ」と彼女は夫に自慢した。「それどころか、私は一ヶ月に十二回セックスをしていいと彼は言ったの」

「すばらしい！」と夫は言った。「二回分をわしのために残しておいてくれ」

さて商売人は商売人だ――「二回分をわしのために残しておいてくれ」

二体の死体が葬儀場の同じ部屋に置かれた。ある夜誰もいなくなると、一人の死体が身体を起こしてもう一人に尋ねた。「お前は何で死んだのだ？」

「タバコだ」と彼は答えた。「ただタバコを吸い過ぎたのだ」

「どんなタバコを吸ったのだ？」

「ローリーズだ」と彼は答えた。

「少なくとも、クーポンは貯めておいたか？」

「当たり前だ！　どうやって俺がこの棺桶を手に入れたと思っているのだ？」

人々が死んでいる時でさえ、彼らは続ける。当然、彼らが自分たちの古い過去を、自分たちの古い理解の仕方を、計算方法を続けるのは自然なことだ。

ストリップ・ショーが、ベトナムで軍の駐留地を巡業していた。ある前哨基地で、彼女たちが去る前に、食事をもてなす準備が為された。

「おい、」と担当将校は言った。

「君たちは、将校たちと会食がしたい（mess with 将校たちをもてあそびたい）かな?」

「私たちがそうしても気にしないでね、」と主役の女性は言った。「でも、まず私たちが食べるものを何かいただけないでしょうか?」

さて、ストリップ・ショーはストリップ・ショーだ……。言葉でさえそれが持つ意味を伝えない。あなたはそれに意味を込める。言葉を発するたびに、見守ってごらん。言葉を聞くたびに、見守ってごらん。身ぶりをするたびに、見守ってごらん。そうすればあなたの理解のレベルがどうであれ、それはあらゆる方法で表現されることがわかる。

レストランに座って聖職者は、男友達に付き添われていた若い婦人の美しさを吟味していた。在家信者は、彼の女性の趣味について彼をからかった。

「単に私が永久に食事制限をしているからといって、時々メニューを吟味できないということはない!」と聖職者は言った。

抑圧され、拒絶され、地下室に投げ込まれたあなたの内側も、あなたのやり方に反映し続ける。あなたが何かを避ける時でさえ、その時も、あなたの回避そのものにあなたの理解が示される。

二人の禅僧の有名な話……。

浅瀬を渡ると、彼らは女性に、非常に若くて美しい女性に出会った。彼女は渡りたかったが怖がっていた。そこで一人の僧は、彼女を背負って対岸に運んだ。もう一人の僧は激怒した。その僧はかっかしていた。「それは禁じられている！　仏教の僧は女性に触れるべきではない。これはけしからん。触れるだけではない。彼は女性を背負って運んだ！」

その僧は黙ったままでいたが、内心は煮えくり返っていた。

何マイルも歩いて、僧院に到着し、扉を入った時、もう一人の僧が最初の僧の方を向いて言った。「さて、私は導師に話さなければならないだろう。私はそれを報告しなければなるまい。それは禁じられているのだぞ！」

最初の僧は「何のことを言っているのですか？　何が禁じられているのでしょうか？」と言った。

彼は「忘れたのか？　お前はその若い美しい女性を背負って運んだ。お前は触れるべきではない！」と言った。

最初の僧は笑い、そして言った。「はい、私は彼女を運びましたが、私は何マイルも後ろの岸に彼女を置いてきました。あなたは、まだ彼女を運んでいるのですか？」

そう、もう一人の僧はまだ彼女を運んでいた。あなたの理解は、あらゆる点で示されることを覚えておきなさい。そしてあなたが正しく見守るなら、あなたのまさに油断のない状態が、次の段階に連れて行くだろう。

一人の不運な船員が、南太平洋の無人島で難破した。幸運にも食物と水は豊富にあり、天候は問題なかった。だから彼は、六ヶ月間比較的快適に生存していたが、その後、地平線上に小型船を見つけて、彼は非常に興奮した。それがだんだんと近くに漂ってきた時、彼はそれが一人の乗客を乗せている船の救命筏であるのが見えた。それがさらに近づくにつれて、彼はこの乗客が若い女性だとわかった。やがて筏は海岸に跳ね上がり、彼は彼女の方に行った。彼女は美しかった――背が高くて健康そうで、ブロンドの髪をして、そして美人だった。

「ハロー！　ハロー！」と哀れな寂しい船員は言った。「あなたも難破したのですか？」

「はい、そうです」と彼女は答えた。

「私は六ヶ月間ここにいます」と彼は言った。

「六ヶ月も！」と彼女は声高に言った。

「そうなの、それじゃあなたに不足しているものを私が持っているのは確かかね」

「まさかあなたは、タバコを持っているのではないでしょうね！」と彼は喜んで叫んだ。

あなた自身の欲望、あなた自身の理解、あなた自身の貪欲は、常にそれぞれの返答の中に、それぞれの反応の中にある。注意深く見るなら、あなたは自分の人生の各瞬間に、自分の理解や誤解を示し続けていることに気づくだろう。

ブッダの質問は非常に単純で、答えた僧はそれに何らかの形而上学的な意味があるとは、全く考えていなかったかもしれない。彼らは、ブッダが彼らに尋ねた馬鹿げた質問を、笑っていたかもしれない。しかし非常に単純な質問で、彼は彼らの理解の層を刺激した。その話の意味は大きい。私は決してどんな質問もあなた方にしない。あなたが私に尋ねる質問で充分だ。それはあなたに関するすべてを示している。私があなたの質問を読む時、私は質問者には興味を持つが、その質問にはあまり興味がない。私は質問者に、より興味がある。

だから私は、質問には常にあなたの名前を書くべきだ、あなたは常にそれに署名するべきだ、と強調するのだ。なぜなら質問自体には何の意味もないからだ。質問者が誰であるかを私が知っている時にだけ、質問は意味を持つ。私の答えは質問に対してではなく、質問者に対するものだ。ある人が質問をすると、私はある方法でそれに答えるかもしれない。別の人は同じ言葉で全く同じ質問をするが、私は同じ方法では答えない――なぜなら、重要なのは質問ではなく質問者だからだ。

あなたの質問は、あなたの理解を示している。あなたの質問は、あなたの混乱を示している。あなたの質問は、あなたがどこにいるのかを示している。そして私は、あなたがどこにいるのかを答えなければならない。それを覚えておきなさい。

ダルシャンでそれは何度も起こるので、あなたはそれを覚えていたほうがよい。多くの人々が来る。誰かが質問をして、他の人たちが聞く。あなたは聞くことを許されているが、私がその特定の人に与えている答えは、あなたのために与えられたものではない。そうでなければ大きな誤解が生じるだろう。

時々このようなことが起こる。質問者が何かを言い、私は彼にそれを説明し、彼が自分の問題を理解するのを助けると、別の人が来てこう言う。

「それはまさに私の質問であり、あなたは既に答えてくださいました」

私は「いや、そんなに簡単に騙されてはいけない。あなた方二人はとても違っている。実際に、世界で似ている人は二人といない。ではどうすれば、あなたの質問が似たものになり得るだろう？あなたは自分の質問をして、私が他の人に言ったことは忘れなさい」と言う。

それから人々は何度も困惑する。なぜなら彼らは、私が矛盾することを言うところを見るからだ。

つい先日の夜、一人の人が恐れについて尋ね、「私は恐れています」と言った。私は死について彼に話した。それは彼が恐れていた理由がわかったからだ。死は彼の目の中にあり、死は彼の周りにあり、彼は死のせいで憂鬱になっていた。私は恐れについてよりも死について多く話し、彼はそれを理解した。私は彼に「死を受け入れなさい。そうすれば恐れは消えるだろう」と言った。

次の人は「今、尋ねる必要はありません。私も自分の中に恐れがありますが、あなたが答えてくださいました」と言った。私はその人を見たが、彼の恐れは死とは全く関係がなかった。彼の恐れは寂しさへの恐れだった。それは全く異なる次元の恐れだった。そこで私はこう言った。

「私が他の人に言ったことはすべて忘れなさい。それはあなたの質問ではなく、あなたのための答えではなかった。あなたの恐れについて話しなさい」

するとやがて、彼の恐れは死とは何の関係もないことが明らかになった。彼の恐れは独りにされることへの恐れであり、彼の独りの状態は常にそこに残るのではないか、という恐れだった。

一人目は死の恐れであり、二人目は愛が起こるかどうかの恐れだった。彼の恐れは愛に関係していた——彼は常に独りのままなのだろうか？　それとも彼を愛する誰かがいるのだろうか？　そして彼は愛することができるだろうか？　彼は誰かと一緒にいて、この絶え間ない寂しさの傷が消える可能性はあるのだろうか？　彼は死について心配していたのではなく、生について心配していた。彼の恐れは死とは関係がなく、彼の恐れは生、関係性、コミュニケーション、親交、愛に関係していた。彼らは全く違っていたが、両方とも「恐れ」という言葉を使った。

そして私が違う人々に違う答えを出す時、当然あなたはすべての答えを集めて、「この男は狂っている！」と思うだろう。すべての答えは矛盾している。それらは矛盾せざるを得ない。私のアプローチは個人的だ。私のアプローチは個人対個人だ。私は個人的にあなたと関わろうと試みている。

朝の講話で、何であれ私の言うことにあなたは瞑想できるが、あなたが何かをしようと決めている時はいつでも、自分で私に尋ねなさい。朝の講話でそれを決めてはいけない。なぜならあなた方は多すぎて、私は一般的な方法で話しているからだ。朝の講話は、ただ原理をあなたに明らかにさせるためのものだ。ダルシャンは原理ではなく、実践をあなたに明らかにさせるためのものだ。朝の講話は単に、成長のためのとても多くの可能性があることを、成長する方法があることを、あなたに気づかせるためのものだ。しかし私は、あなたと個人的に話しているわけではない。そうすることはできない。ダルシャンは、あなたが個人的な質問ができるためのもので、そこであなたは私に近づき、私の鏡の中にあなたの顔を見て、私はあなたの目を直接見ることができる。朝の講話はより哲学的で、夜のダルシャンはより宗教的だ。

そしてあなたがこの違いを覚えていれば、それから大きな恩恵が得られ、大きな理解が生じるだろう。

第八章

魔術師の消滅

The Disappearance of the Magician

質問一

生の実習と理論のどちらがより重要ですか？　私のように無知で、本当に献身的なローマ・カトリック教徒でいた五十歳の人間が、天と地の間にあるすべてのものを勉強するのに、多くの時間を費やさずに光明を達成することは可能でしょうか？

まず第一に、生は実習できない。実習できるものは常に理論だ。生は生きなければならない。それを実習する方法はなく、それを準備してリハーサルをする方法はない。生は自発的だ。理論、教義、哲学だけは実習しなければならない。それらは非現実的だ。非現実的なものは、それは現実だという錯覚を生み出せるように実習しなければならない。現実は生きなければならない。

あなたが愛についての理論を信じるなら、それを実習しなければならない。愛は実習する必要がなく、ただその中に浮かぶことしかできない。愛するためには、愛についてのすべての理論を捨てなければならない。さもなければ、あなたは決して愛さないだろう。そして生の真っ只中に、生の強烈さと熱情の中にいるためには、すべての人生哲学を捨てなければならない。さもなければ、あなたは自分の言葉の曇に覆われたままでいる。

問題は生から生じているのではない。問題は、キリスト教、ヒンドゥー教、ジャイナ教、仏教から生じている。問題は「主義（イズム）」から生じる。生は非常に単純だ。動物でさえ、それを生きることができる。それは単純であるに違いない。木でさえそれを生きている。それは単純であるに違いない。それはあまり複雑ではあり得ない。鳥でさえ、岩や川でさえそれを生きている。なぜそれは、人間にとってそんなに複雑になってしまったのだろう？——それは、人間がそれについて理論化できるからだ。人間は、その周りに教義を織り上げて紡ぎ出すことができる。それらの教義は有毒だ。

あなたがキリスト教徒なら、あなたは生を生きることができない。あなたがヒンドゥー教徒なら、だめだ、生はあなたのためのものではない。生きるために、ヒンドゥー教徒やキリスト教徒である必要はない。人は、単に存在する必要がある。人は、ただ在る必要がある。

二人の探検家がジャングルを進んでいると、凶暴なライオンが彼らの前の通路に現れた。「落ち着いて」と最初の探検家は言った。「野生動物に関する本で読んだことを思い出しなさい。絶対に静かに立って、目でまっすぐライオンを見るなら、彼は尻尾を巻いて逃げるだろう」

「いいだろう、」と二番目の探検家は言った。「あなたはその本を読み、私もその本を読んだが、ライオンはその本を読んだのか？」

本が問題を引き起こし、本があなたを惑わす。そして物事は非常に馬鹿げている。それは物事を明らかにするという名目で、あなたを惑わす。それは説明を通してあなたを惑わす。あなたがこれらの説明に捕らえられるのは、説明がなければどうやって生きたらいいのか、と考えるからだ。

歩いているムカデについての、有名な逸話を聞いたことがあるだろうか？　それは晴れた朝で、美しかった。そしてムカデは幸せを感じ、心の中で歌っていたに違いない。彼は、ほとんど朝の空気に酔って出かけていた。

傍に座っていたカエルは、とても困惑していた。彼は哲学者だったに違いない。彼は尋ねた。「おじさん、待ってください！　あなたは奇跡を起こしています。百本の足ですよ！　どうやってうまくやっているのですか？　どの足が最初に来て、どの足が二番目に三番目に来るのか――というように、百本目まで！　あなたは困惑しませんか？　どうやってうまくやっているのですか？

それは私には不可能に見えます」

ムカデは「私はそれについて一度も考えたことがありませんでした。じっくり考えさせてください」と言った。そしてそこに立つと、彼は震え始めて地面に倒れた。彼自身がとても困惑してしまった――百本の足だ！　どうやってうまくやったらいいだろう？

哲学は人々を麻痺させる。あなたは自分の哲学によって麻痺させられる。生に哲学は必要ない。生はそれ自体で充分だ。それは松葉杖を必要としない。それは支えるもの、支柱を全く必要としない。それはそれ自体で充分だ。

これが、私があなたに伝えたい最初の事だ。これは私の理解であって私の理論ではない。これが私が生を感じる方法だ。それはマインドの問題ではなく、私の実存的な体験だ。生を信頼しなさい。そしてあなたが生を信頼するなら、私はあなたを宗教的な人と呼ぶ。生への信頼は神への信頼だ。神は一つの理論になる。あなたがその理論を無効にする時、ただ生だけがその途方もない神秘の中に残り、煌いて、内側と外側であなたを取り囲む。

そしてあなたはそれの一部であり、そのエクスタシーの一部だ。

「より重要なのは、」と質問者は尋ねた。「生の実習と理論のどちらですか?」

実習は理論のためにだけ必要になる。生は実習を必要としない。考え込まず、マインドを持ち込まず、単にそれを生きることだ。マインドを持ち込むと、あなたは生を歪め始める。

「私のように無知な人が光明を達成することは可能でしょうか?」

それが可能なのは、自分の無知を認めている人々だけだ――自分の無知を認めているのは、無垢な人々だからだ。無知の認識こそが光明への扉だ。自分は知っていると思うなら、あなたは締め出されるだろう。

学者(パンディット)が光明を得たことはない――彼らにはできない。彼らはあまりにも多くの知識があり、知識であまりにも重荷を負い過ぎている。彼らは経典を運んでいるロバのようだ――それがジュラルディン・ルーミーの言ったことだ。そしてロバはロバのままだ――彼が背中にコーランを運んでいるかどうかは問題ではない。あなたは記憶の中に経典を持ち運ぶことはできるが、記憶は知識ではない。物事を記憶することは、それを知ることではない。物事を記憶することは、それを知ることを避ける方法だ。それは非常に安っぽい。コンピューターはそれができる。そこには何も人間的なものはなく、何も特別なものはない。コンピューターの方が、よりうまくできる。あなたのマインドができることはすべて、コンピューターの方がより上手だ。だからそこには何も特別なものはなく、何も人間的なものはなく、何も神性なものはない。それは機械的な事柄だ。

あなたは手に入るだけの多くの情報を覚えられるし、記憶できるが、それがあなたを助けることにはならない。あなたは歩くブリタニカ百科事典になれるが、生とは解決すべき問題ではなく、生きるべき神秘であることに気づかない限り、ロバはコーランを運んでいる。それからあなたは全く異なる方法で取り組み、その取り組み方は質的に異なるものになる。そこであなたは、知識を通してではなく気づきを通して取り組む。あなたはすぐに、直接的に取り組む。あなたは、キリスト教徒、イスラム教徒、ヒンドゥー教徒など、自分の目を遮るどんな雲もなしに生を調べる。雲はなく、全く純粋な目で、無垢な子供のようにただ見る……。

その無垢な子供になるための最初の必要条件は、自分は無知なのだと理解することだ。それは最も難しい事の一つだ。富を放棄することは簡単だが、知識を放棄することは非常に難しい。

多くの人々は富を放棄する。彼らは自分の家族を放棄し、自分の家を、世界を放棄するが、彼らは自分の知識を決して放棄しない。

私は世界を放棄した人を知っていた。私たちは大学で一緒だった。数年後、私は街で彼に出会った。私は彼に会いに行った。彼はすべてを放棄していて、ジャイナ教の僧侶になっていた。

私は彼に、「君はまだジャイナ教徒なのか?」と尋ねた。

彼は言った。「なぜいけないのだ? 私はジャイナ教徒であり、ジャイナ教徒として生まれたのだ」

私は言った。「私は君がすべてを放棄したと思っていたが、知識は残しておいたのか? 君は両親と縁を切ったが、両親が君に教えたことは放棄しなかった。これは大したことだ! 君は自分の家を放棄したが、いまでも家の微妙な印象を持ち運んでいる。それはジャイナ教徒であるということだ! もし君が、イスラム教徒の家庭で育てられたなら、君はイスラム教徒であっただろう。君がジャイナ教徒であると決して誰からも告げられなかったなら、ジャイナ教徒になることはできなかった。君は家族を放棄したと言う。君は『私は自分の母親、父親、妻、子供を放棄した』と言う。それならなぜ君は、彼らに与えられた知識を持ち運んでいるのだ? それも放棄しなさい!」

彼は困惑しているようだった。彼は「それは難しい」と言った。

富を放棄することが容易なのは、それが外側にあるからだ。知識は内側の豊かさだ。世俗的な物の放棄が容易なのは、それが服のようなものだからだ。あなたは服を脱ぐことができる。だが知識を放棄することは、あなたの皮膚を放棄するようなものだ。それはそんなに容易ではない。それは痛む、非常に痛む。

その痛みはどこから生じるのだろう？　その痛みはエゴから生じる――それは知識がエゴの食べ物だからだ。それはエゴにとって、最も微妙な食べ物だ。知れば知るほど、あなたは力強く感じる。

ベーコン卿は「知識は力なり」と言った。力を放棄することは非常に難しい。お金も力だが、知識に比べたら物の数ではない――なぜなら、お金は盗まれるかもしれないからだ。政府が変わり、共産主義者が来て、お金は分配されるかもしれない。あなたはお金を頼りにできない。銀行は破綻するかもしれない。

しかし知識はより安全で、どの政府もそれを取り除くことはできず、政治のどんな変化もそれを取り除くことはできない。誰もそれをあなたから盗むことはできず、あなたはそんなに簡単に破産することはできない。知識はより安全なように見える。そしていつでも、知識があれば、あなたはお金を稼ぐことができる――それ以外では無理だ。知識はお金をもたらすし、他の方法ではできない。お金は知識をもたらすことができないかもしれない。そこで知識はいっそう豊かなものになり、より大きな富になり、より以上に力強くなり、そして内側の最も微妙な所有物になる。「私は知っている」と言う時、エゴは非常に気分がいい。だから「私は知らない」と認めることは、最も難しいことの一つなのだ。

自分が知らないことに気づいた瞬間、あなたは無垢になり、役に立ちやすくなる……エゴは消える。

質問はデヴァ・ギータからだ。彼女は老いたサニヤシンだ。そして彼女は「私のように無知な人が光明を達成することは可能でしょうか？」と言う。それは、自分が無知であるのを知っている人々にとってのみ可能だ——これは真の知識の始まりであり、魂の暗闇に侵入する最初の知恵の太陽光線だ。エゴは暗闇であり、この「私は知らない」という認識は、最初の知恵の光線だ。

ソクラテスはこう言ったと伝えられている。「私が若かった頃、私はすべてを知っていると思っていた。私がもう少し成熟した時、私はほんのわずかの事しか知らないと感じ始めた。私が年老いた時、ある日私は、全く何も知らないことに気づいた」

その日、彼はこう宣言した。「私の無知は全く究極的で深く、私は自分の無知から抜け出せる方法が何ひとつわからない」

なぜなら、真実は神秘的で知ることができず、分析したり詳細に調べることはできないからだ。それを知る方法はない。あなたは真実でいることはできるが、それを知ることはできない——なぜなら、知るためには距離が必要だからだ。知識のためには、真実は対象としてそこに存在しなければならず、あなたは主体として内側に存在しなければならない。それでその二つの間に知識は生じる。知ることは世界を三位一体、つまり、知る人、知られるもの、知識という三つの部分に分割する。

真実は一つだ。知るべきものは何もないし、それを知る者もいない。ではどうすれば知識が可能なのだろう？　真実はあり、存在はあり、生はあり、私たちはそれの一部だ。

ソクラテスは「今、私は自分が何も知らないと言うことができる」と言う。彼がこれを宣言した日、デルフォイの神託は何人かの人々に、「ソクラテスは、地上に生きる最も偉大な知恵の人だ」と言った。それらの人々は、ソクラテスのところに戻って言った。「あなたは祝福されています！　デルフォイの神殿の神託は、あなたを世界で最も偉大な賢人だと宣言されました」

ソクラテスは笑って言った。「もう遅すぎる。私は自分が何も知らないことを知っている。何かの間違いであるに違いない。少なくとも今回は、その神託は外れたのだ。あなた方は戻って、ソクラテス自身がそれを拒否していると神託に言いなさい」

それらの人々は、自分たちが良い知らせを持って来たと思っていたので、非常に困惑した。それ以上の何があり得ただろう？　神がソクラテスを世界で最も賢明な人であると宣言する時、それ以上の何を期待できるだろう？　そしてここに、この愚か者がいる。彼は「私は何も知らないし、遅すぎる。だから何らかの間違いであると言いに行きなさい。神託は正しくない」と言う。

それらの人々は困惑し、混乱して戻ってきた。彼らは神殿の神に言った。

「ソクラテスは否定します。彼は『私は全く無知だ』と言います」

すると神殿の中に笑い声があり、神はこう言った。「だから我々は、彼を世界で最も偉大で最も賢明な人だと宣言したのだ。それが理由だ！　間違いはなかった」

あなたがこれを理解できるなら、無知は無垢になる。それを無知と呼んではいけない。無知という言葉は間違った連想を抱かせる。無知とは、まだ知識の観点から考えていて、いまだに何かが不足している、何かが欠けている、と考えていることを意味する。その言葉を捨てなさい。その言葉は正しくない。

無垢、子供らしい無邪気さ……。そして私は、デヴァ・ギータが子供らしい老女であるのを知っている。

「天と地の間にあるものすべてを勉強することに多くの時間を費やさずに光明を達成することは、私のように無知な一人の人間にとって可能でしょうか？」

何かを勉強する必要はない。すべては明らかにされる。ただ澄んだ目だけが必要だ。勉強は必要ない。本の中に入って行くべきではない。木の青葉を見るだけで、花の香りを感じ取るだけで、鳥の鳴き声や水の流れる音を聞き、空に浮かぶ美しい雲を見るだけでいい……。

あらゆるものは極めて完璧で、全く途方もなく美しい。あなたはこの偉大な神の社にただ近づければいい。神はすべての石の中に秘められていて、すべての石は説法であり、神はあらゆる花の中で開花していて、すべての心の中で呼吸している。ただ無垢な状態で近づくと、あなたはあらゆるところが聖地であることに気づくだろう。

すべての茂みは神で燃えている――生そのものが神のすべてだからであり、生の総計（トータリティ）、その全体性が神のすべてだからだ。あなたはただ澄んだ、子供らしい、無垢な目で近づけばいい。それで充分だ。宇宙があなたの大学だ。コーラン、ヴェーダ、聖書、ギーターは重要ではない――神の最も偉大な本は、まさにあなたの前にある。そのページをめくりなさい。

木から離れて空を見上げる時、あなたは一ページをめくっている。太陽を見る時、あなたは別のページをめくっている。子供を見る時、彼の目を覗き込む時、あなたは別のページをめくっている。これこそが本物のヴェーダ、本物のコーラン、本物の聖書だ。これがまさに本であり、他のすべての本は人工物だ。この宇宙だけが神が自ら書いた本だ。

すべての宗教が、自分たちの本は人工物ではないと主張しているのを観察したことがあるだろうか？　ヒンドゥー教徒は、ヴェーダは人間によって作られたのではなく、神自身によって作られたものであるアポルシェヤ APORSHEYA だと主張する。そしてサンスクリット語は神の言語であり、人間の言語ではないと言う。あなたはあらゆるところに同じタイプと、同じ愚かな主張を見つけるだろう。イスラム教徒はコーランは神から降りたものだと言い、ユダヤ教徒やキリスト教徒も同じ様なことを言う。誰もが自分の本は神の本だと主張しようとしていて、誰も本物の神の本を見ようとはしない。

あなたもまた、その神の本の一ページだ！　そしてあらゆるものはそれぞれの一部だ。これらの本は美しい。私はそれらが良くないとは言っていない。コーランは美しい——それを唱えなさい、それを歌いなさい。ヴェーダは美しい。だが覚えておきなさい。それらに夢中になってはいけない。それらを真の生の本への踏み石にしなさい。

質問二

私があなたに書き送った夢に対する答えの中で、あなたは、夢は夢であって何の意味もない、と言われます。なぜそのような事を言うのでしょうか？　私には理解できません。

私は、夢は夢だ、と言うだけではない。何であれ、あなたが自分は目覚めていると思っている時に見るものも夢だ、と言っている。眠りの中で目を閉じて見る夢、そしていわゆる目覚めた状態で目を開けて見る夢——両方とも夢であり、両方とも無意味だ。

質問者は気を悪くしたに違いない——なぜなら、夢にも意味を持たせたいからだ。そのようにして、精神分析はとても重要になった。人々は愚かだ。彼らは夢にも大きな意味を持たせたいと思っている。彼らの生ですら無意味なのに、彼らは自分の夢に意味があると思っている。

まさに今、あなたにはどんな意味もない——あなたは持つことができない。意味はあなたが流れの中にいる時にだけ、神と共に流れている時にだけ生じる。意味はあなたが調和している時に、あなたと神の間で起こるものであり、他に意味はない。他のすべての意味はただの幻想に過ぎない。

「意味」と言う時に、私が意味していることを理解しようとしてごらん。意味は、あなたと全体の間に調和がある時にある。微妙なダンスがあり、あなたが全体と足並みをそろえている時、意味がある。生はオーケストラであり、あなたがフルートの独奏を始めてオーケストラを忘れたら、意味はない。それならあなたはやっかい者になる。あなたがしていることは何でも無意味なだけではなく、意味に反している。止めたほうがましだ。頼むから、止めなさい！　あなたが全体とともに流れていて、そこに個人が、エゴが残っていなければ、意味がある。エゴと一緒では、意味はない――エゴは耳障りな音であり、エゴは騒音であり、エゴは全体への抵抗だからだ。

エゴは「私は独立しており、私には私自身の個人的な運命がある」と言う。そのため利己的な人々は、自分の人生は無意味だと心の底で常に感じている。西洋では今や、無意味さはほとんど共通のものに、決まり文句になった。誰もが無意味さについて話している。

人々は裕福で、栄養も充分で、良い住居を持っている。実際、歴史上初めて、いくつかの国々が貧困から解放され、貧困から生じるすべての醜さと、貧困がもたらすすべての制限から解放された段階に来た。彼らは自由だ。しかし自由になった瞬間、彼らは無意味に感じ始める。

貧しい人は無意味さにそれほど気づいていない。彼らはお金を得なければならないから、意味がある。彼らは自分の子供を大学に通わせなければならないから、意味がある。彼らは将来どこかに良い家を建てようとし、そのために少しずつお金を貯蓄して、そしていつかアンバサダー車（インドを代表する国産車）を持つだろう。そこには意味がある。

ある日突然、あなたはすべてを、良い生活、良い服、良い食べ物を手に入れる。その時、意味が消える。貧しい人は常に希望に満ちているように見える。あなたは常に、乞食の目の中に希望の光を見ることができる。しかし、裕福な人の目はぼんやりと鈍くなる。希望が消える。

裕福な人の目は、オアシスもなく希望もない砂漠のようになる。どうしたのだろう？——彼が今まで意味深いものとして考えていたすべてが無意味になったのは、それを達成したからだ。そして突然、彼は内側の完全な空虚さに気づく。

意味が起こるのは、真の意味が起こるのは、あなたが神と、または全体と、宇宙や存在と呼ぶものと、または何と呼ぼうと、それと同調し始める時だけだ。あなたが全体と調和している時、大きな祝福が生じる。大いなる恵みがあなたを取り囲む。あなたのハートはいっぱいになり、満たされ、深い満足と平和と穏やかさがある。そこには意味がある。

だから私は、夢は夢だと言ったのであり、それにあまり思い悩まされてはいけない。あなたが何らかの意味を持ちたいなら、それを持つことができる。フロイト派の精神分析家のところに行けばいい。彼はそこに意味を見つけるだろう。彼はあなたのために用意されたある意味を、既に持っている。あなたがどんな夢を持って行っても、彼はそれに彼の意味を押し付ける。夢でタージ・マハルを見たのか？　彼はこれらは男根の柱だと言うだろう。それで夢は性的になる。アドラー派の人のところに行ってごらん。彼は、すべての問題は劣等感から生じると言う。タージ・マハルを見たのか？　ではあなたは、タージ・マハルのようでありたいと思っている。優れていて、偉大で独特でいたいと思っている。ユング派のところに行ってみると、彼は何か別の意味を見つけるだろう。

あなたは多くの精神療法医（サイコセラピスト）のところに行ける。そして彼らはみんな違う意味を見つける。そしてこの夢は分析者たちの誰も見ていないものであり、事のすべては、意味はあなたの夢から来ていなくて分析者から来ている、ということだ。

私は、インドネシアのスカルノ大統領について聞いた事がある。彼はまったくセックスの人で、まったく性欲（リビドー）の人で、まったくフロイト主義者だった。彼は、彫像の尻を軽くたたかずに彫像の側を通ることは決してできなかった。国政以外の彼の会話はすべて――彼には自分の国で派手な女性関係がいくつかあったが――常に婦人についてだった。ここに女性についての彼の記述がある。

二十歳の女性はアフリカ大陸のようだ――野生的で飼い慣らされていない。
三十歳の女性はアジアのようだ――血気盛んで情熱的だ。
四十歳の女性はアメリカ合衆国のようだ――過度に訓練されていて、技術的にとても優れている。

五十歳の女性はヨーロッパのようだ――朽ち果ててぼろぼろになっている。六十歳の女性はオーストラリアのようだ――誰でもそれがどこにあるかを知っているが、誰がそこに行きたがるだろう？

そこであなたは、スカルノのような人のところへ自分の夢を伝えに行くことができる。彼はセックス以外の何も見つけないだろう。地理でさえ、性欲だけを象徴するものになる。ヨーロッパ、アジア、アフリカ、オーストラリアでも――突然それらは、今まで聞いたことがない全く異なる意味を持つ。あなたは投影する。

私は精神分析医ではない。そして人々は、精神分析医のところで精神分析医がその人のナンセンスを非常に熱心に聞く時、非常に気分がいい。誰もあなたのナンセンスを、それほど熱心に聞いたりしない。なぜ誰かが聞かなければならないのだろう？　精神分析医は聞かなければならない。あなたはそのために代金を支払うので、彼は非常に注意深く耳を傾ける。それはあなたの時間だ！　実際、誰が気にするだろう？　精神分析医でさえ、ただ聞いているふりをしているに過ぎない。

フロイトについての逸話を聞いたことがある。

若い実習生がフロイトと一緒に働いていた。彼は若くてエネルギーに満ちていたが、一日中人々のナンセンスな夢を聞くことは疲れる仕事で、つまらなくて退屈なものだ。しかし彼はフロイトを見て、いつも驚いていた。フロイトは常にエネルギーに満ちていて、決して退屈しなかった。ある日、師から立ち去る夕方までに、彼はフロイトに尋ねた。

「あなたは年老いていますが、決して疲れません。そして朝から夜まで絶え間なく神経症的な事を、無意味な事を聞いています。でも私は疲れます——二、三人の患者の後では、私は完全に消耗します」

フロイトは笑って「誰が聞くものかね?」と言った。

ただ聞いているふりをしなければならない。聞いている、すごく興味を持っている、というふりをする策略を、学ばなければならない。聞く者は、患者が支払おうとしているお金にだけ興味がある。しかし患者は非常に気分がいい——「ここにとても熱心に聞いてくれる人がいる」

人間の中には、誰かに自分の惨めさを聞いてほしいという大きな願望がある。それは彼らの重荷を降ろしてくれて、誰かが愛し、気にかけている、という感覚を彼らに与える。だからあなたは、自分の惨めさについて話し続けるのだ。誰でも自分の惨めさ、病気、あれやこれやについて話し続け、その相手に同情してほしいと思っている。あなたは一人ではないと感じる。そしてあなたがナンセンスな夢を話していて、精神分析医が美しい説明を、大した理論をもたらす時、突然あなたは自分は非常に意味深くて、全く普通の人ではないと感じる——ちょっとあなたがどんな美しい夢を見るのか見てごらん! たぶんあなたは、ピカソのような偉大な絵画を創造しなかったし、シェイクスピアのような偉大な本を書かなかったかもしれないが、だから何だというのだ？　あなたは非常に美しい夢を見たので、フロイト、ユング、アドラーでさえそれを解釈している――そして彼らは本当に、非常に美しく解釈する。

だがこのすべての仕事はナンセンスだ。夢は夢だ。

そして東洋での努力全体は、全く異なっていた。夢の意味について気にしたことはない。私たちのすべての努力は、夢が消えるようにあなたを気づかせることにある。

私は有名な禅の逸話を、何度も話してきた……。

朝、ある禅のマスターが目覚めると、通り過ぎる弟子を見た。マスターは彼を呼んだ。「ここに来なさい！　わしは非常に美しい夢を見た。お前はそれを解釈したいかな？」

弟子はこう言った。「待ってください。バケツ一杯の水を持ってきますので、どうか顔を洗ってください」

マスターは待った。弟子はバケツ一杯の水を持ってきて、マスターは顔を洗った。その時にまで別の弟子が通り過ぎていたので、彼は呼び止めて「ここに来て、聞きなさい！　わしは美しい夢を見た。お前はそれを解釈したいかな？」と言った。

弟子はこう言った。「待ってください。顔を洗いましたか？　あなたのために一杯のお茶を持って来ましょう」。そして彼はお茶を持って来た。

マスターは非常に喜んで「もしお前が解釈しようとしたなら、わしはお前を僧院から追い出しただろう！」と言った。

これが正しい解釈だ。あなたは夢を見たのか？——顔を洗いなさい。終わらせなさい！まだ少し長引かせるのか？——一杯のお茶を飲むがいい、だが夢から出てきなさい！それは夢だ！解釈すべき何がそこにあるのだ？

ただ一つだけ、覚えていなければならないことがある。それは、あなたが夢を見たのは、あなたが無意識だったからだ。そして今、あなたはそれを解釈しようとしている。今でもあなたはそれに固執している。それが起こったのは、あなたがぐっすり眠っていたからだ。

ブッダにとって、夢は消える。それは起こらないし、起こり得ない——なぜなら彼はとても注意深くなっているので、睡眠の中でも気づきの微妙な層が残っているからだ。彼は決して気づきを失わない。クリシュナがギーターで「誰もがぐっすり眠っている時、ヨーギは目覚めている」と言うのはこのことだ。

それはヨーギが部屋の中でただ立って、目覚めたままでいるという意味ではない——彼は狂ってしまうだろう！彼も眠るが、どこか心の底の下層部分は油断のないままであり、小さな明かりが内側で絶えず燃えている。そしてその光の中には、どんな夢も侵入できない。

ブッダは、夢とは泥棒のようだ、と言ったと伝えられている。家が暗くて内側に明かりがなければ、泥棒はその家に興味を持つようになる。彼らはより近づいて来て、窓から見る。そして主人がぐっすり眠っていれば、さらに良い。そして警備員が今日はもう勤務していないなら、その時は完璧だ——彼らは入る。

夢は泥棒のようなものだ。扉に警備員が座っていたら、泥棒は近寄らない。明かりが家の中にあって窓が明かりでいっぱいなら、彼らはあえて近づこうとしない。そして主人が完全に目覚めていて動いている時、話や歌があり、動き回っている人々やその影があるのを見る時、彼らは全く来ない。

夢が起こるのは、あなたが自分の眠りの中で気づいていないからだ。そして夢は、あなたが目覚めている状態でも起こり続ける。なぜならその時も、あなたの気づきはほんのそこそこのもので、非常に生ぬるく、大したことはないからだ。

だから、その意味で夢をただ象徴的なものと考えてごらん。夢は、あなたがまだ充分注意深くなっていないという証明——それだけのことだ。それが、私がそれをあなたに話した時の意味だ。

質問者は夢に関する長い手紙を書いてきた。私のメッセージはこれだった——夢は夢だ、何の意味もない、それにあまり思い悩まされてはいけない。

重要なのは一つだけだ。夢が眠りの中で起こっている時、あなたはすべての意識を失っている。昼間でも、あなたはあまり意識的ではない。だからもっと意識的になりなさい。夢にあまり注意を払ってはいけない。さもなければ、それは非常に危険なゲームになり得る。

あなたは夢で——それの意味、それの象徴、それの神話で——遊び始め、あなたはますます中に入って行く――一つの層からもう一つの層へ、そしてあなたは道に迷うだろう！

ある夜、ムラ・ナスルディンが町を歩いていた時、突然彼は、道の上にある牛の糞の山に出くわした。彼は少し身をかがめて注意深く見た。

「それのように見える」と彼は独り言を言った。

彼は、より近寄って匂いを嗅いだ。「それのような臭いだ」

彼は慎重に指をその中に入れて、それからそれを味わった。

「それのような味だ。その中を歩かなくて本当によかった！」


分析に用心しなさい！

質問三
観察者は観察されるものではありません――では、観察されるものはどこから生まれるのですか？　そして私たちの絶え間ない投影についてはどうでしょうか？　それはすべて幻想ですか？
それにしても、幻想の性質はその創造者である観察者に光を投げかけることはできないのでしょうか？

マーヤという言葉を理解しなければならない。英語にはこれに相当する言葉がない。「幻想illusion」は正しくない。

東洋では、私たちは永遠のものを、時間を超えて存在するものを現実（リアル）と呼ぶ——それは常に存在していて、常にこれからも存在するもので、それがなかった時は決してなかった——この永遠のものを私たちは現実（リアル）と、真実と呼ぶ。正確にその正反対にあるものが非現実であり、非真実だ——それは決してそうではなかったもの、決してそうではないだろうというものだ。その二つの間にマーヤがある。マーヤは、存在するように見えるが、それでも存在しないものを意味している。それはちょうど、現実と非現実の真ん中にある。それは嘘であるが、真実のように見える。それは飾られた嘘であり、非常に説得力がある。それが存在する時、それは全く真実のように見える。あなたはそれを知っている。

夜、夢を見る時、あなたは決して疑わない。非常に疑い深い人々や無神論者でさえ疑わない。夢の中で疑う人は誰もいない。あらゆるものを疑う偉大な懐疑論者でさえ、夢を疑わない。夢がそこにある時、それは全く真実に見える。馬鹿げたこともまた真実のように見える。

夢がそこにある時、それは現実だ。それは不条理であっても、あなたに疑いを抱かせないほど現実的だ。朝目を開けると、突然それは非現実になる。さて、それはどこから生じたのだろう？——それはあなた自身の無意識から生じていた。それはあなたの投影だった。それはあなたの外側に存在していたのではなく、あなたの内側にあった。それはあなたのゲームだった。そしてあなたがそれにすっかり夢中になっていた時、それは現実になった。朝、あなたは目覚め、投影は撤回される。あなたは今、それが非現実であったのがわかる。

さて、夢を何と呼んだらいいだろう？ それを現実と呼ぶだろうか？ それが現実でないのは、それがなかった時があり、今再びそれがない時があるからだ。私たちはそれを、非現実と呼ぶべきだろうか？ だがその時、それは中間に存在していた。夕方、それはなかった。朝、再びそれはない。だが夜にそれは存在する。では、どうしてそれを非現実と呼べるだろう？ そこで東洋で私たちは、新しい用語を考案した。私たちはそれをマーヤと呼ぶ。それは非現実ではあるが、私たちの無意識のせいで現実のように見えるものだ。

マーヤはほとんど魔法のようだ。存在しないが、まるで存在しているかのように見せることができるものだ。それはあなたに関する何かを示している。夢は夢見る人についての何かを示している。たとえばあなたが女性やセックスなどの夢を見るなら、それは単に、あなたの目覚めている生活の中で、あなたは禁欲者であろうとしているか、セックスを超えようとしているに違いないことを示している。あなたは性欲を抑圧しているに違いない。抑圧されたものはあなたの夢の中で沸き出て、投影になる。もし夜に、あなたがいつも断食や夕食やそれに類することを夢見るなら、それは単に、何とかして自分自身を飢えさせようとしているという意味になる。あなたは断食しているに違いないか、または食べ物に憑り付かれているのかもしれない。あなたは間違ったことをしているに違いない。あなたの身体は満足していない。その不満があなたの夢の中に現われる。または、夢の中に現われている何かを抑圧している。それは単に、あなたの生がリズミカルに進んでいないことを示している。そのリズムを乱している何かがある。その乱れは夢の中に現われて、投影になる。それは夢を見ている人についての何かを示している。

「観察者は観察されるものではありません――では、観察されるものはどこから生まれるのですか？」

それは観察者から生じるが、観察者はぐっすり眠っていて、まだ本当の観察者になっていない。彼はただ潜在的に観察者でいるだけで、実際はそうではない。その眠気、まどろみ、ぼうっとした状態から、様々な幻想が生じる。あなたがそれらを作り出している。

「それにしても、幻想の性質はその創造者である観察者に光を投じることはできるでしょうか？」

できる。それはある光を投じる。

イドリース・シャーの非常に有名な話をしよう。非常に注意深く、それを聞いてごらん。

ある物静かなイスラム教の修行僧(ダルヴィッシュ)は、教養がある寛容な人によって催された毎週の食事会に、しばしば出席していた。このサークルは「文化人の集会」として知られていた。修行僧は決して会話に参加せず、ただ単に到着し、出席者全員と握手をし、隅の席に座って、出された食べ物を食べただけだった。

会合が終わった時、彼は立ち上がり、さよならと感謝の言葉を述べ、そして帰った。彼が最初に現われた時、彼は偉大な聖人だという噂があったが、誰も彼について何も知らなかった。他の客たちは長い間、彼が本当に神聖で知識の人であるに違いないと考えて、彼が自分たちに彼の知恵をいくつか授けてくれる時を楽しみにした。彼らの何人かは、彼が会合に出席したことを友人たちに自慢し、彼の存在に感じた特別な質をほのめかした。

しかし、次第に彼らはこの男との関係がこれ以上発展するとは感じられなかった。客人たちは彼が模倣者であると、たぶん詐欺師だろうと疑うようになり、彼らの何人かは彼の存在に不快感を覚えた。彼は自分を周りの雰囲気と調和させるために何もしていないように見えた。彼らの人生そのものに必要な一部として賞賛されてきた啓発的な会話に、一つの格言すら提供しなかった。

一方で、わずかな人たちは、彼が目立たないようにしていたので、彼がそこにいたことに全く気づかなかった。

ある日、修行僧は話し出し、「私はあなた方みなさんを私の僧院へご招待します。明晩、あなた方は私と食事をすることになります」と言った。

この予期せぬ招待は、会合全体の意見に変化をもたらした。ある人は、非常に貧しい身なりをした修行僧は狂ってしまったに違いない、何も提供できないはずだ、と考えた。他の人たちは、彼の過去の振る舞いは我々を試すものだったと考えた。彼らは、少なくとも彼は、そのようなつまらない付き合いに我慢している自分たちの忍耐に報いるだろう、と自分自身に言い聞かせた。それでも他の人たちはお互いに「気をつけろ、彼は我々を自分の権力へ誘い込もうとしているかもしれない」と言った。

好奇心に駆られて、主催者を含む全員がもてなしを受け入れるようになった。翌日の夕方、修行僧は彼らを家から、目が眩むほど大きくて壮麗な隠された僧院へ案内した。建物は、あらゆる種類の勤行や作業を行なっている弟子たちでいっぱいだった。客たちは、修行僧が近くに来ると敬意を表して頭を下げる凛々しい賢人たちで満たされた瞑想ホールを通過した。彼らに与えられたご馳走は、それを表現するすべての力を超えていた。訪問者は圧倒された。全員は、すぐに自分たちを弟子として受け入れるよう彼に懇願した。しかし修行僧は、彼らのすべての嘆願に「朝まで待ちなさい」としか言わなかった。

朝が来ると客たちは、豪華な衣服を着て前の夜に案内された贅沢なシルク製のベッドで起きる代わりに、不毛の山腹にある巨大で醜い廃墟の石ころだらけの領域内で、地面に散らばり、茫然自失となって横たわっている自分自身に気づいた。そこには、修行僧や美しいアラベスク、図書館や噴水、カーペットなどは影も形もなかった。

「忌まわしい悪党は、魔術という手口で我々を騙したのだ！」と客たちは叫んだ。彼らは自分たちの苦しみと、少なくとも悪者を見破ったことについて交互に慰め合い、お互いを祝った。悪者の魔力は、何であろうと彼がその邪悪な目的を達成できる前に、明らかに弱まっていた。

彼らの多くは、自分たちが逃げられたのは自分の心が純粋だからだと考えた。しかし彼らが知らなかったのは、僧院での経験を呼び起こすために使ったのと同じ手段で、修行僧は彼らに自分たちは廃墟に捨てられたと信じ込ませた、ということだった。彼らは実際には、どちらの場所にもいなかったのだ。

彼はその時、どこからともなくその人々に近づいて、「僧院に戻りましょう」と言った。彼が手を振ると、全員は自分たちが宮殿のようなホールに戻っていることに気づいた。彼らはすぐに、廃墟が試練であり、この僧院が本当の現実であると確信したので、悔い改めた。何人かは「彼が私たちの非難を聞かなかったのはよかった。たとえ彼が、ただこの奇妙な技（アート）を私たちに教えるだけだったとしても、それは価値があっただろう」とつぶやいた。

だが、修行僧が再び手を振ると、彼らは集会の食事のテーブルにいる自分自身に気づいた。彼らは、実際にはそこを離れていなかった。

修行僧はいつもの片隅に座っていて、いつものように香辛料の効いたご飯を食べていて、何も言わなかった。それから全員は不安そうに彼を見つめて、彼の声を、唇は動かなくても、まるで彼ら自身の胸の内側で話しているかのように聞いた。

彼はこう言った。「あなたの貪欲さが真実と自己欺瞞を見分けるのを不可能にさせているうちは、修行僧があなたに見せられる現実は何もない——ただ虚偽しかない。自己欺瞞と想像を糧とする人たちは、欺瞞と想像でしか養われない」

今あなたが生で体験することはすべて、あなた自身の欲望に他ならない。あなたがそれを体験したいために、あなたのマインドはそれを呼び起こす。マインドは偉大な魔術師だ。それは非常に巧妙で、それは最大のマジック・ショーだ……それはあなた自身のマインドだ。何かを呼び起こしたいと思うなら、あなたは自分自身にそれを納得させる。あなたが欲望でいっぱいなら、醜い女性でさえ美しくなることができる。

ムラ・ナスルディンは、いつもヒル・ステーション（インドにあるイギリス人用の保養地）に行く。時には三週間の予定で滞在するが、十日で戻ってくる。時には四週間の予定で滞在するが、二週間以内に戻ってくる。

私は彼に尋ねた。

「どうしたのだ？　君は六週間の予定で行ったのに、十日以内に戻ってくるじゃないか」

彼は「俺には、そこにどれだけ長く居るべきかを決める方法があるのだ」と言った。

私は「君の方法とは何かを話してくれないか？　どうやって決めるのだ？」と言った。

彼は言った。「俺はヒル・ステーションにある自分の家の管理のために、非常に醜い女を雇っている。彼女はとても醜く、吐き気を催し、嫌悪感を抱かせる。俺がヒル・ステーションに行って、やがてその女の中に美しさを見始める時、俺は逃げる、これがどれだけ長く居るべきかを判断する俺の方法だ」

性欲は溜まり続け、女性を持ちたいというあなたの欲望は溜まり続ける。それから、あるがままのものを見ずに、自分が見たいものを見るという時が来る。その時、吐き気を催し、嫌悪感を抱かせる醜い女性でさえ最も美しい女性になり、クレオパトラになることができる。

トリックを作り出すのはあなたの欲望だ。あなたはどんなものでも、信じることを自分自身に強いることができる。

このマインドがマーヤの、あなたが生きているすべての幻想の起源だ。いったんマインドに気づき始めたら、気づきはマインドとは全く異なっているので、観察者が現れ、それであなたは気づきになる。

あなたが気づきになり、とても多くの生であなたと遊んでいたマインドのゲームを見ることができる時、突然あなたは、それのすべての馬鹿馬鹿しさを笑い始める。

それはあなた次第だ。あなたは女性の唇にキスをし、それが非常に美しいと思う――それはあなた次第だ。世界には決してキスをしない部族が、原始的な部族がいる。そして彼らが、人々が互いにキスをするのを知った時、彼らは笑った。彼らはそれが信じられなかった。

タイには、何世紀にもわたって決してキスをしたことがない原始的な部族がいる――彼らは、唇を他の誰かの唇につけて唾液を交換することはとても醜いと言うからだ。それはとても醜い！　もし彼らがフレンチキスを知るようになったなら、彼らは死ぬほど笑うだろう！　舌がお互いの舌の中へ入っている！　だがフランス人に尋ねてごらん……。

実際、フランスの人々は自分だけがキスのやり方を知っていて、他の誰も知らない、と思っている。それはただの条件付けだ。これらは同じ人々だ。一度もキスをしたことがないこの原始的な部族は、お互いに鼻をこすり合う――そして彼らはそれがとても好きだ。それが彼らのキスだ。今、誰かが来てあなたの鼻に彼の鼻をこすり始めるなら、あなたは少し気まずく感じる。

「何をしているのだ？　気が狂ったのか？　唇はこすってもいいが、鼻はだめだ。何をしているのだ？」とあなたは言うだろう。

愛していれば、お互いにキスすることができる。お互いの舌に触れることによって、お互いに挨拶する部族がいる。それが彼らの挨拶だ。西洋人はそのことを笑ってきた。ちょっと見てごらん、それぞれの部族は、独自のやり方をうまく信じてきた。多くのアフリカの部族は、髪のある女性が好きではない。女性たちは剃っている。それで彼女たちは美しくなる。さて、女性たちが剃っている時、あなたは彼女たちを美しいと思うことはできない。彼女たちは仏教徒の尼僧のように見える！　そして人は、彼女たちから逃げたいという切迫した欲望を感じる。髪のない頭は醜く見える――が、それも一つの考えだ。薄い唇は美しいと思われているが、アフリカでは分厚い唇が好まれる。それをより分厚くするために、彼女たちは重いものを自分の唇にぶら下げる。少女は石を自分の唇にぶら下げるので、彼女たちの唇は非常に、非常に分厚くなる。あなたはこれを醜いと思うだろうが、これが彼女たちにとっての美しさだ。

美しさとは、醜さとは何だろう？――ただのマインドの概念に過ぎない。誰もまだ、現在まで美とは何かを定義できなかったし、誰も美とは何かを定義できるようにならないだろう――美とは、それに対するあなたの考えに他ならないからだ。あなたは美を創造して、それを美しいと信じることができる。その時それは美しい。あなたは醜いと信じることができる。するとそれは醜い。

ちょっと見守ってごらん。すると、自分のマインドが特定のものへ向けてあなたを条件付けているのがわかるだろう。それからあなたは、それらのものを捜し始める。そしてあなたは自分の夢の中で投影し、次第に目覚めている間に投影する。

あなたが三週間一人にされ、隔離されると、様々な夢を心に描き始める。これは現在の科学的な発見だ。あなたが洞窟に残され、すべてが供給されたとしても、誰とも話すことを許されなければ――食べ物は穴から来て、水は穴から来て、あなたは洞窟の中で快適に過ごして、三週間誰一人とも会わなければ――ちょうど四日後に、あなたは少し大声で話し始める。普通、あなたは内側で話し、しゃべり続ける。しかし四日間の隔離の後、あなたの唇は動き始める。最初の一週間の後、あなたは非常に大声で話し始める。何が起こっているのだろう？

そして二週目には、話すだけでなく、答え始めもする。あなたは存在していない他の人と話したりもする。三週目までに、あなたはほとんど狂っている。何が起こっているのだろう？　たった三週間という時間で何が起こるのだろう？　一人残されると、マインドは外側のすべてのものに飢える。それは気晴らしがないままではいられない。それはそれ自身の気晴らしを作り出し、イメージを見つけ、女性があなたのそばに座っていると思い始める。

最初あなたは「これは単なる遊びだ！」と笑うだろう。最初あなたは「私はそれが単に気晴らしを見つけるためであるのを知っている」と言う。しかしやがてあなたは完全に忘れ、女性は現実になって、あなたはその女性と性行為をし始めるかもしれない。あなたは喧嘩し、話し、口論し始めるかもしれない。今あなたは目を開けていて完全に目覚めているが、夢は現実になってしまった。隔離についてと、隔離の中で何が起こるかについての最新の研究は、非常に多くのことを明らかにしている。

あなたのマインドに、より多くの気づきをもたらしなさい。さもなければあなたは常に気が狂うようになり、発狂したりする寸前にいる。狂った人々と正気の人々の間に、大した違いはない。正気と狂気は程度の違いだけだ。あなたが正気なら、どんな瞬間にも狂気になり得る。銀行が破産する、または妻が死ぬ、あなたの娘が誰かと駆落ちする。ほんの少し押すだけであなたは気が狂う。

狂気はあなたの内側で煮えたぎっている。あなたはまさにその近くにいる。気づいていなさい。マインドこそがマーヤだ――マインドによって作られるものはすべて幻想的、「マーヤ的」、魔術的だ。マインドは魔術師であり、この魔術師を見守るならあなたは驚くだろう。それが、どんな美しいゲームやドラマを創造するのかを見守ることは素晴らしい。それを見守ると、やがて、それは沈静する。ある日、マインドは消える。身体はあり、魂はあるが、マインドは消える。

身体と魂だけがあってマインドが消えた時、あなたは光明を得る。

光明とは、魔術師の消滅という意味だ。

質問四

私は異なるエネルギー状態の動きの兆候を、テレパシー的な出来事を常に探しています。新たな白髪が生えることでもいいです。スピリチュアル物質主義、その通りです。でも、どうしたらいいでしょうか?

マインドは常に渇望している。マインドとは、何かが起こるのを渇望して要求すること以外の何でもない。時々、それはお金について考えている――より多くのお金を持つこと、より大きな家を持つこと、より高い社会的地位を持つこと、より強い政治的権力を持つことを。それからあなたはスピリチュアルなことへ転向する。マインドは同じままだ。今あなたは、より以上の霊能力(サイキック・パワー)を持つことを望んでいる——テレパシー、透視、そしてありとあらゆる馬鹿げたことを。しかしマインドは同じままだ——あなたはもっと望んでいる。そしてもっと望んでいるなら、あなたは病んだままだ。

健康は、この瞬間に満足することにある。健康はあなたが完全にこの瞬間にいて、幸福で祝福されている時にある。あなたがより多くを求めているなら、病気がある。

あなたは対象を変えることができる。それは非常に簡単だ。それが私たちがやり続けていることだ。小さな子供はおもちゃで遊び、私たちはこれらはおもちゃだと言う。彼らはもちろん、小さな車、おもちゃの車、おもちゃの列車やおもちゃの飛行機を持っている。しかし見てごらん。あなたの息子がおもちゃの飛行機を持っている時、彼は近所のみんなに見せるために外へ出る。他の少年たちに彼はこう言う。「僕が持っているものを見てくれ！　僕は飛行機を持っているんだぞ！」。彼はすごく気分がいい。

その後であなたは何をしているのだろう？　そのおもちゃは消えて、より大きなおもちゃが現われる。今、あなたが大きな車を持っているなら、誰でもそれに気づいてほしいと思う——でなければ何の意味があるだろう？　今あなたが飛行機を持っているなら、大きな飛行機を持っていることを誰でもわかるように、あなたはそれを宣伝したいと思う。

同じゲームは続いている……。

今はテレパシー、透視、霊能力だ。「あなたにこれができるのなら、私はこれ以上のことができる。私は、数千マイル離れた人々の考えを読むことができる」

ここに禅の話がある。あなたがそれに瞑想すれば役に立つだろう。

ある男が臨済導師のところに来た。その男は言った。

「私のマスターは、偉大な霊能者です。あなたのマスターについて、あなたはどう思いますか？あなたのマスターは何が、どんな奇跡ができますか？」

臨済は「お前のマスターはどんな奇跡をしているのだ？」と尋ねた。

弟子は言った。「ある日、彼は私に川の対岸に行くように言ったので、私は手に一片の紙を持ってそこに立ちました。川は非常に広く、ほぼ一マイルありました。彼は向こう岸に立っていて、そこで書き始めましたが、書かれたものは私の紙の上に現われました。これは私が自分自身で見たことで、私が証人です！　あなたのマスターは何ができますか？」

臨済は「私のマスターはそれより偉大な奇跡を行なう。こんなことは何でもない。空腹の時に彼は食べて、眠い時に彼は眠る」と言った。

その男は言った。「あなたは何を話しているのですか？　これらを奇跡と呼ぶのですか？　誰でもそうしていますよ！」

臨済は言った。「誰もそうしているのではない。あなたが眠る時は、千と一つの事をする。あなたが食べる時は千と一つの事を考える。私のマスターが眠る時、彼は単に眠る。寝返りを打つこともなく、向きを変えることもなく、夢を見ることさえない。彼は単に眠る、完全に眠っている。ただ睡眠だけがその瞬間に存在していて、他には何もない。そして彼が空腹を感じる時、彼は食べる。彼はどこであれ、彼がいるところに常にいる」

その男は困惑してしまった。彼は「そのことに何があるのか、まだわかりません」と言った。

臨済は「しかしこれが奇跡だ、最大の奇跡だ！」と言った。

一方の岸からもう一方の岸へ手紙を書くことに、何の意味があるだろう？　それはただ馬鹿げている。愚かな人々だけがそれに興味を持つ。何の意味があるのだ？

ある人がラーマクリシュナのところに行って、「私のマスターは偉大な人です。水の上を歩くことができます」と言った。

ラーマクリシュナはこう言った。「馬鹿馬鹿しい！　私は簡単に船頭のところに行くことができ、たった二パイサで彼は私を向こう岸に連れて行く。あなたのマスターは、その奇跡のために何年間練習しなければならなかったのだ？」

彼は「十八年です」と言った。

ラーマクリシュナは言った。「これはやりすぎだ。たった二パイサがその価値だ！　あなたのマスターは馬鹿だ。彼のところに行って、自分の生を浪費するべきでないことを気づかせなさい。それはとても簡単にすることができる」

そう、すべての奇跡はエゴ・トリップであり、これこそがラーマクリシュナが言っていることだ。真の宗教の人でいることは奇跡だが、彼の奇跡は非常に微妙だ。

ムラ・ナスルディンは先日私のところに来て、「OSHO、俺は百ヤード（約九十一メートル）を六秒で走ったぞ！」と彼は言った。

私は彼に言った。「ナスルディン、でもそれは不可能だ。世界記録は九秒以上かかっているのだ」

彼は「その通りだが、俺は近道を知っているのだ！」と言った。

まずあなたは奇跡に興味を持つようになり、それを行なう方法を知らない時、近道を見つけ、欺き始める。それからあなたは、人々を相手に手品を行ない始める。それがサイ・ババや他の人たちがしていることだ。彼らは近道を見つけた――単なる欺き、ごまかしだ。

しかし、これらの物事に感銘を受ける馬鹿な人々がいる。実際、愚か者だけが興味を持ち、これらの物事に感銘を受けることができる。そうでなければ、何の意味があるだろう？　それには意味はない。

生それ自体が奇跡だが、エゴにはそれを受け入れる用意がない。それは特別な何かを、誰もしていない何かを、並み外れた何かをしたいと思う。

夫は自分の大事な演説に出発する前に、鏡の前でめかし込んでいた。彼は政治家だった。「世界には偉大な人たちがどれだけいるのだろうか？」と彼は思いめぐらした。「あなたが思っているよりも一人少ないわよ」と彼の妻は言った。

常にそれを覚えておきなさい。世界には何人の偉大な人たちがいるのだろうかという考えが生じる時はいつでも、一人少ないことを常に覚えておきなさい。少なくともあなたは、その無意味なトリップに入るべきではない。

「私は異なるエネルギー状態の動きの兆候を、テレパシー的な出来事を常に探しています。新たな白髪が生えることでもいいです。スピリチュアル物質主義、その通りです。でも、どうしたらいいでしょうか？」

それは心霊主義（スピリチュアリズム）でも物質主義でもない。それは単なる愚かさだ。それを捨てなさい――なぜならこれ以上愚かに生きることは危険だからだ。人はそれに慣れる傾向がある。人はそれを習慣にする傾向がある。

何か愚かなことがあると感じる時はいつでも、すぐにそれを捨てなさい。毒のようにそれを落としなさい。それで遊び続けてはいけない。ほんの一瞬でもだめだ。なぜならその一瞬でさえ、致命的になるからだ。その一瞬で愚かさはあなたの血流に入り、あなたの一部になり、どこかに隠れ始めることができる。

一つのことを基準として覚えていなければならない。この瞬間がすべてだ。この瞬間に生きることができるなら、あなたにはすべてallnessがあり、次の瞬間を求めるなら、あなたは病気illnessになる。ただこの瞬間だけで充分だ。次の瞬間へのこの絶え間ない渇望は、微妙な不満になる。「この瞬間は充実していない、だからたぶん次の瞬間は……」——次を期待している。

私の提言は次の通りだ。それが何であっても、この瞬間を生きなさい。たとえそれが痛みを伴うものであっても、それを生きなさい。なぜならそれが存在する唯一の瞬間だからだ。次の瞬間は決してやって来ない。それを待ってはいけない。野心は常に待つ。エゴは常に待つ。

かつてムラ・ナスルディンは聴衆の中に座っていて、ある哀れな人が彼以外に誰もいなくなるまで、ダラダラとしゃべり続けるのを聞いていた。

「これはひどい、」と彼は空席を見渡して言った。「本当に何と言ったらいいかわからない」

「あなたはさようならと言ってもいいだろう」とムラは逆上して大声で叫んだ。

「とにかく、」と演説者は続けた。「あなたがいてくれてうれしいです」

「何がうれしいだ！」とムラは唸った。「俺は次の演説者だぞ！」

次の瞬間を待ち、待って、うんざりする。だが次の瞬間を待ち、待って、消耗し、疲れる。だが次の瞬間を待つ……死だけがやって来るだろう。次の瞬間は死だ。生はこの瞬間だ。

だから、古い欲望を新しい名前で隠そうとしてはいけない。それをテレパシーと呼んではいけない。それを透視と呼んではいけない。それを霊能力（スピリチュアル・パワー）と呼んではいけない。それは同じであり、それはエゴだ。霊性（スピリチュアリティ）は力について何も知らない。

スピリチュアリティは大きな安らぎだ。私はそれが無力だとは言っていない――だが、それは力について何も知らない。それは途方もなく力強いが、その中に力強さを感じる者は誰もいない。エゴは消えた。あなたはいなくなった。永久にいなくなった。神だけがいる。もちろん、神は力強い。ユダヤ人は神を「エロヒム Elohim」と呼ぶ。それは語源の「エル el」から派生している。その同じ語源から、イスラム教徒の言葉「アラー Allah」が来る。それは力の源を、力強さを意味している。アラーは力強さを意味する。エロヒムは力強さを意味する。

神は力強い。あなたがいない時、神はそこにいる。しかし力を主張する者は誰もいない。スピリチュアルな人は力強いが、それを主張する者は誰もいない。主張する者が去る時、その時だけ力は生じる。それらは決して出会わない。

だからあなたのスピリチュアルな欲望について、すべて忘れなさい。あなたはただ、その瞬間にいる——それがスピリチュアルでいると私が呼ぶものだ。

質問五

OSHO、あなたがチャンツー・オーディトリアムに座って私のことを話している間、私は蒸し風呂の中で座って、あなたのことを私の弟子に話しています。私がしなければならないことはすべて、バグワン・シュリ・ラジニーシという名前に言及することで、そうすると誰もが突然爆笑します。ムラ・ナスルディン。

それは本当だ。私はムラ・ナスルディンに比べたら何者でもない。彼は偉大な語り手だ。彼は名前に言及するだけで充分な方法で、話すことができる。

一つの逸話を話してみよう。

大きくて親しみやすい刑務所が、新しい監視員を雇った。老監視員は、職務の最終日に新しい監視員を囚人たちに紹介し、自らの告別の辞を告げた。締めくくりに彼は「小さな逸話、第二十八番」と言った。囚人の群衆は、突然馬鹿笑いをして拍手喝采を送り、老監視員は引き下がった。

その後、議事録を聞いていた新しい監視員は、老監視員に彼の最後の発言について尋ねた。とりわけ、なぜ第二十八番への言及がそんなに大笑いを誘うようなものなのか、と。

「そうだね、いいかな、」と老監視員は言った。「これらの人たちはとても長い間ここにいて、何度も私のジョークを聞いてきたので、彼らに話全体を話す代わりに、私はただその番号を言うのだ。その人たちはその話を覚えていて、それに応じて笑うのだよ」

「すごいですね、」と新人は言った。「ぜひ私のために、それらをすべて書き留めてほしいです。そして私は明日、私の話の始まりにそれを使うつもりです」

次の日、新人は囚人たちに対して最初の演説をした。彼は少し緊張していたので、ジョークがいいだろうと決めた。

「終わりに、」と彼は言った。「小さな逸話、第十五番」

静寂が群衆を包み込んだ。監視員はより神経質になって、微笑んで、演壇から降りた。

その後、彼はすべてがうまくいったかどうかを、見守っていた老監視員に尋ねた。

「どうしたのでしょうか？　昨日、彼らはあなたの話を気に入っていたようでした。今日、私は面目を失いました」

「察するに、」と老監視員は言った。

「ある人々は物語を伝えることができて、ある人々はできないのだろう」

ムラ・ナスルディンは素晴らしい。彼に匹敵する者はいない。彼は単に名前に言及するだけで、物語を伝えることができる。方法、身振り、彼の存在全体が、とても楽しい状況を引き起こすかもしれない。

ムラ・ナスルディンについて、語られていることがある。

彼が小学生だった頃、校長は彼をいまいましく思っていた——なぜなら彼が学校に行く時はいつでも、彼が物語を、小さな物語を話し始めたからだ。そして子供たちは、くすくす笑ったり声を立てて笑って、それは大変な騒ぎだった。先生たちはみんな非常に困った。

ある日校長は、何が起こっているのかを見に行った。そこにあったのは……ムラ・ナスルディンはクラスで何かを話していた——彼はスターだった——そしてクラス全体は騒がしく笑っていた。

校長はムラ・ナスルディンを呪った。

「いまいましい。どこで君の名前が口にされても、人々はただ君の名前を聞くだけで笑い始める。そして誰かが君について一つの物語を話すなら、少なくとも七つの物語がすぐに話される——ある人はもう一つの話をするし、他の誰かは別の話をする」

そしてこれが続いている。呪いは作用している。

一度ムラ・ナスルディンは、ある会議に行った。もちろん、彼は彼らが自分を受け入れることを望んでいたが、会議は既に始まっていた。偉大なタムールラインが椅子に座っていた。彼は議長だった。誰もムラ・ナスルディンには注意を払わなかった。彼は人々が靴を脱いだ所に座った。だが彼はジョークを言い始め、やがて、人々は振り返った。人々はみんなナスルディンの方を向いて、タムールラインには背中を向けた。

彼は非常に怒って言った。「ナスルディン、こんなことは止めろ！」

彼は言った。「私にはできません――なぜなら私がどこにいようとも、私が議長だからです。私がどこに座っても違いはありません」

彼は蒸し風呂で私の話をしているかもしれない。当然、そうに違いない。私は彼に非常に敬意を払う。彼は私に敬意を払わなければならない。

第九章

旅のための備え

Provisions for the Journey

ブッダは言った。
ブッダたちの教義を学ぶ者は、
彼らによって教えられたことすべてを信じて、観察するのがよいだろう。
それは蜜のようなものだ。それは内で甘く、外で甘く、ずっと甘い。ブッダの教えもそうだ。

おお僧侶たちよ、車輪に縛り付けられた牛のように道を歩いてはならない。
彼の身体は動くが、心(ハート)にその気はない。
しかし、あなたの心(ハート)が道と一致している時、あなたの外見的な態度を心配する必要はない。

道を実践する者は、重い荷物を運んで、深いぬかるみを進む牛によく例えられるかもしれない。
彼は疲れているが、彼の前方を見すえた凝視は、
ぬかるみから抜け出るまでは決してくつろがず、ひと休みをするのはそれからだ。
おお僧侶たちよ、熱情と罪は不潔なぬかるみを凌ぐものであり、道について真剣に、
そして着実に考えることによってのみ、惨めさから逃れられることを覚えておきなさい。

探求者は一人で巡礼に行かなければならない。さもなければ不可能だ。それは物事の本質にかなっていない。真実はあなたの外側にあるものではない。そうでなければ、あなたは仲間と一緒に行くことができた。それはあなたの内側にある。真実は客観的なものではないので、それは集合的ではあり得ない。それは主観的だ。真実は主観的であり、それはあなたの最も深い奥にある核だ。あなただけが、あなただけがそれに侵入することができる。他の誰も、あなたと一緒に行くことはできない。その道は、とてつもない孤独の中で旅をしなければならない。そしてマスターはそれを知っている――彼はあなたが一人にされる旅へあなたを押し進めている、ということを。

特に、ブッダは非常によくそれに気づいている。彼はそれに対して一語も発しなかった。彼は「私はあなたを究極へ導くことができる」と言ったことはない。あなたは一人で行かなければならない。旅は、道を示す案内人もなく、地図もなく、完全に案内なしで行くことになる。

そうなるともちろん、そのための準備をしなければならない。あなたはすべての緊急事態に、途上でのすべての災難に、あなたが道に迷うすべての可能性に備えなければならない。旅のための備えをしなければならない。

ブッダはこれらの備えを、波羅蜜多（パーラミータ）PARMITASと呼んだ。その言葉は美しい。パーラミータとは、あなたを彼方に導くことができるもの、彼岸のための備え、という意味だ。その旅は一人で行くことになる。此の岸を去る瞬間、あなたは荒れた大海に一人取り残される。そしてあなたは海と戦わなければならないし、絶対に自力で道を見つけなければならない。以前集めてきた知識は、何の助けにもならない。なぜなら、それぞれの人が自分のやり方で真実に至るからだ。真実を認識することは、完全に独自で個人的だ。同じ方法で真実を知った人は二人といない。なぜなら、どの二人も決して同じではないからだ。彼らは異なる。彼らの視野は異なり、彼らの物の見方は異なり、彼らの解釈は異なり、彼らの表現は異なる。だからあなたが真実に関して集めたものはすべて、あまりあなたの役には立たない。それどころか、それはあなたを妨げるかもしれない。だがそれは、あなたを助けることはできない。それは障害になり得る。

だからブッダは、知識を持ち運んではいけない、と言う。では、人は何を持っていなければならないのだろう？　旅が一人で行くことになるなら、影のようにあなたについて行くことができるパーラミータという資質を、生み出さなければならない。これらの十のパーラミータは、非常に深く理解されなければならない。

最初のパーラミータは、ダーナDANA（布施波羅蜜‐檀那）——寛大さ、分かち合いだ。普通のマインドはけちん坊だ。それは保持しようと、所有しようとする。マインドは寛大ではない。そしてこのマインドで進むなら、あなたは道に迷う——なぜならけちん坊のマインドは、非常に閉じたマインドだからだ。けちであることは一種の閉じこもりだ。あなたは世界に向けて開かれておらず、窓と扉を通して外からより多くの光を取り入れようとせず、自分の窓を通して外から新しいそよ風を取り入れようとしない——なぜなら、内側で捕まえているものが逃げるかもしれないと、絶えず恐れているからだ。

ムラ・ナスルディンは市の治安判事の法廷に立ち、こう言った。

「さて、それはあまりにも酷すぎますし、もうこれ以上耐えられません。私たちの住む部屋は小さくて、たった一部屋しかありません。私はそこに住み、妻もそこに住み、十二人の子供たちも住んでいて、私の妻は妄想に取りつかれています。彼女は部屋に二、三匹のヤギを飼っていて、犬もそこで眠ります。その部屋は醜悪で、とても汚れていて臭いです！　私はこれ以上暮らすことができません。そこで私は、別居を要求するために来たのです」

治安判事は「しかし、君の部屋には窓はないのか？　窓を開けられないのか？」と言った。

彼は「何ですと！　私の鳩を外に出すのですか？」と言った。

何かを持つと、あなたは窓を開けることができず、扉を開けることができない。あなたは恐れる。そしてマインドの窓を開けないと、あなたは苦境に陥る——なぜならあなたが一人で海にいて波と戦っている時、閉じたマインドは盲目のマインドになるからだ。そこではすべて開いていることが必要になる。なぜなら、開いていることでのみ、物事への反応は正しくあることができるからだ。

だからブッダは、ダーナ、寛大さ、分かち合いを学ぶことだ、と言う。

あなたがこの岸（此岸）にいる間は、可能な限り多く分かち合うことを学びなさい。分かち合わねばならないものは、何でも分かち合いなさい。なぜなら、何ものも本当はあなたのものではないからだ。あなたの所有は罪になる。何であれ、あなたが所有しているものや自分は所有していると主張することは、全体に対する罪だ。あなたはせいぜい使うことはできるが、所有を主張することはできない。物は、あなたがここにいなかった時でも存在していた。物はあなたが去って完全に忘れ去られても、ここにあるだろう。誰が所有者なのだ？　私たちは、手ぶら open-handed でやって来ては手ぶらで去る。

だからあなたが世界にいる間は、拳のようになってはいけない。手を開いた open-handed ままでいなさい。手を開いた人は、マインドを開いた人でもある。実際に、手はマインドの延長部分に他ならない。

マインドの右側は左手と繋がっていて、マインドの左側は右手と繋がっている。右手を動かす時、あなたのマインドは動き、左手を動かす時はマインドの反対側が動く。あなたの手が閉じた拳のような時、あなたのマインドも拳のように閉じられる。そう、この「手ぶら open-handed」という表現は美しい。手を開いた人は、マインドも開いている。

そこでブッダはこう言う。あなたを彼方へと連れて行ける質である最初のパーラミータは、分かち合うことだ。彼は何を分かち合うべきかについては、言及していない。何を分かち合うかは重要ではないからだ。あなたが歌またはダンスを分かち合おうと、愛を分かち合おうと、あなたの体験やあなたの瞑想、お金や家、衣服や身体を分かち合おうと、それは要点ではない。だが、分かち合うことは不可欠になるべきだ。

普通は蓄えることが不可欠だ。蓄える者は此岸にしがみついたままでいる。彼は彼岸に行くことができない——なぜなら蓄える者は、そもそもこの岸を離れられないからだ。彼の蓄えは、すべてこの岸に属している。その要点を見なさい。誰かが「来なさい。もっと大きな家がある」と言うが、あなたはこう言う。

「まずは、この家に隠しておいた宝物を運ばないといけない。いますぐ行くことはできない。私にはこの家と多くの深い関係がある。生涯の貯金がここにある。それを持ち出さねばならない。そうすれば行くことができる」

しかし彼岸は、この岸から何も持って行けないようなところだ。

これは美しい逆説だ。この岸から何も持って行くことはできないが、もしあなたが充分に分かち合っているなら、そしてこの岸で持っているすべてを分かち合うなら、あなたは分かち合うマインドを持って行くことができる。家を持って行くことはできないし、お金を持って行くことはできないが、あなたの愛を、思いやりを持って行くことはできる。そしてその思いやりは助けになる。

ブッダはこう言う——あなたのハートに愛と思いやりがあるなら、存在も同じように振る舞う。存在は常にあなたを反映している。あなたが分かち合うなら、存在はあなたと分かち合う。あなたが蓄えているなら、それはあなたが存在に反しているという意味だ。蓄える者は逆らっている。彼は恐れていて、信頼していない──「明日何が起こるのか、誰にわかるだろう？」。彼は存在を信頼せず、自分の銀行預金残高を信頼している。彼の信頼は、彼が作ったものに、彼が蓄積したものにある。彼は広大なものを、無限なものを信じていない。

ブッダはこう言う。あなたが信頼するなら、存在も同じように反応する。存在は鏡だ……それはあなたに反響する。あなたが蓄える者として行くなら、困難に遭う。なぜなら海の波の中や無限の旅で、あらゆるところで敵を見るからだ。千と一つの問題が生じて、あなたは途方に暮れる。案内人もガイドブックもない。そしてあなたは一人で、完全に裸で一人でいて、あなた自身の蓄えたものもなく、安全も保険もない。あなたにとって進むことは難しくなる。

ブッダは言う。あなたは自分が持っているものをすべて処分した時にだけ、行くことができる。今、二つの方法で処分できる。あなたは、彼岸で所有できるようにするための手段としてなら処分できる。しかしそれは本当の処分ではなく、またもや単なるマインドの策略だ。それが多くの仏教僧侶、ジャイナ教僧侶、カトリック教徒、そして他の人たちがしていることだ。彼らは放棄する用意ができているが、彼らの放棄は計算から生まれたものだ。それは愛から生まれたものではなく打算から生まれたものだ。彼らはこう計算する──此の岸で何も取っておけないのなら、それを放棄して、なぜ彼岸で、他の世界で何かを蓄えないのだ？　お金は取っておくことはできない、それは無くなる。ではなぜ徳を所有しないのだ？

しかし、所有していることは同じままだ。

ブッダは言う。非所有的でいなさい。此岸でも彼岸でも所有しないでいなさい。常に分かち合いなさい。

だからそこには非常に明確な教えがある。ブッダは弟子たちに、あなたが瞑想する時、そしてあなたの存在にある美しい空間に来る時、すぐにそれを分かち合いなさい、と言った。誰もいなければ、ただ目を閉じて、存在全体にその祝福を降り注ぎなさい。だが、その所有者になってはいけない――瞑想に関してさえ、知恵に関してさえ……。所有者になってはいけない。

美しい逸話がある。

ある若者がブッダのところに来た。彼はブッダの存在に惹かれた。やがて、彼は瞑想し始めた。しかし一つ問題があった。ある日彼はやって来て、こう言った。

「一つだけ問題があります。その問題は……瞑想が開花する時、全世界にすべての香りを放たなければならない、とあなたは言います。ただ一つの例外を除いて、私はそれができます。私は、隣人にそれを降り注ぐことができません。世界全体にはできますが、ただ私の隣人にはそれを降り注がなくていいという許可を頂きたいのです」

ブッダは笑ってこう言った。

「愚か者、それが肝心な事だ！　あなたが宇宙全体にそれを降り注ぐことができるのは、あなたが宇宙全体に無関心だからだ。隣人にそれを降り注ぐことができないのは、あなたが敵意を持っているからだ。愛は敵意を知らない。まず、あなたの隣人に降り注ぎなさい。その時だけ宇宙はそれを受け取る。他に方法はない。まずあなたの敵に降り注ぎなさい。まずあなたの敵の友になりなさい。それで宇宙全体はあなたの友になる」

それが、イエスがあなたの敵を愛しなさいと言う時の意味だ。汝自身のように汝の敵を愛しなさい。イエスも、汝自身のように汝の隣人を愛しなさい、と言う。たぶん、ほとんどの場合、敵と隣人は同じ人だ。彼らは違う人々ではなく、隣人と敵はたいてい同じ人だ――なぜならあなたから非常に遠く離れている人が、あなたの敵ではあり得ないからだ。あなたの敵であるためには、その人はあなたの非常に近くにいなければならない。敵であるためには、その人はまさにあなたの存在の境界線上にいなければならず、あなたの隣人でなければならない。それで彼はあなたを苦しめ、彼の存在自体が不安になり、それから彼は干渉し、彼の存在自体が容認できなくなる。

ブッダは言う――あなたの瞑想を降り注ぎなさい。そうしなければ、あなたは取り逃がしたことになる。さて、これは非常に新しい教えだ――パタンジャリはそうは言わなかった――これは非常に新しい洞察だ。ブッダは言う――あなたが瞑想的な状態に達したら、すぐにそれを降り注ぎなさい。それを降り注がないなら、あなたは自分が達したと思う空間に達していない。その時あなたは欺瞞の中に、幻想の中にいる――なぜなら瞑想状態は、その性質上、分かち合いだからだ。もし分かち合えないなら、あなたはどこか欺瞞の中にいるに違いない。それならその状態は偽りだ。それならその空間は本物ではない。本物の瞑想的な空間は、その性質上、分かち合うことを望んでいる。あなたの瞑想が思いやりにならなければ、どこかが、何かが間違っている。

これが彼の最初のパーラミータであり、彼岸まで乗って行くことができる質だ。

しかし普通、私たちは非常にしがみつき、恐れて生きている。私たちの愛着は、人に対してよりも物に対して大きい。そして私たちの人への愛着も、非常に自己に動機づけられている。その中に思いやりはない。

とても多くの人々が私のところに来て、「私はこの女性を、またはこの男性を愛しています」と言う。そこで私は彼らをよく見てみると、私は彼らが自分自身だけを愛しているのがわかる。誰も他の誰かを愛しているようには見えない――そのためにとても多くの問題がある。あなたが本当に、女性または男性を愛していれば、愛で充分だ。それから生じる問題はない。愛はどんな問題も知らない。もし問題が生じるなら、その愛はどこか真実ではないことを、または、ただ愛のふりをしている他の何かであることを単に示している。誰もが他人を利用しようとしている。それは分かち合いではない。あなたは他人を手段として利用している。遅かれ早かれ、他人もそれを――彼または彼女が商品として使われていることを――感じ始める。その時、反抗、反発、復讐、対立がある。

あなたが「恋人」と呼ぶ人々は、絶えずお互いを支配しようとしている。私たちは物を所有し、人々を所有する。そしてこの競争で、この所有のための狂った競争で、私たちは自己を失う。人は自分の所有物の中に自らを失う。本当に自分が誰なのかを知りたければ、あなたは自分の所有物から少し自由にならなければならない。

ラビとカトリックの司祭は、別々の舟でいくらか間隔を空けて釣りをしていた。司祭の釣り糸に当たりがあったが、彼は緊張のあまり舟から落ちてしまった。彼が二回沈んで二回目に浮かび上がった時、ラビは漕ぎつけて大声で呼んだ。

「神父さん、もしまた浮かび上がらないなら、あなたの舟をいただけますか?」

私たちはそんなに直接的ではないかもしれないが、これが私たちのあり様だ。ただ待っている――どうしたら、もっと所有できるだろうか? ただ待っている――どうしたら私たちの領域をもう少し大きくできるだろうか? たとえ他人がそのために苦しむとしても、彼らがそのために死ななければならないとしても、私たちは世界全体を犠牲にする準備ができている。何のために?――彼岸に持ち運ぶことができないもののために。死はやって来て、あなたのすべての取り決めを打ち砕く。

ブッダは言った――死があなたから物事を奪う前に、それらを分かち合いなさい。少なくとも、人々の心にはあなたへの感謝の気持ちが残るし、少なくともあなたを覚えているだろう。死は、あなたの追憶を完全に消し去ることはできない。そして分かち合うことによって、あなたは開くようになる。分かち合うことによって、あなたはより信頼するようになる――そして信頼は彼岸への舟になる。人々を信頼しなさい。なぜなら人々とは宇宙が顕現したものに、宇宙の魂が顕現したものに他ならないからだ。

あなたが誰かと分かち合う時、実際には神と分かち合っている――なぜなら、誰もが神が顕現したものだからだ。あなたが木に水を注いで木が幸せになる時、そして葉が喜んでいるように見えて、木がそよ風に揺れて踊り始める時、あなたが水を注いだのは神だ。神は木の中で喉が渇いていて、あなたは水を注いだ。そして神は幸せでいる。

何であれあなたが人々に、木に、動物に対してすることは、存在にもしていることになる。そしてもちろん、存在は千倍にして返す。あなたが全く一人でいて誰もあなたと一緒にいなくて、周りに存在だけがある時、それはあなたに報いる。これが最初のパーラミータだ、とブッダは言う。

オスカー・ムスコヴィッツとシドニー・マーゴリスは、婦人服の取引用に造花を輸入するという小さな商売をしていた。概ね、それは彼らに利益をもたらしたが、米国政府に税金を支払うことはめったになかった。しかし国税庁の職員たちが、すべての人たちにそうするように、彼らの工場に来た。シドニーが買付旅行中だったので、最初の職員は担当のオスカーを見つけると、訪問の目的を説明しようとした。

「オスカーさん、あなた方は商売をしているのに、政府への報告を怠っています」

オスカーは顔色を変えて、「報告？　何の報告ですか？　何を報告すべきなのですか？」と聞いた。

「よろしいですか、」と職員は答えた。「まず第一に、私たちはあなたの扶養家族、すなわち、あなたの家族控除について知りたいと思います」

オスカーは一人目の扶養家族である妻ハリエットについてのすべてを、そして彼女が最近、彼に与えていたすべての面倒事や苛立たせるものについて、彼らに話し始めた。それから彼は息子の事を取り上げ、どのようにしてフレディが恋人を困らせたか、そしてその場面に続いて起こる問題についてとても詳しく述べた。そして三人目の扶養家族である娘マージョリーについても、良い女の子だが美しくなく、どれだけ多くのお金が彼女にかかったか、などを――。

最後に、オスカーの私生活の詳細を可能な限り職員が聞き入れた後、彼は言った。

「オスカーさん、ちょっとそれをみんな忘れて、仕事そのものに専念しましょう」

オスカーは「具体的に、どんなことだ？」と返答した。

「あなたがどれだけのビジネスをしているか、資産の価値はどれだけか、どれくらい利益を得たか、などです……」

「何だと！」とオスカーはヒステリックに叫んだ。

「頭がおかしいのか？　私はそれを自分の側近にさえ言わないのだぞ！」

あなたと非常に親密な人々に対しても、あなたは与えない。あなたを愛している人々に対しても、あなたは与えない。あなたは父親、母親、妻、子供たちにも与えない。あなたは全く与えない。あなたは与えるという言語を知らない。あなたは一つの言語しか知らない。それは、どうやってより多く得るか、どうやって他のみんなからより多く得るか、だ。あなたは一つの考え方だけを知っていて、それは得るという考えだ。

ブッダは言う――与えるという考えを学びなさい。与える方法を学びなさい。そうすればあなたは開花するだろう。その開花は、その香りはあなたの後をついて行く。それは無限の巡礼における一つの仲間になるだろう。

二番目は、シーラ SHILA（持戒波羅蜜‐尸羅（しら））だ。

シーラは規律を意味している。シーラは生きる中での優美さを意味している。仏教徒は多くの点でシーラを誤解している。彼らは、シーラが厳格な性質を意味していると考える。それはそんな意味ではない。その言葉は、優美な生、優美さを持つ生、優雅さを意味している。ではどんな生が優美さを持てるだろう？――ただ、思いやりの、愛の、感謝の生、責任ある生、他の人たちを気遣う生だけだ。今、あなたは非暴力的かもしれないが、あなたの非暴力が優美である必要はない。私はとても多くのジャイナ教の僧侶たちを見てきた。彼らは暴力的ではないが、全く優美ではない。美しさは失われている。そして果実は木の証だ……それ以外の証はない。彼らが非暴力的であれば、そこには途方もない美しさが現われただろう。彼らの目はそれを示し、彼らの雰囲気そのものがそれを示す。彼らの周りには、絶え間ない無音の音楽があるだろう——だがそれはそこにはない。すべては鈍くて死んでいるようだ。彼らは非暴力的だが、彼らの非暴力は優美ではない。それは自発的に起こったのではなく、強制されている。彼らの非暴力の中には、暴力的な要素がある。それは暴力的に強制されている。彼らは非暴力的になろうと一生懸命試みた。彼らはどうにかしてうまく非暴力的になれたが、その非暴力は自然な開花のようなものではない。それは栽培されている。

ブッダのシーラ shila という言葉は非常に美しい。それは優美さを意味している。

静寂には二つのタイプがあり得る。あなたはヨーガの技法に従って自分自身を強制でき、一定の姿勢を学ぶことができる。やがて、あなたは自分の身体を無理やりその姿勢にできるようになる。最初それは心地良くないが、次第に身体は順応していく。身体にはどんな状況にも順応するという、凄まじい能力がある。それからあなたは、動かずに座ることを身体に強制できる。それを行ない続けるなら、やがて、数ヶ月後にあなたはブッダの彫像のようになるだろう。しかしそれは暴力的であり、その中には優美さがない。心の底ではあなたは煮えたぎっていて、底深いところには地獄の火がある。内面ではあなたは変わらなかった。ただ身体を変えるだけで、あなたは変わることができるものだろうか？　真の現象は全く反対でなければならない。内側が変わらなければならない。

その時、外側のものが後に続く。それからそれは優美さを持つ。

それは外面を強制するという問題ではない。なぜなら周辺を強制しても、中心は全く影響を受けないからだ。あなたは静かにしていられる。それはあなたが静かであるという意味にはならない。だがあなたが静かなら、それは確かに、あなたは静かにしていられるという意味を持つ。この違いは理解されなければならない。これは人の宗教的な生において、最も重要な区別の一つだ。道は外から内へではなく、内から外へだ。外側から物事を強制してはいけない。そして、身体と外側の態度を変えれば内側の性質を変えることができる、と考えてはいけない。いや、それはそのようには起こらない。内側を変えなさい。すると外側は後に続く。その時、優美さがある。

そしてブッダは言う——二番目のパーラミータは生きる中での優美さであり、理解から生じた規律だ。

「規律 discipline」という言葉は意味深い。それは「弟子 disciple」と同じ語源から派生している。それは学ぶ準備ができていることを意味している。「弟子」の意味は、学ぶ準備ができている人であり、学ぶために自分を完全に開いている人だ。学ぶために自分を開いている時、その人は非常に気づいているという意味になる。学ぶことは、気づいている時にだけ可能だからだ。気づいていない時は、何も学ぶことができない。気づいている人々は、あらゆるところで、どんなところでも、学ぶことができる。

つい先日、私はスーフィーの神秘家シブリについて読んでいた。シブリは「誰があなたを道に案内したのですか？　あなたの最初のマスターは誰でしたか？」と尋ねられた。質問者が驚いたのは、シブリがこう言ったからだ。

「犬だ。ある日私は、彼が水際のそばに立っていて、渇きでほとんど死にそうにしているのを見た。彼は水に映る自分の姿を見るたびに、脅えて引き下がっていた。彼はそれが別の犬だと思ったからだ。最後に必要にせまられて、恐怖を捨て去って水の中に飛び込んだ。その時点で別の犬は消滅した。犬は彼自身であった障害が、彼自身と彼が求めていたものとの間にある障壁が消え去ったことに気づいた。これと同じように、私が自分自身だと思っていたものは単なる反映であり、現実ではなかったことを知った時、私自身の障害は消滅した。そして私の道は、犬の振る舞いによって最初に示された。彼は私の最初のマスターだった」

理解のある人は、あらゆるところから学ぶ。理解のある人は学んで弟子 disciple になる。規律 discipline が生じる。

そしてブッダは言う。あなたが規律を、学んで受け入れる能力を、つまり気づきを持っていない限り、彼岸に行くことはできない。知識は役に立たないが、学ぶ能力は役に立つ。その違いは明白だ。知識は借りられるが、学ぶ能力はあなたの中に生じなければならない。それはあなたの能力だ。

あなたは学ぶ能力を借りることはできない。知識を借りることはできる。知識は安っぽい。学ぶ能力は、あなたの存在の大きな変容を意味している。あなたはエゴを落とさなければならないし、蓄積することを落とさなければならない。知識は蓄積できる、情報は蓄積できる。学ぶことは蓄積ではない。あなたは学ぶことを蓄積しない。ただ学び続けるだけだ。そこから宝は生まれない。

それはちょうど鏡のようなものだ。何かがその前に来て、鏡はそれを映し出す。物が動いた時、それは静かなままだ――再び映し、再び単純で、無垢になる。それは集めない。あなたは鏡に「何人の人々があなたを覗き込んだのだ？」と尋ねることはできない。彼は集めない。彼はただの鏡だ……彼は映す。学ぶことは鏡のようなもので、知識は写真版のようなものだ。それも映すが、ただ一回だけだ。その時それは映したものに捕えられ、それは破壊される。

ブッダは言う――シーラが二番目のパーラミータだ。

三番目はシャンティ SHANTI（忍辱波羅蜜‐羼提（せんだい））だ。シャンティは忍耐を意味している。もちろん旅は広大で、急ぐことはできない。急ぐなら、あなたは決して彼岸に移動できない。旅は永遠だ。大変な忍耐が必要で、無限の忍耐が必要だ。ニルヴァーナは即席のものではあり得ない。

時々人々が、非常に愚かな人々がやって来て、彼らはこう言う。

「私には三日しか時間がありません。瞑想は可能ですか？」

彼らは自分が何を尋ねているのかわかっていない。三つの生でさえ充分ではない。そしてあなたがそのように急いでいる時は、三百の生でさえ充分ではないだろう——そのように急ぐことで、あなたのマインドは非常に緊張するからだ。速度を落としなさい。ほんの少しくつろぎなさい。せっかちでいてはいけない——それならそれは可能だ。たぶんそれは、三日で起こるかもしれない。その意味がわかるだろうか？　要点を見ようとしてごらん。それは三日で起こり得る。それは三秒で起こり得る。それはほんの一瞬で起こるかもしれない——だがその時あなたには、海のような忍耐が必要だ。それがどれだけの時間を要するかは、あなたがどれくらいの忍耐を持っているかによって決まる。あなたに忍耐があればあるほど、時間の必要性は少なくなる。忍耐がなければないほど、時間の必要性は多くなる。本当にそれを望むなら、せっかちさをすべて落としなさい。それがいつ起こるかについて、すべて忘れなさい。単にその瞬間を楽しみなさい。瞬間を楽しむことで、全くその中に在ることで、ある日突然それはそこにある。実のところ、それは決してあなたから去ったことがない。それは常にそこにあった。しかしあなたは非常に急いでいたので、それを見ることができなかった。あなたが部屋で静かに座ってくつろぐ日、突然あなたはその存在に気づく。それはそこにあり、部屋全体はそれで満ちている。世界全体は神に満ちている。そうだ、あらゆる茂みは燃えている。

ユダヤ人にはシナイ山に行くモーセについての美しい話があり、そこでモーセは緑の茂みが燃えているのを見た。彼は困惑して、信じられなかった——なぜなら茂みは燃えていないのに、火がそこにあったからだ。その時、神が彼に話した。

「恐れるな、モーセ。私はお前の神、主だ。この火は私の火だ」

そしてもちろん、神の火が茂みを燃やすことなどできるだろうか？　茂みは神の火でもある。モーセは山で一つの茂みが燃えているのを見た。そして私はあなたに言いたい、すべての茂みは燃えている、と。シナイ山に行く必要はない。ちょっとこの庭を見てごらん――すべての茂みが神によって燃えている。それはすべての草木が神の火であり、すべての生が神の火であり、それぞれの呼吸が神の火だからだ。

忍耐……突然、あなたは神が存在しているのを感じ始める。せっかちさ、あなたは狂ったように急いでいる。そんなに慌てていては、見ることができない。それはほとんど、美しいカメラを持って、走り回りながら何枚かの写真を撮ろうとしていて、急いで走り続けるようなものだ。どうなるだろう？――どんな写真もなく、少しの壊れた感光板しかないかもしれない。すべてのフィルムはただ混沌としている。写真を撮っている時、あなたはカメラを完全に静かに固定しなければならない。それは揺らすべきではない。そうすれば、はっきりした写真がそれから現れる。

あなたがどこにも急いでいなくて、あなたの内なる存在が全く静かで、ここと今にある時、神が映し出される。その時すべての混沌は消えて、すべての疑問は消える。ブッダは言う――忍耐であるシャンティが、三番目のパーラミータだ。

四番目はヴィディヤVIDYA（精進波羅蜜‐毘梨耶（びりや））だ。ヴィディヤには多くの意味がある。それはエネルギーを意味し、勇気を意味する。確かに勇気は必要であり、確かにエネルギーは必要だ。人は自分の生エネルギーが不要に浪費されるべきではないことに、絶えず気づいていなければならない。漏れがあってはいけない。私たちは漏れている。私たちは決してエネルギーの貯蔵所ではない。無限のエネルギーがあなたに与えられているが、あなたは漏れている容器だ。あなたはあらゆる方法でエネルギーを浪費し、決して静かに座らない。

ブッダは自分の瞑想をザンZANと呼んでいた。ザンはサンスクリット語のディヤーナDHYANAを表すパーリ語の用語だ。ザンZANから、中国語のチャンCHANと日本語の禅ZENが生じた。日本で禅は最高潮に達した。ブッダが種として植えたものは日本で開花し、その頂点に達した。ブッダが始めたものは最終段階を迎えた。ブッダが達成した時にしていたことだ。そして禅の人々は言う——瞑想とはただ静かに座って何もしないことだ。何もしないこと——それがブッダが達成した時にしていたことだ。それが彼が菩提樹の下に座ってしていたことだ。彼は何をしていたのだろう？——何もしていなかった。彼はただとても静かに座っていたので、エネルギーの漏れはなかった。そのエネルギーは、ますます高く上昇し始めた——そのエネルギーは頂点に達していた。それからエネルギーは勢いよく流れて、七番目のチャクラであるサハスラーラSAHASRARに触れた。それは究極なるものに達した。突然、花が咲き、ブッダは蓮の花になった。

あなたは同じエネルギーを持っているが、それを投げ捨て続けている。あなたがエネルギーを持つ時はいつでも、それを捨てたいという大きな欲望があなたの中に生じる。あなたはそれを「性的衝動」と呼ぶかもしれないし、または何か別の名で呼ぶかもしれない。それは大した違いではない。しかし、あなたにエネルギーがある時はいつでも、自分を解放したいという大きな欲望が生じる。

西洋ではセックスは解放とみなされている。東洋では、私たちは全く異なる見方で性的エネルギーを捉えている。それを解放する必要はない、それはあなたのエネルギーだ。それを解放し続けるから、あなたは空虚なままでいる。時にはそれが集まるのを許せば、それが単にあなたの内側に集まるようにさせるなら、圧倒的な量が質的に変化する時点に来る。集まったエネルギーはますます高く上昇し、その高度はますます高くなり続けて、あなたは自分の存在のより高い所に触れる。エネルギーがあなたの存在の最高点に触れる時が来る。それこそがサマーディだ。

そしてブッダは言う――ヴィディヤは四番目のパーラミータだ。人はエネルギーを消散させない方法を学ぶべきだ。覚えておきなさい。彼はけちん坊になるようにと言っているのではない――なぜなら彼はあなたに、決してけちになるべきではない、という最初のパーラミータを与えたからだ。彼が「エネルギーを集めなさい」と言う時、彼はどんなけちな状態もあなたに教えてはいない。彼は単に知恵を教えているだけだ。彼はそれがどのように自分に起こったのかを知っている。

あなたが持っているものは、何でも分かち合いなさい。だが漏らしてはいけない。漏らすことは分かち合うことではない。だから私が見るところでは、二人はお互いに愛し合うことができるが、それでも分かち合いはないのだ。両者とも漏れていた。彼らは漏らすための助けとして相手を利用する。それがすべてだ。分かち合うことは全く異なる。それは漏らすことではない。そしてこれを覚えていなければならない。漏らす時、あなたは単に失うだけだ。何もそれからは得られない。分かち合う時、あなたは全く普通のものを与えて、非常に並み外れたものを得る。分かち合いでは、あなたは決して失わない。

五番目を、ブッダはディヤーナ DHYANA（禅定波羅蜜 - 禅那）と呼ぶ――瞑想、沈黙、座ること、何もしないこと。

それがあなたの生にますます浸透するようにさせなさい。時間がある時はいつでも、何もすることがない時はいつでも、無用の、不必要な仕事を作ってはいけない。ただ静かに座って、流れ行く生を見守りなさい。木を、または星を見てごらん。または自分の鼻を、ヘソをただ見てごらん。または目を閉じて内側の沈黙を、内側の思考をただ見てごらん。ただ在りなさい……そして物事を通過させなさい。沈黙して座りなさい。

ブッダは言う――何もすることなく、わずかな間でも静かに座ることができるなら、一瞥があなたのところに来始めるだろう。

今、現代の心理学者もまた、人がただ静かに座ることが許されるなら、それで充分であることに合意している。他に何も必要ない。他のすべてはただ座るのを助けるだけだ。

ある人はあなたにマントラを与えて、「静かに座ってマントラを唱えなさい」と言う。今、超越瞑想について多くの研究が行なわれている。そしてマヘッシュ・ヨーギは、事が起こるのはマントラのためだと考えている。それは真実ではない。事が起こるのは、あなたが二十分間静かに座るからに過ぎない。マントラは関係ない。マントラなしで座っても同じ事が起こる。たぶんマントラは、あなたに座るための口実を与えてくれるだろう――なぜならあなたは座ることができないほど愚かなので、何かをしなければならないからだ。

だから誰かが「『ラーム、ラーム、ラーム』と言いなさい」と言うなら、あなたは「ラーム、ラーム、ラーム」と言うことで、二十分間静かに座るための口実を持つことになる。何であれ結果は生じる――あなたの血圧は低くなり、呼吸はより静かになり、身体の酸素含有量に変化があり、心臓さえ違ったリズムで鼓動し、あなたは非常にくつろぎを感じる。アルファ波が作り出されて、そのアルファ波のために非常に静かに感じ、リフレッシュする――だがそれはマントラとは何の関係もなく、特定のマントラとも関係がない。あなたは「ラーム、ラーム」と言うことができる。「オウム、オウム」、「アラー、アラー」と、「アベ・マリア」と、または何とでも言うことができる。またはあなた独自のマントラを作ることができる。あなた自身の名前を繰り返すことができる。それでもかまわない。実際、それはどんなマントラとも関係がない。それ自体は、マントラとは何の関係もない。あなたが二十分間何もせずにただ座ることができるなら、同じ結果になる。だから心理学的な調査がＴＭ（超越瞑想）について明らかにしたことは何でも、それはＴＭに関係したことではなく、単に静かに座ることに関係している。

ただ静かに座ってごらん。そうすればわかるだろう。あなたは自分の存在に新しい質を成長させている。あなたはより落ち着き、より中心が定まり、より充実している。あなたの顔は変わり、あなたの目は変わり、あなたの周りに静けさを持つ。他人でさえ、あなたの静けさを感じ始める。彼らでさえ、何かがあなたに起こったと感じ始める。なぜならあなたがどこに動こうとも、あなたはある涼しい風をあなたと一緒にもたらすからだ。そして状況は同じままだ。

誰かがあなたを侮辱するだろうが、今、あなたは笑うことができる。怒りは生じない。あなたはそれをコントロールしているのではない。実のところ、それは生じていない。あなたはその馬鹿馬鹿しさ全体を見ることができる。あなたを怒っていて侮辱しているその人が、その哀れな人が酷い状態にあるのがわかる。それはあなたとは何の関係もない。あなたは彼に対して、より同情的でなければならない。あなたは怒るよりも、むしろ同情を感じる。彼に対して破壊的になるよりも、むしろ彼に多くの哀れみを……全く違う質を感じるだろう。

心配事は同じかもしれない――それらは続いている。あなたの瞑想を通して世界が変わることはない。世界は同じだ。しかし、あなたの瞑想によってあなたは違うものになり、あなたが違う時、世界は違うものになる。なぜならそれはあなたの世界だからだ。それはあなたのビジョンに、あなたの解釈に依存する。あらゆるものは同じだが、もはや何も同じではない——なぜならあなたが変わったからだ。

そしてブッダはこう言う。彼岸へのこの孤独な旅では、あなたは沈黙して座る方法を努めてよく学ぶ必要がある。

普通、私たちはほとんど憑り付かれたように何かに従事している。あなたは静かに座ることができず、何かをしなければならない。することは狂気の沙汰だ。することがないなら、あなたは途方に暮れ、内側で荒れ狂い始める。あなたは同じ新聞をもう一度読み始めるか、隣人のところへ行ってうわさ話を始める。そしてあなたは千と一回これらのことを話してきて、再びあなたはそこにいる。あなたは何かをしなければならない。あなたは静かなままでいられず、暇なままではいられない。

西洋には、空っぽのマインドは悪魔の作業場だ、という非常に不条理な諺がある。これは悪魔自身によって考え出されたに違いない——なぜなら空っぽのマインドは神の作業場だからだ。これは誰も空っぽのままでいないように、そして悪魔が自分の作業をうまく続けられるように、悪魔によって考え出されたに違いない。あなたが本当に空っぽなら、悪魔はあなたに入ることができない。それは思考が悪魔のための馬として機能するからだ。彼は来ることができない。思考がなければ、悪はあなたに入ることができない。思考がなければ、どんなものもあなたに入るという可能性はない。外側からあなたに入るものは、すべて思考を通して入る。思考がない時、外側は消える。あなたは全くの内側になる。真実は主観的、それが私が最初に言ったことだ。

六番目のパーラミータを、ブッダはプラーギャ PRAGYA（智慧波羅蜜 - 般若）と呼ぶ。プラーギャは知恵を意味する。それは知識とは違う。知識はあなた自身の体験に基づいていないものであり、知恵はあなた自身の体験に基づいているものだ。あなたが体験したことだけに頼りなさい。他の何にも頼ってはいけない。さもなければあなたが一人取り残される時、あなたのすべての知識は消える。何も残らないだろう。他人から来たものは、他人があなたから去った時、あなたと共にあることはない。あなたのものだけがあなたのものになる。

ある弟子がマスターのもとを去ろうとしていた。それは暗い夜で遅くなっていた。弟子は少し不安だった。自分の村に着くために、五マイルの鬱蒼とした森を通り過ぎなければならなかったからだ。マスターはその恐怖を見た。彼は「お前は暗闇を恐れているのか？」と言った。

弟子は言った。「はい、私は恐れていますが、そう言える勇気を奮い起こせませんでした」

マスターは「恐れなくていい」と言った。そしてマスターは蝋燭を灯し、その蝋燭を弟子に与えて、「これが役に立つだろう。行きなさい」と言った。

弟子が戸口を出ようとしていた時、マスターは突然蝋燭を吹き消した。弟子は言った。

「私はあなたのしたことが理解できません。ちょっと前に、あなたは大変な思いやりをもって私のために蝋燭を灯しました。今なぜ、そんなに無慈悲なのですか？　なぜ吹き消したのですか？」

マスターは笑い、そしてこう言った。「私の蝋燭はお前にはあまり役に立たないだろう」

ブッダは、アッポ・ディーポ・バヴァ APPO DEEPO BHAVA ──「あなた自身の灯りでありなさい」と言った。

「夜は暗く、私は知っている。そして私はあらゆる面であなたを助けたい。しかし私は不可能なことは何もできない。あなたの灯りだけが暗い夜であなたを助けるのだから、あなた自身を信頼しなさい。私の祝福と共に行きなさい。私の祝福と共に、暗い夜の中に入って行きなさい。あなた自身の意識を信頼しなさい。油断しないままでいなさい。それをあなたの灯りにしなさい。なぜなら他の誰の灯りも、あなたを助けることができないからだ」

これは計り知れない意味を持つ美しい寓話だ。

知恵とはあなた自身の体験だ──それを覚えておきなさい。そしてあなたが他人から集めたものはすべて投げ捨てなさい！　それを燃やしなさい！　あなたのものが真実だ。あなたのものではないものは真実ではない。あなたがそれを体験した場合にのみ、真実は真実になる。あなたがそれを体験しなかった時は、真実でさえ嘘になる。私が真実をあなたに言う時、私がそれを言う時、それは真実だ。あなたがそれを聞く時、それは嘘になる──なぜならそれは、あなたの体験に基づいていないからだ。だからあなたが持ち運んできたその荷物をすべて落としなさい。それは役に立たないし、助けにはならない。

ブッダは言う——彼岸へ向かうこの旅では、他人から集めたすべての重荷を落としなさい。あなたのもの、それくらいは持って行きなさい。もちろん、あなたはそれを落とすことができない。あなたはそれを持って行かねばならないだろう。それを落とす方法はない。あなたは自分が知ったことを落とせるだろうか？　あなたが知ったことを、どうしたら知らないでいることができるだろう？——方法はない。あなたが瞑想で何かを体験したなら、どうやってそれを落とせるだろう？　それを落とすことはできない……体験することで、それはあなたの存在の一部になったからだ。それこそがプラーギャだ。プラーギャとはあなたの存在の一部になった体験であり、もはや所有物ではない。それはまさに、あなたの存在そのものだ。そしてあなたが体験しなかったものを、どうやって持ち運べるだろう？　それを持ち運ぶことはできない。あなたが体験したもの、それだけがあなたのものだ。

信念は落とさなければならない。ただ知恵だけが助けになる。

ハシディズムの話がある。

ラビ・バルーチの弟子は、自分がしていたことを教師に何も言わずに、神の本質について探究していた。彼の考えは、疑念に陥ってそれまで確かだったものが不確かになるまで、ますます洞察を進めていった。

ラビ・バルーチは、若者がいつものように自分のところにもう来なくなったことに気づいた。若者が住んでいた街に行き、突然若者の部屋に入ってこう言った。

「私は、君の心に何が隠されているのか知っている。君は五十の道理の門を通過した。君は質問から始めて、考えて、そして答えを考え出す……それで最初の門は開く。そして新しい問題へと、再び君は飛び込んで解決策を見つけ、二つ目の門を乱暴に開けて、新たな問題を調べる。君は五十番目の門をこじ開けるまで、このようにしてどんどん深く進み続けてゆく。そこで君は、誰も答えを見つけたことがない問題をじっと見つめる――答えを知っている人がいたなら、もはや問題を選ぶ自由はないからだ。だが、それでもあえてさらにそれ以上調べようとするなら、君は奈落の底に落ちてしまう」

「では、まさに最初に戻るべきなのでしょうか?」と弟子は叫んだ。

「振り返っても、君は戻らない」とラビは言った。

「君は最後の門を超えたところに立つだろう。君は信心 faith を持って立つだろう」

それがブッダが知恵と呼ぶものだ。

信念 belief は他人からのものであり、信心 faith はあなた自身のものだ。辞書に騙されてはいけない。辞書では、信心 faith は信念 belief を意味し、信念 belief は信心 faith を意味する、と書かれてある。それらはそれを意味していない。それらは同意語ではない。それらは本当に正反対で、対立している。信念は単に表面上の信心にすぎない。心の底には、疑いがある。それはあなたが体験しなかったからだ——どうしたら疑いは消せるだろう？　あなたはただ、知っているふりをしているだけだ。知らなければ、疑いがあなたのハートの奥深いところに残る。いずれあなたは、それに直面しなければならない。そして、あなたが疑いを抑圧することに浪費した時間は、全く無駄になる。まず第一に、あなたはそれに遭遇するべきだった。

疑いは、抑圧されずに遭遇されると消える。その時に現われるのが信心だ。信心とは、ブッダが「プラーギャ」と、「知恵」と呼ぶ同じものを表すユダヤ人の用語だ。信念 belief によってあなたは他者を信頼するが、他者はあなたと同行することはできない。他者に頼ってはいけない。それがブッダの根本的なメッセージだ。あなた自身を頼りにしなさい。なぜならあなたは、最終的な段階で独りにされ、ただあなた自身の目だけが、あなた自身の知恵だけが助けになるからだ。

あなたと分かち合いたいもう一つのハシッドの話がある……。

ある女性が、コスニッツの説教師であるイスラエル人のラビのところに来て、彼女は十二年結婚しているが、まだ息子を産んでいないことを涙ながらに話した。

「あなたはそれについて、何をしようと思っているのですか？」と彼は彼女に尋ねた。

彼女は何と言ったらいいのかわからなかった。

「私の母は、」と説教師は彼女に言った。
「高齢で、まだ子供がありませんでした。そんな時、彼女は聖人バール・シェムが、旅の途中でエプトに立ち寄ったことを耳にしました。彼女は急いで彼の宿に行き、息子を産めるように祈ってもらうことを彼に願い出ました。

『あなたはそれについて何をしようと思っているのですか？』とバール・シェムは、彼女に尋ねました。

『私の夫は貧しい製本屋です』と彼女は答えました。『でも私には、ラビに与えられる素晴らしい物が一つあります』

彼女は大急ぎで家に帰り、箱の中に大切に保管されていた彼女の立派な帽子カチンカを取って来ました。でも彼女がそれを持って宿に戻った時、バール・シェムがすでにマグディッチに向けて出発したと聞きました。

彼女はすぐに彼の後を追って出発しましたが、馬に乗るためのお金がなかったので、彼女はカチンカを持ってマグディッチに着くまで町から町へと歩きました。

バール・シェムは帽子を受け取って、それを壁に掛けました。『大丈夫だ、』と彼は言いました。

私の母はエプトに着くまでずっと、町から町へと歩いて戻りました。一年後に、私が産まれました」

「私も、」と女性は叫んだ。「息子を授かるように、私の立派な帽子をあなたに持って来ます」

「それは駄目でしょう」と説教師は言った。「あなたはその話を聞きました。私の母はそのような結果になる話を知らずに行動しました」

古い答えは助けにならず、他の人の答えは助けにならない。あなたは生で繰り返すことはできない。生は繰り返されない。あなたはヴェーダやコーランや聖書を読むことができる。それは助けにならない。それはヴェーダを書いた聖者(リシ)の助けになるかもしれないが、あなたの助けにはならない——それはあなたにとっては借り物だからだ。リシは一度もヴェーダを読んだことがなく、モハメッドは一度もコーランを読んだことがなかった。あなたはモハメッドが得たものを持つことはできない。それは彼が、どんなコーランも読んだことがなかったからだ。あなたは、コーランを読んでそれを得ようとしているのだろうか？　いや、それは不可能だ。

ブッダは言う——覚えておきなさい。生は繰り返すことができず、真実は繰り返すことができない。他の誰の答えも助けにはなり得ない。あなたは自分の答えを見つけなければならない。あなたの体験だけを頼りにしなさい。あなたのマインドの中でそれを整理しなさい。あなたのものではないものは、すべて捨てなさい。それを川へ投げ捨てなさい。あなたが知っているもの、あなた自身で知っているものだけを保ちなさい。するとそれは備えに、パーラミータになる。

七番目はウパイ UPAI（方便波羅蜜 - 烏波野(うはや)）だ。

ウパイの意味は、巧みな手段だ。ブッダは、すべての手段が良いわけではない、非常に巧みな手段だけを使わなければならない、と非常に強調する。彼が言う「巧みな」とは何を意味しているのだろう？――彼はウパイを、それが使い終わった時に落とすことができる技法を意味している。そうでなければ、人は技法自体の重荷を負い過ぎる可能性がある。

彼はよくこう言っていた。あなたは対岸に行くために舟を使うが、それからそれを後に置いていく。それを頭に載せて運んだりしない。あなたは「この舟は私をこの岸に連れて来たのに、今どうしたらそんなに恩知らずになって、ここに残していけるだろう？　私は生涯、それを頭に載せて運ぶつもりだ」とは言わない。

ブッダはこう言う――物を使いなさい。そしてその働きが終わったら落としなさい。それを利用したなら、先へ進みなさい。それを後に置いていきなさい。

すべての技法は、やがて落とされなければならない。究極的に、最終的に、彼岸に達する前に、すべてを落とさなければならない――瞑想、規律――あらゆるものを落とさなければならない。だから非常に巧みでありなさい。そうしなければ、技法に捕らわれてしまう傾向がある。

私はそんな人々を知っている……ラーマクリシュナのような人でさえ、困難に陥っていた。彼は瞑想のためにカーリー女神を使っていて、それに夢中になっていた。目を閉じる時はいつでも、カーリーがそこに立っていた。彼女のイメージが生じた……美しい……だがこれが問題だった。今、彼は一人でいることができなかった。全く沈黙できなかった。女神が常にそこに立っていた。そこには常に同伴者がいた。そしてもちろん、女神が立っている時、ラーマクリシュナは何かを言わなければならなかった。彼女を讃え、歌を歌い、祈り、何かをしなければならなかった。彼は非常にかき乱された。「どうしたらいい?」。そして彼は自身でそれを育てたのだ。何年も彼はそれを育て、何年も像の前で祈り、「私の夢に入ってください」と言っていた。何年も彼は「女神様、私が目を閉じている時、なぜ私のところに来てくれないのでしょうか?」と求め、叫び、涙を流していた。それからそれは始まった——女神が聞いたのではない。聞く者は誰もいない。女神が同情を寄せたわけではない。そこには誰もいない。だが絶えず求め、絶えず想起して、彼は催眠にかかった。それは自己催眠だったが、凄まじく強力だった。彼は力強い男だった。今、カーリーは常にそこに立っていた——夜も昼も——今、プライバシーを持つことは難しかった。たとえ彼が内側に入っても、カーリーはそこにいた。内側の空間も占領された。彼は重荷を負うようになった。だが、どうやってカーリーを落としたらいいだろう?——彼女を落とすという発想すら難しかった。それから彼は通りがかった非常に偉大な聖人に尋ねた。聖人は彼に「今、何かをしなければならない」と言った。

聖人はその要点を見ることができた。ラーマクリシュナは技法を使ったのだが、巧みに使わなかったので、その技法に夢中になりすぎていた。それは良いものであり、役に立ったが、すべての技法はいつか捨てなければならないことを、人は常に覚えていなければならない。だから、あまり執着しすぎてはいけない。今、彼は執着しすぎていた。

聖人は彼にこう言った。

「目を閉じて、カーリーが現われる時、内側から剣を取って彼女を二つに切り裂きなさい」

ラーマクリシュナは「何を言っているのですか？　気が狂ったのですか？　どうやって私がカーリー女神を切り裂けるのですか？　いいえ、それは不可能です。私にはできません。それを考えることさえできません！」と言った。

それで聖人はこう言った。

「それならあなたは、常にこの考えに夢中になるだろう。あなたは決して真のサマーディには到達しない。真のサマーディとは、意識が完全に純粋で、その中に内容が全くない状態のことだからだ。鏡は完全に純粋で、何も反映しない」。彼は「そして決めるのはあなただ」と言った。

さて、ラーマクリシュナはどうすべきか非常に迷っていた。彼はサマーディに達したかったが、この執着が邪魔になっていた。ついに彼は決心して、「分かりました、」と言った。

「やります。でも、どこから剣を手に入れたらいいのですか？」

すると聖人は笑って言った。

「あなたがカーリー女神を連れてきた所から、同じ場所からだ！　それは想像だから、剣を想像しなさい――そして想像は想像を切ることができる。このカーリー女神はあなたの想像で、あなたの剣はあなたの想像だ。そして切り裂くことと、ばらばらになるカーリー女神もまた想像だ。想像を破壊するために現実の剣は必要ない。ただ非現実のものに対してだけ、非現実のものは役に立つ」

ラーマクリシュナは何度も試みたが、うまくいかなかった。聖人はうんざりして、「さて、明日私は出発する。これが最後だ。あなたを助けるために一つの事をしよう。私はガラス片を持ってくる。そしてカーリー女神が現われる時――」と言った。なぜならカーリー女神がそこにいる時はいつでも、すぐに外側からでもそれを見ることができたからだ。ラーマクリシュナは揺れ始め、幸せの涙が彼の顔を流れ始めた……。彼はこう言った。

「あなたが自己催眠状態にあって、カーリー女神がそこにいるのを私が見たら、私はガラス片であなたの第三の目のセンターを切る。血が流れるだろう。その瞬間、これは剣を忘れないことをあなたに思い出させるためのものになる。私があなたを切ったら、あなたはカーリー女神を切る。それを試しなさい。さもなければ明日、私は去る」

彼は「去る」と言ってラーマクリシュナを脅していた。彼のような人を見つけることは難しかった。彼の名前は、非常に稀なパラマハンサであるトタプリだった。

ラーマクリシュナは、泣いて涙を流しながら試みた。そしてトタプリが彼の第三の目のセンターを切った時、彼もまた勇気を出して、内側で女神を切り裂いた。突然、すべてが、女神と剣とすべてが消えた。彼は完全に沈黙していた。

ブッダは言う――全く執着しないで、すべての手段と技法を使いなさい。そうすれば、それらを落とすべき適切な時に、それらを落とすことができる。すべてのものは落とされなければならない。

八番目はプラニハン PRANIHAN（願波羅蜜 - 波羅尼陀那）、明け渡しだ。そしてブッダはこう言う――覚えておきなさい。あなたは多くのことをしなければならないが、究極のものは常にあなたが何もしていない時に起こる。それは手放しで起こる。プラニハンは手放しの状態だ。あなたは自分にできることをすべてする。それは助けになるし、地盤を準備するが、真実を起こすことはできない。あなたが自分にできるすべてのことをしたら、くつろぎなさい。その時、為すべきことはもう何も残されていない。そのくつろぎの中で、その手放しの中で、真実は起こる。真実とは、私たちがもたらすことのできるものではない。それは生じる。それは降りてくる。それは起こる。それはあなたがするというものではない。

九番目、バラ BALA（力波羅蜜 - 波羅）は力だ。明け渡しの後が力だ。さて、その違いを見てごらん。四番目をブッダはヴィディヤ、エネルギーと言った。それは力ではなく、単なるエネルギー、人間のエネルギーだった。今、明け渡しの後にバラ、力、神性な力がある。あなたが明け渡して、あなたのエゴが落ちる時、突然あなたは未知の力に満ちている。あなたは容器になった。

そして十番目、ギャーナ GHYANA（智波羅蜜 - 智）は物の本質を見ること、または覚醒だ。ブッダは「ギャーナ」という言葉を、物の本質を見る、という非常に具体的な方法で使う。あなたが明け渡して、神の力または全体の力があなたに降りた時、その遭遇、その光景（ビジョン）、その実現――ニルヴァーナがある。

これらの十個がパーラミータだ。それらは実践されなければならない。さて、経文だ。経文はこれら十個のパーラミータに、どのように働きかけねばならないかを、あなたに思い出させるためのものだ。


ブッダは言った。

ブッダたちの教義を学ぶ者は、教えられたことすべてを信じて観察するのがいいだろう。それは蜜のようなものだ。それは内で甘く、外で甘く、ずっと甘い。ブッダの教えもそうだ。これは理解されるべき物事の一つだ。これは非常に重要で、ブッダは何度も繰り返し、こう言った。「私の教えは蜜のようなものだ。中で甘く、外で甘く、ずっと甘い。最初に甘く、中間で甘く、最後に甘い。私の教えは蜜のようなものだ」

彼は何千回もそれを繰り返した。なぜだろう？　その中には非常に重要なメッセージがある。

普通、幸福を感じる時はいつでも、後で不幸が来る。楽しむ時、あなたは幸福を垣間見る。それから苦痛と欲求不満がある。だからそれは始まりは甘いが、最後には苦い。これを見て、多くの人々は逆のことを、極端に反対のものを試した。それが苦行者たちのすることだ。彼らは「断食、禁欲、訓練は最初のうちは苦痛だが、最後には非常に甘い」と言う。これらが世界の二つの道だ。喜びを切望する世俗的な人の道……。たとえそれが最後には苦痛をもたらしても、問題ない。

「見てみようじゃないか。今は、なぜ取り逃がすのだ?」

蜜が一滴でもそこにあるなら、彼はそのために何年も苦しむ用意ができている。世俗的な人は束の間のものについて考えて、それのために苦しむ。

いわゆる宗教的な人は、この不条理を見て、逆立ちする。彼はすべてを逆さまにする。彼は「世界でこれが体験されるなら、あなたが喜びに満ちて、平和で、幸福な状態に入るなら、最後にあなたは欲求不満になる。幸福は一瞬で、その後何年もあなたは欲求不満のままだ」と言う。彼は別のことを試す。彼は「まず私は苦痛の中に入って行く――私は断食し、すべての喜びから離れ、ヒマラヤに行く。私は寒さの中に、または熱い太陽の下に立つ。私は苦痛の中に入って行く――それから喜びが来る」と言う。そう、それは真実だ。それが起こるのは、苦痛と喜びが同じコインの二つの面だからだ。最初に一つの面を見るなら、後で別の面を見なければならない。

ブッダはこう言う――私の教えは全く違う。それは世俗的なものでもなく、来世的なものでもない。それは一つの極端でも逆の極端でもない。それは最初に甘く、中間で甘く、最後に甘い。彼は、それは苦痛と喜びのどちらかを選ぶという問題ではない、と言う。喜びを選べば苦痛が来る。苦痛を選べば喜びが来る。しかし全体においては、両方ともそこにある。

「私の教えは、」とブッダは言う、「無選択の気づきだ」

あなたは選ばない。苦痛も喜びも選ぶべきではない。その時、コイン全体があなたの手から落ちる。そうすれば喜びと苦痛は両方とも消えて、後に残されるものは至福、平和、または平静になる……だが、それは甘い。

それは蜜のようなものだ。それは中で甘く、外で甘く、ずっと甘い。ブッダの教えもそうだ。

おお僧侶たちよ、車輪に縛り付けられた牛のように道を歩いてはならない。彼の身体は動くが、心(ハート)にその気はない。

あなたの心(ハート)にその気がなければ、その必要はない。それならあなたにとって、「道」に進んだり真実を探しに行く時期は来ていないのだ。それならあなたはまだ世界の中で生きて、もう少し成熟する必要がある。しかし心(ハート)に逆らってはいけない。行くことは役に立たないからだ。あなたの心(ハート)があなたと一緒に真実の探求に向かうなら、その時にだけ行きなさい。

彼の身体は動くが、心(ハート)にその気はない。しかしあなたの心(ハート)が道と一致している時、あなたの外見的な態度を心配する必要はない。

ブッダは言う――あなたの心(ハート)に準備ができているなら、あなたが生とその苦しみを体験しているなら、あなたが生を苦しんでその挫折を理解し、そしてあなたの心(ハート)に彼岸へと進む準備ができているなら――あなたは此岸を体験し、それは全く空虚で、単なる幻想であることがわかった――あなたに後ろを振り向かず彼岸に進む準備ができているなら、此岸へのわずかな欲望さえあなたの存在の中に残っていなければ、あなたは準備ができている。

それからブッダはこう言う。あなたはすべての規律から解放される。その場合は必要ない。その時はこれだけで、あなたの心(ハート)が「道」と調和しているだけで充分だ。規律は生じるが、これで充分だ。規律が必要なのは、あなたの心(ハート)が「道」と調和していないからだ。「だがそれなら、」とブッダは言う、「その規律はたいして役に立たない」

覚えておきなさい、あなたが未熟なら、ブッダにはあなたを「道」に連れて行く準備ができていない。成熟が不可欠だ。そして私は「成熟」で何を意味しているのだろう？　「成熟」で私は、生を調べて、これは単なる夢であると気づいた人を意味している。あなたが本物(リアル)だと思っている現実(リアリティ)が夢のように見え始める時、あなたは成熟している。そうすると一人で彼岸に進むことは非常に簡単になる――困難はない。あなたの心(ハート)は「道」と一致する。あなたは踊って行けるし、歌って行けるし、笑って行くことができる……あなたは喜んで、楽しんで行くことができる。あなたはしぶしぶ行かないし、反抗的に行かないし、自分自身に逆らって行かない。実際、あなたは行こうとしてはいない。あなたは流木のように、ただ流れに沿って移動するだけだ。

ブッダは言った。

道を実践する者は、重い荷物を運んで、深いぬかるみを進む牛によく例えられるかもしれない。彼は疲れているが、彼の前方を見すえた凝視は、ぬかるみから抜け出るまでは決してくつろがず、ひと休みをするのはそれからだ。おお僧侶たちよ、熱情と罪は不潔なぬかるみを凌ぐものであり、道について真剣に、そして着実に考えることによってのみ、惨めさから逃れられることを覚えておきなさい。

ブッダは言う――まず、多大な努力が必要で、それから多大な明け渡しも必要だ。それが、禅の人々が「無努力の努力」が必要だと言う意味だ。努力と非努力との大きな調和が必要だ。あなたが自分の努力に頼っていたら、決して到達しないだろう。あなたが神の恵みだけに頼っていたら、決して到達しないだろう。到達する可能性は、あなたにできるすべてをあなたがした時にだけ生じる。その瞬間にだけ、宇宙はあなたに降り注ぐ。それ以前ではない。その時あなたは、くつろぐことができる。

だからブッダはこう言う――まず、あなたにできる事を一つ一つやりなさい。決してそれ以前に助けを求めてはいけない。怠けてはいけない、無気力になってはいけない。あなたのすべてのエネルギーを活動させなさい。スピリチュアルな取り組みに、完全に没頭しなさい。もちろん、これはあなたに究極を与えるものではないことも覚えておきなさい。明け渡さなければならない瞬間が来るだろう。しかし……あなたにできることをすべてした時にだけ、明け渡すことができる。神は自ら助ける者を助ける。

二つのタイプの人々がいる。最初のタイプはこう言う。

「それが神の恵みによって起こるのなら、それは起こるだろう。神が必要な時、または神が望んでいる時に、それは起こる。私は待たなければならない」

彼らの待つことは無力で、彼らの待つことには価値がない。彼らはそれを獲得しておらず、神に向かって一歩踏み出すことさえしていない。それは起こりはしない。

それから利己的な人々がいる。彼らはこう言う。

「それは私たちの努力で起こる。神はいない、恵みはない、宇宙が私たちを助けるという可能性はない。宇宙は人間に対して完全に無関心だ。私たちは、自分にできることをすべてしなければならないし、それはただ、私たちの努力によってのみ起こる」

ブッダはこれらの人々も決して到達しないと言う。彼らはあまりにも利己的だ。最初のタイプはあまりに無気力で、二番目のタイプは活動的すぎて、真実(リアリティ)はまさにその中間にある。活動的でありなさい、更に明け渡す準備をしなさい。これらはインドの三つの宗教にある違いだ。ヒンドゥー教は最初のタイプで、ジャイナ教は二番目のタイプで、仏教は三番目のタイプだ。

ヒンドゥー教は、それは神の恵みによって起こる、神が望む時はいつでも、それは起こる、何も神の意志なしでは起こり得ない、と信じている。彼らの言うことが間違っているわけではないが、彼らはそれを獲得しない。

ジャイナ教は、それは私たちの意志に、私たちの力によって起こる、と言う。恵みも宇宙から来る助けもない。だから私たちは戦って奮闘しなければならない。そのため、ジャイナ教は非常に利己的なトリップになる。

ブッダは、あなたにできることはすべてしなければならない、と言う。まずジャイナ教徒になりなさい。それからヒンドゥー教徒になりなさい。それは、これまで世界にもたらされた最も偉大な統合だ。まずジャイナ教徒になり、それからヒンドゥー教徒になりなさい。

ブッダの中で東洋全体が統合した。世界に対するブッダの貢献は独特だ。それは私の教えでもある。まずジャイナ教徒になり、それからヒンドゥー教徒になりなさい。まずあなたにできる努力をすべて行ない、あなたにできる最後のところまで行き、それからくつろぎなさい。その時あなたは獲得する。今、恵みが訪れる。

努力と明け渡し、奮闘と明け渡し、それが人を我が家に導く。

第十章

理由という熊

The Bear of Reason

質問一

OSHO、あなたは私のお気に入りの瞑想です。
ブッダたちは、一度に三秒以上見つめられるのを気にしますか？

質問はマニーシャからだ。それを理解することは途方もなく重要だ。

イエスは弟子たちと別れようとしていた。最後の夜、彼が捕えられれようとしていた時、パンをちぎって彼は言った。

「これは私の身体であり、私の肉だ。それを食べなさい」

ワインを注いで、彼は弟子たちに「これは私の血だ。それを飲みなさい」と言った。

彼が言っていることは非常に無作法に見えるが、その意味は非常に重要だ。弟子は人食いにならなければならない。彼は自分のマスターを、自分のマスターの雰囲気（ヴァイブ）を食べなければならない。マスターの存在そのものを飲み込み、咀嚼して、消化しなければならない。

ブッダは、あなたが彼を食べることができるように、そのためにのみ存在する。もちろん、一定の雰囲気を食べた後に何が起こるかは、あなた次第だ。変容があなたの内側で起こる。あなたは非常に注意深くなければならない。

あなたが与えることができる最高の食べ物を食べる人々がいて、彼らはただ肥料を生み出すだけで、他には何も生み出さない。それ以上のもの、思考、哲学、マインドを生み出す人々がいる。より高いもの——詩、音楽、愛——を生み出す非常に稀な人々が何人かいる。そして、さらにより高いもの——祈り、瞑想——を生み出す非常に稀な魂がある。そしてあなたが食べるものと同じ食べ物を食べて、神あるいはニルヴァーナを生み出す人々は、人類の歴史でほんのわずかしかいない。それは私たちが食べているものと同じ食べ物だ。詩人もあなたが食べているものと同じ食べ物を食べるが、何かがその食べ物から詩になる。食べ物の本質的な部分は詩になり、それは歌で噴出する。ダンサーも兵士と同じ物を食べるが、兵士は暴力だけを生み出し、ダンサーは優美さを生み出す。私の存在をどう使うかはあなた次第だ。

できるだけ多く瞑想しなさい。それが最も基本的なことだ——他のすべては二次的だ。そしてそれには制限がない。消化できる限り、充分に消化しなさい。そこに過剰はないし、あり得ない。消化すればするほど、あなたはさらにもっと消化できるように感じる。あなたの存在全体がマスターと同じ類の存在に変容するまで、瞑想し続けなさい。

別の場面だ……。

ボーディダルマは何年も中国に住んでいたが、ある日彼は、今や自分の家に帰るべき時が来たと判断した。彼はヒマラヤに戻りたかった。ヒマラヤで死にたかった。彼は弟子たちを、四人の主な弟子たちを集めて、「真実とは何だ?」と尋ねた。

一人目は哲学的で、論理的で、非常に体系的なことを言ったが、ボーディダルマは満足しなかった。彼は非常に悲しそうに、「お前には私の皮膚しかない」と言った。

彼はもう一人の弟子に尋ね、弟子は何か言った。彼の答えは最初の者より少しましだった。それはより直観的であまり知的ではなく、より詩的でより音楽的だった。ボーディダルマは「お前には私の肉がある」と言ったが、それでも彼はあまり幸せではなかった。

彼は三人目に同じ質問をし、真実とは何だ?と尋ねた。三番目はさらに良かった。彼はより実存的なことを言い、それには悟りの一瞥があり、まさに一筋の光があった。ボーディダルマは不満ではなかったが、まだ満足していなかった。彼は「お前には私の骨がある」と言った。

それから彼は四人目に尋ねたが、四人目は何も言わなかった。四人目は沈黙で答えた。ボーディダルマは彼の目を覗き込んだ。それは無限の深淵、底なしの深淵のようだった。そしてその弟子は無言で彼の足元に頭を下げた。ボーディダルマは心の最も奥深いところで踊ったに違いない。彼は途方もなく幸せだった。少なくとも一人は彼を完全に理解していた。彼は「お前には私の髄が、まさに私の魂がある」と言った。

これらの四人はみんな人食いで、彼らはマスターを食べていた。だが一人は皮膚だけを産み出し、もう一人は肉を産み出し、三人目は骨を産み出し、四人目は正確にマスターを反映し、自分の存在の中に再びマスターを誕生させた。

だから、あなたが私と共にここにいる間は、それをあなたの最も深い瞑想にしなさい。私はあなたに話す——あなたに言うべき何かがあるわけではない。それは単なる方便であり、あなたが私の近くにいられるようにするための方便に過ぎない。それはあなたが聞くことに携わることができ、あなたの存在が私とより深く触れられるようになるための方便にすぎない。あなたは言語の方法を学んできた。私と一緒に沈黙して座ることは、あなたには非常に難しい。黙って座ると、あなたは遠く離れてしまい、自分の考えに没頭してしまう。私とあなたの間には大きな距離がある。私はそれを試してきた。

私は人々とよく一緒に沈黙して座ったが、私は彼らがはるか遠くにいることに、彼らの思考の中で何千マイルも離れていることに気づいた。彼らは物理的には全く近くにいるように見えるが、精神的には全くそこにいない。ある人は自分の過去の中へ移動し、ある人は既に想像する未来の中へ入っていた。私は彼らを覗き込んだが、彼らはそこにはいなくて他のどこかにいるのがわかった。ただ彼らの身体だけがそこにあった——空っぽの抜け殻、虚ろさがあった。彼らのマインドはそこにはなかった。そしてマインドがそこになければ、魂がそこにあることは非常に困難だ。

あなたのマインドが私の考えに引き込まれるように、私はあなたと話す。あなたが私の考えに引き込まれている間は、少なくともあなたは自分の考えを避けることができる。あなたは私の近くにいる——あなたが自分の考えに耽っている時よりも、私の近くにいる。少なくとも私の考えは私のものて、それは深い虚空から来ている。それはある風味を運び、その中に微妙な雰囲気がある。言葉のコミュニケーションで私に引き寄せられていて、注意深く私に耳を傾けている間、あなたのマインドは引き込まれて、過去にも未来にも行けない。それはここにいなければならず、注意深くしていなければならない。それはここですることがある。マインドが私の言葉に引き込まれている間、私は異なるレベルでも伝達することができる。あなたの存在は私の近くにいる。そして、ただ近くにいることだけで充分だ。

消えてしまった誰かの近くにただいること、もういない誰かの近くにただいること、途方もない無である誰かの近くにただいること、それがサットサングの意味だ。

この無により近づくことで、あなたもまた消えて溶け始める。それは自然なことだ。あなたが突然消えるわずかな瞬間がある。それはあなたが私の何かを味わった瞬間だ。あなたが消える時、あなたが完全に失われる時、マインドが機能することを全く止めた時——あなたはただ純粋な注意になる——あなたと私は二つではない。その時、「私 - あなた」という関係はない。私とあなたの両方が溶解した「一つ」だけが存在する。その時、私たちはお互いに重なる。その時、あなたの中心は私の中心であり、私の中心はあなたの中心だ。

これらの瞬間があなたに生じれば生じるほど、あなたは最も高い可能性をより多く生み出す……それがあなたの運命だ。

だからマニーシャ、できるだけ多く私に瞑想し続けなさい。

そして私は彼女を知っている――彼女はそれをしている。彼女は非常に注意深く、非常に気づいている。そして大きな気遣いと愛を持って、彼女は私を吸収してきた。

あなたは「ブッダたちは、一度に三秒以上見つめられるのを気にしますか？」と尋ねている。

彼らにはマインドがないので、気にすることができない。それどころか、あなたが彼らを見つめなければ、彼らはあなたに対して申し訳なく思う。あなたがあちらこちらを見て直接彼らに目を向けなければ、彼らはあなたに対して申し訳なく思う。あなたは喉が渇いていて純粋な水を手に入れられるのに、あなたは横を向き続けている。あなたはまっすぐ見ないし、直接見ないし、すぐには見ない。あなたは取り逃がす。ただ見るだけでなく、私を見なさい――なぜなら、目が最も微妙な雰囲気を吸収できるからだ。それが食べる方法だ。

私を食べなさい。人食いでありなさい。そして覚えておきなさい、私が言うことは全く重要ではない。私がここに存在していることが重要だ。だから私の言葉に没頭してはいけない。それは単に遊ぶための玩具に過ぎない。私の存在に、私の現存に耳を傾けなさい。

質問二
瞑想をしたい人や講話を聞きたい人は誰であっても、なぜお金を支払わねばならないのですか?

なぜだめなのだ?
ラビは「生は一杯のお茶のようだ」と言って、その説教を最高に盛り上げた。
後になって、会衆の一人が尋ねた。「ラビ、なぜ生は一杯のお茶のようなのですか?」
「なぜだめなのだ?」とラビは答えた。

私もあなたに言う。なぜだめなのだ? あなたは生活の中で、すべてのものにお金を払っている。なぜあなたの瞑想に対してはだめなのだ? あなたは自分の生活の中で、すべてのものにお金を払っている。なぜ神に対してはだめなのだ? なぜ神を無料で望むのだ?

実のところ、あなたは神を望んでいない。あなたは何でも自分が望んでいるものに対してお金を払う用意がある。あなたはお金を払うべきだというのを知っている。あなたは瞑想を望んでいない。それが無料で、さらに祝福(プラサード)も一緒に与えられるなら、あなたは瞑想について考えるだろう。あなたは映画に行って、お金を払う用意がある。瞑想をして講話を聞きたいのなら、なぜお金を払わないのだ?

当然、質問はインド人からであり、私を全く理解していない新人に違いない非サニヤシンから来ている。インド人は、自分たちが世界で最も宗教的な人々だと思っている。すべて戯言だ。彼らは世界で最も非宗教的な人々だ——彼らにはただ、自分たちが非常に宗教的だという利己的な考えがあるだけだ。本当に宗教的なら、自分の瞑想に対してあらゆるもので、自分の生でさえも支払う用意があるだろう。

お金とは何だろう？　あなたが何かに五ルピーを払うなら、そして一日に十ルピーを稼ぐなら、あなたは半日分で支払ったことになる。お金とは、あなたの一日の労働の半分を、それに対して捧げたことを示す象徴に過ぎない。あなたは映画に行ってチケットに十ルピーを支払い、一日あたり十ルピーを稼ぐ。あなたはこの映画がそれに値すると言う。「私はそれに対して、一日分の労働を提供できる」。だがあなたは瞑想や祈りに対して、宗教に対して何も提供する用意ができていない。それどころか、宗教はあなたの一覧表(リスト)の最後の項目だ。あなたはそれが無料であることを望んでいる。基本的にあなたはそれを望んでいない。それに値段があるなら、あなたは不安を感じ始める。

あなたは、なぜここで支払わなければならないのか？と尋ねる。求められている金額は大したものではない。人はあらゆるものに対して支払わねばならないというのは、特定のレッスンを学ぶためのまさに始まりだ。そして明らかに祈りに対して、瞑想に対しては明らかに支払わなければならない。それは生の中で最も高いものだからだ。支払うべきそのわずかなルピーは非常に象徴的で、まさに象徴的で、まさにしるしとなるものだ。それは何かを示している。あなたが何かを支払う用意ができているならば、私はあなたがもっと支払うことに納得するのがわかる。やがて、いつかあなたはそのために自分の全人生を差し出せるだろう。五ルピーでさえ支払う用意がなければ、自分の全人生を差し出すことなどあなたには不可能だ。

グルジェフは自分の講義に多額のお金を要求していた。そしてお金だけでなく、彼はさまざまな障害を引き起こした。

たとえば、どの講義も前もって宣告されなかった。講義が今朝の八時にあるとしたら、早朝五時に「八時に特定の場所に到着しなさい」という電話を受け取ることになる。そしてその場所は二十マイル、三十マイル、または五十マイル離れたところにある――「そしてグルジェフは話し、私たちはそれのために支払った！」

人々はよくこう尋ねた。

「なぜあなたは面倒な事を引き起こすのですか？　私たちが何とかやりくりできるように、なぜ前もって言うことができないのですか？」

するとグルジェフは「あなたがやりくりできるなら、それに価値はない」と言った。

あなたがしようとしていたことをすべて落として、突然来ることができたなら……。たぶんあなたは、八時に総理大臣に会うつもりだったかもしれない。そして突然今、選択するものがある、グルジェフのところに行くか、総理大臣のところに行くか――そしてあなたはグルジェフのところに行く。その時、何かが起ころうとしている。あなたはそれのために賭け、苦労をした。そしてその時も、グルジェフが話すことは確実ではなかった。彼は来るかもしれないが、辺りを見回して、「今ではない。いや、今日ではない。後ほどあなたに知らせよう」と言うだろう。

一度パリで、八日間人々を呼んで、八日間キャンセルしたということが起こった。最初の日はほぼ四百人ほどの人々がいたが、最終日はわずか五、六人ほどの人々だった。

彼は彼らを見た時にこう言った。「今、ふさわしい人たちだけが残っている。群集はいなくなった。今、私はあなた方に言いたいことを何でも言うことができる」

私も大衆や群集には興味がない。私はたまたま訪れた人には興味がなく、少数の誠実な探求者にだけ興味がある。彼らは気概を示さなければならない。

そして、あなたが支払わなければならないお金は始まりにすぎない。それは単なる初め(アルファ)だ。次第に私は、あなたの生で支払うようにあなたを説得するだろう。あなたにそれほどの勇気がない限り、何も起こらない。宗教は安くはなく、確かに無料ではない。

しかし、インド人のマインドは非常にお金に興味がある。彼らは宗教的であることについて話すが、非常にお金に興味がある人々だ。彼らの物事についてのすべての見方はお金だ。西洋人がこれまでこの質問を尋ねたことはない。彼らは理解している。アシュラムは維持されなければならず、場所はあなた方のために準備されなければならず、ミュージシャンは音楽の準備をしなければならない。誰かは瞑想を指導しなければならず、庭は手入れをしなければならず、建物を建てなければならない。すべてにお金が必要だ。それはどこからやって来るのだろう？　そしてあなたは、私がどんな奇跡も起こさないことをよく知っている。

二つの方法しかない。一つは、他の誰かがあなたのために寄付をしなければならない。しかし、なぜ他の誰かが、あなたのために寄付をしなければならないのだろう？　あなたが瞑想をして、他の誰かがあなたのために寄付をするのか？　どうして？　あなたが瞑想したいのなら、あなたがそれのために支払いなさい。そして本当に瞑想したいのなら、あなたはそれのために支払う用意ができているだろう。それについて差し障りがあるべきではない。あなたにお金がなければ、出て行って稼ぎなさい。それがどうしても不可能なら、アシュラムに来て働いて、その方法で、働く方法で支払いなさい。しかし無料（ただ）で来ることを求めてはならない。

宗教を無料で手に入れるというこの考えがマインドの中に深く入ってしまったため、人々は要求する権利があると考えてしまう。人々は事務所に来て「なぜ許可されないのだ？」と言う。しかしなぜあなたを許可しなければならないのだろう？　あなたは許可されるために、それを獲得しなければならない。ただあなたが入場したいからというだけでは、あまり意味がない。

あなたは、誠実であることを示さなければならない。あなたは単に好奇心からここにいるのではないことを、示さなければならない。人を確認する方法は何だろう？　最も簡単な方法はお金だ……なぜなら、最大の貪欲さはお金に対するものだからだ。

最大の貪欲さはお金に対するものだ。だから、お金を失わねばならない時はいつでも、自分の貪欲のほんの一部を失うことになる。入場するために五ルピーを払う時、あなたは貪欲を少し落とすことで支払っている。お金は問題ではない。問題は貪欲さだ。あなたは少し貪欲を落としている。そしてこれは単なる始まりにすぎない。なぜなら、すべての貪欲が消える時にだけ瞑想は起こり得るからだ。あなたの中にわずかでも貪欲さがあるなら、瞑想は不可能だ。貪欲なマインドにとって瞑想は存在しない。瞑想は、非貪欲的なマインドにおいてのみ起こる。お金がなければ、働きなさい。あなたの働きで支払いなさい。そしてあなたの誠実さを示しなさい。

しかし、尋ねた人はお金を持っているに違いない。さもなければ、ここに入ることを許されなかっただろう。彼は支払ったはずだ……。貪欲であるに違いない。すべてをただで手に入れたいに違いない。少なくとも神についてはそうだ。なぜなら、誰も神のことなど気にかけないからだ。

私は何年間も大衆の中で動いてきた。私は大衆から退くことを、急いで決めたわけではない。聞く準備ができていない人々に話し続けること、探求者ではない人々に、どんな探求もしていない人々に話し続けること、ただ気晴らしのために来た人々に話し続けること、私はそれが完全に馬鹿げているのがわかった。なぜ私は、自分のエネルギーと時間を浪費しなければならないのだろう？　私はより多くの人々が利用できるようにあらゆる方法でやってみたが、それは不可能であるのがわかった。彼らは気晴らしとしてここに来て、一方の耳で聞くが、もう一方の耳からそれは消え失せる。

バヤジッドというスーフィーの神秘家についての話がある。

彼が墓地を通り過ぎた時、頭蓋骨の堆積物に出くわした。好奇心から一つの頭蓋骨を取った。彼はすべての頭蓋骨はほとんど同じであるという考えがずっとあったが、それらは同じではなかった。耳が付いていた頭蓋骨がいくつかあり、そこには通路があった。耳が付いていない頭蓋骨がいくつかあり、その二つの間には障壁があった。耳が心臓（ハート）に付いているものと付いていない頭蓋骨の両方が少しあり、そこには心（ハート）に通じている通路があった。

彼は非常に驚き、神に祈って尋ねた。

「何事ですか？　私に何を明らかにしようとしているのですか？」

そして彼は、ある声を聞いたと伝えられている。神はこう言った。

「三つのタイプの人々がいる。一人は、一つの耳で聞く者、それは決してどこにも届かない。実際、彼らは聞いていない。音が振動して消えるだけだ。別のタイプがいる。その者は聞くが、一瞬だけだ。彼らは一つの耳で聞き、もう一つの耳を通ってそれは再び世界の中に失われる。もちろん、耳を通してそれが心（ハート）に達する魂がいくつかある」

そして神は言った。

「バヤジッド、私はあなたが人々と話している時、それを思い出せるように、あなたをこの頭蓋骨の山に連れて来た。何であれ、あなたが言うことを自分の心に受け入れる人々にだけ話しなさい。

そうでなければ、あなたのエネルギーや時間を浪費してはいけない。あなたの生は貴重だ。あなたには伝えるべきメッセージがある」

ある日、私も理解した。墓地に行って頭蓋骨の山に出くわすことによってではなく、生きている人々を調べることによって……。

三つのタイプがある。バヤジッドは正しい。話は真実かもしれないし、そうではないかもしれない。それは重要ではない。私は何千人もの人々を調べてみて、種を心に受け入れる人、種のための土壌になる人、種を吸収する人は、ほんのわずかであることがわかった。そして他の人たちは単に好奇心が旺盛で、ただ自分を慰めているだけだ。たぶん彼らの娯楽が宗教的なのかもしれないが、それは意味がない。

だから私は、大衆のためにここに存在しているのではない。それをきっぱりと知ってほしい。私は群衆には興味がない。私は個人にだけ興味がある。そしてあなたは、自分の気概を示さなければならない。

これはアシュラムの始まりの段階に過ぎない。アシュラムが適切に作られたら、新しい人々が入って来ることはますます困難になるだろう。

質問三

人が気づきの道に従ったことを判断するテストは、またはそれを裏付けるものは何でしょうか？私の人生で、自分は気づきを実践したという自信はありませんが、時々私は、なぜ私は食べているのだろう？　なぜ私はあれやこれをしているのだろう？と感じました。コメントをお願いします。

「なぜ」は気づきとは何の関係もない。「なぜ」は完全に異なる次元に、分析の次元に導く——そして分析は気づきではない。「なぜ」と質問をしたら、既に事実から離れている。

あなたは何かに直面している。たとえば、怒りがあなたのマインドの空に現れた。周りを浮遊している雲があり、それはあなたの上に降りたいと、あなたの中に根を下ろしたいと思っている。そしてあなたは妨害されたと感じ、怒りが生じる。

さて、気づくということはただそれを見るという意味で、何かをすることではない。どんな非難もなく、どんな評価もなく、ただそれを見ることだ。そしてそれがどこから来ているのかと、「なぜだ、なぜそれがなければならないのだ？」と原因を尋ねるのではなく、ただそれを見ることだ。

そして、どうやってそれを避けたらいいのか、と尋ねてはいけない——どうやってそれを避けたらいいのか、なぜそれは生じたのかと尋ねる瞬間、あなたはその事実から離れているからだ。事実は、単に怒りの雲があなたを取り囲んでいたということだ。どんな質問もなく、どんな無言の判断もなく事実に留まること……。「それは悪い」と言ってはいけない。なぜなら「悪い」と言う瞬間、あなたは離れ始めているからだ。あなたはそれを見たくない。自分はそれに反対だ、そうあるべきではない、と言ってはならない——何かに反対すると、それに直面できないからだ。ちょっと離れて、中立で、無関心なままでいなさい。

質問者は、これはある種の気づきだと思う、と言っているが、それは違う。それは分析だ。分析は気づきではない。分析はマインドの仕事だ。気づきはマインドの仕事ではない。気づきはマインドを超えたものだ。「なぜ」と尋ねる時、あなたはマインドに干渉させようとした。

あなたはバラの花を見る。あなたは「なぜ」とは尋ねない。あなたは「誰がこの低木を植えたのだ、庭師は誰だ？」とは尋ねない。これらの事を尋ねるなら、バラはもうそこになく、あなたは別の考えによって曇らされる。バラについての真の理解は、あなたが「それは美しい」とさえ言わない時にだけ可能になる。これらの言葉が障壁になるからだ。「これはバラの花だ」とさえ言ってはいけない。このラベル付けが危険だからだ。「これはバラだ」と言う瞬間、あなたが以前に見てきたすべてのバラが入って来る。それらはそこに並んで立っている。まさにその「バラ」という言葉は、バラに繋がっているすべての記憶を蘇らせる。たった一つの言葉さえそこにある必要はない。何であろうと、そこにあるものを見るためには、人は全く開いた状態でいなければならない。

どんな言語もなく、どんな評価も判断もなく、何も言わずどんな質問もせずに、どんな答えも見つけようとせずにバラの花を見てごらん。さもなければ、あなたはマインドの中に入ってしまう。

マインドとは何だろう？　考えるプロセスがマインドだ。「なぜ」は、考えるプロセスを作り出す。気づきとは、ただ観照者であることを意味する。

スーフィーの神秘家、マスター・ジェラルディン・ルーミーについての美しい話がある。

ある日、彼は川の畔に立っていた。

突然、彼は下流へと流れて浮かんでいる毛皮のコートを見つけた。彼は同じく岸に立っていた学者に叫んだ。

「おい、あんた、川の真ん中に毛皮のコートがあるぞ。見えるか？　それをつかみ取ってくれ！」

学者は貪欲さから川に飛び込み、泳いで行った。ルーミーは少し近視で、彼に見えたものはすべて多くの騒動としくじりの元になった。

「一体全体、そこで何をしているのだ！　それをここに持ってきなさい！」

ついに学者は彼の騒ぎ声を聞いて、喘ぎながら叫び返した。

「あなたはどうしようもない馬鹿だ！　ここにあるのは毛皮のコートではない。それは熊だ。そして私が彼と格闘すればするほど、彼の爪はより深く刺す。そして彼は放そうとしない！」

「友よ、」とジェラルディン・ルーミーは言った。「その熊は理由だ」

「なぜ」と質問をするなら、あなたは捕まる……あなたは理由という熊に捕らえられる。そして質問をすればするほど、あなたは絡みつき、爪はあなたの身体の中へ、あなたの存在の中へより深く入っていく。どんな質問もしてはいけない。もし気づいていたければ、ただ気づいていなさい。

気づきは、質問もなく答えもない単純なプロセスだ。人はただ見守る。そして複雑なことから始めるよりも、むしろ非常に単純なことから始めなさい――なぜなら、すぐ複雑なことから始める人々がいるからだ。彼らは決して小学校には行かず、中学校には行かず、単科大学には行かない。彼らは簡単に総合大学に、大学院に行く。もちろん彼らは失敗する――なぜなら大学院のクラスに入るためには、準備しなければならないからだ。

クリシュナムルティのような、またはラマナ・マハリシのような人々に耳を傾け、彼らが気づきについて話すのを聞くと……そして気づきはすべてだ――それは非常に本質的な宗教で、すべての宗教の中核だ……だから彼らが気づきについて話すのを聞いて、あなたがラマナ・マハリシ、クリシュナムルティ、ブッダ、グルジェフに耳を傾けて、誰もがそれを称賛している時、あなたは貪欲になる。あなたはこう言う。

「では私も、この気づきを持たなければならない。私はそれを手放すことはできない。私はそれを持たなければならない。これらの人々はとても多く気づきを楽しんでいて、彼らはそれほど素晴しい祝福の中で、とても至福を感じている。私もこの有用なものを持たなければならない」

そこであなたはつかみ始める。しかしあなたは間違って始めてしまう。複雑なことから始めてしまう。

ある人は性欲に苦しんでいて、彼はセックスに気づき始める――これは可能ではない。非常に複雑なことを扱ってしまった。または、ある人は怒りに苦しんでいて、生涯苦しんできた。そして彼の全人生は怒りと、怒りによって作られる毒で壊される。今、気づきについて聞くと、突然、彼は怒りでそれを試すだろう。これはうまくいかない。そして失敗すると自信を失う。それは非常に危険だ。非常に単純なことから始めなさい。


ブッダはよくこう言っていた。

「呼吸から始めなさい。それは世界で最も単純だ。とても単純なので、あなたは全くそれをしていない。それは自然に起こっている」

あなたは息をしていない。実際、何かが間違ってしまわない限り、あなたは決して呼吸に気づかない。あなたは何か、呼吸の問題を抱えているだろうか？　それならあなたは気づく。そうでなければ、呼吸は自然に起こっている。あなたは眠り続けることができ、呼吸は続いている。それは良いことだ。さもなければ、それに気を配る必要があったら生は不可能だっただろう。いつかあなたは眠り、息をするのを忘れて、そして……逝く。それを元に戻す方法はない。いったん逝ったら、永久にいなくなる。呼吸は自発的で非常に単純なプロセスだ。息はただ入って出るだけ――そこに何も大したものはない。

ブッダは「それを見守り、それに気づきなさい。静かに座って、息が入っているのと息が出ているのをただ見守りなさい」と言う。それが非常に単調なため、非常に退屈に感じるだろう。同じ息が入り、同じ息が出る。

そこで最初の問題は、呼吸のように非常に単純でなければならない。

そして二番目の問題は、退屈に直面しなければならないということだ。そして退屈に直面できるなら、退屈は消えて、その後ろに途方もない静けさがある。だから、呼吸のプロセスに気づき始めなさい。少なくとも毎日一時間、静かに座って、ただ自分の呼吸を見守ってごらん、何もしないで――マントラを唱えることさえせずに――そうするとあなたはそれを複雑にするからだ。単に呼吸を見ればいい。それは自然なマントラだ。それは入り、出て、入り、出る。呼吸が出ていると言ってはならない。ただ呼吸と一緒に進めなければならない。それは外へ出て、意識はそれと一緒に行く。それは入り、意識は入る。それが入って来るのと出て行くのを、単に感じるだけでいい。それを覚えていようとすると、この単純なプロセスでさえ難しいことに気づくだろう。数秒間あなたは気づいている。それから忘れる。その時あなたのマインドはあなたを、あなたの仕事へ、あなたの女性へ、あなたの子供へ連れ去った。あるいは千と一つの問題がそこにある。数分後に再びあなたは思い出す。「私は忘れてしまった、息を見守っていない」――その時は、再び戻って来なさい。後悔する必要はない、忘れたことについて騒ぎ立てる必要はない。なぜなら、今それについて騒ぎ立てると、再びこの時が失われるからだ。呼吸から気が逸れたことに気づいた時は、いつでも戻ってきなさい。再びそれを見守り始めなさい。ゆっくりゆっくりそれをすることで、いつかあなたは息を見守ることができるだろう。人が四十分間、継続的に息を見守ることができれば、生に問題はない。彼はどんな問題でも見守ることができる。そして見守ることによって、どんな問題でも解決し得る。

しかし、まずは見守る方法を学ばなければならない――だから複雑なことから始めるのではなく、非常に単純なことから始めなさい。

ブッダは二つの事を言う、呼吸か歩行のいずれかを見守りなさい、と。ブッダ自身は両方とも行なった。一時間、彼は菩提樹の下に座り、呼吸を見守り、手足が痺れて疲れたと感じる時は、一時間歩いて歩行を見守る――一方の足が進む……もう一方の足、もう一方の足、それから彼は戻る。ブッダが光明を得たブッダガヤに行ってみるなら、菩提樹のすぐ近くに彼がよく歩いた小道がある。

仏教用語で呼吸に気づくことは、アナパナサティヨーガ ANAPANSATIYOGA と呼ばれ、歩く瞑想はジャンクラマーナ JANKRAMANA と呼ばれている。これらは二つの単純なプロセスだ――そして両方とも途方もなく美しい。呼吸は静かに座りながら見守ることができ、歩きは活動的でありながら見守ることができる。しかし歩くプロセスは非常に単純で、それについて心配する必要はなく、それについて計画を立てる必要はない。誰でも歩くことができ、それについて学ぶ必要さえない。

小さく、単純で、自発的なプロセスに、まず気づくようにしなければならない。それからあなたが一定の能力を達成した時、他のことでそれを試すことができる――怒り、貪欲、セックス、所有欲、嫉妬などで。無数の問題がある。それからあなたは他の問題で試すことができ、その奇跡に驚くだろう。それは非常に魔法のようなプロセスだ。静かに何かを見守るなら、それは消える。

強い性欲があなたの中に生じる。それが生じるのをただ見守りなさい。それはあなたの身体の中で振動していて、あなたのマインドの中を動き、あなたの中で妄想をかき立てている——非難もせず耽ることもせずに、ちょっと見守ってごらん。単に見守ってごらん。するとあなたは驚くだろう。あなたが注意深くなればなるほど、性的な衝動は少なくなる。あなたが完全に気づいている瞬間が来る。あなたは自分自身への光になった。その瞬間、その衝動は完全に消えた。そして、これは抑圧ではない。なぜならあなたは、性的な衝動を抑圧していないからだ。抑圧するなら、あなたは困難に陥る。抑圧された人々は、みんな遅かれ早かれ狂気に向かう。だからこれは抑圧ではない。あなたは性的な衝動に反対していないし、それについてどんな態度もとらない。あなたは単にそれを見守っているだけだ。そしてただ見守るだけで、エネルギーはその性質を変える。性的な衝動は気づきのための燃料となり気づきは明るく燃える。そこに残留物はなく、傷も抑圧もない。

これが、ブッダが話す優美な規律であるシーラが生じる方法だ。人はもう耽溺しないし、もう抑圧的ではない。

世界はこれまで、二つのことしか知らなかった。耽溺するか抑圧するかだ。ブッダは全く異なる道を示した。耽溺もないし抑圧もしない。あなたはただ見守る。

しかし、常に非常に小さなことから始めなさい。決して最初は、大きな敵に対してやってみてはいけない。さもなければあなたは負かされるだろう。そして一度負かされたらあなたは自信を失い、気づきの奇跡への信頼も失うだろう。

村の白痴が、司祭に教会の掃除夫として雇われた。ある日、彼が祭壇をきれいにしている間に、大きな十字架像が彼の頭の上に落ちた。運良く、彼はそれほどひどく怪我をしなかった。その翌日、司祭は教会の片隅で、小さく砕けた十字架像の山と一緒に彼を見つけた。

「一体、君は何をしているんだ?」と彼は怒りを込めて尋ねた。

白痴は「そいつらがまだ小さいうちに殺したほうがずっとましだぞ!」と言った。

それを覚えておきなさい。それはずっとましだ。

まずは、気づくことによって簡単に壊せる非常に小さなことで、試してみなさい。それから大きな自信が、「よし、うまくいく」という大きな確信が生じる。信頼はあなたを圧倒し、今あなたは手に秘密の鍵を持っている。しかし急いではいけない。小さなことで、小さな問題で、簡単な問題で試し続けなさい。そうやって続けていくと、やがて……。

マインドには、最も重要な問題を試みようとする傾向がある。一度鍵を持つなら、あなたはすぐに究極の扉を開けたくなり、謎を解きたくなる。ただ鍵を持っているだけでは意味がない。それの使い方を学ばなければならない。
そして究極の錠は非常に複雑だ。あなたは鍵を壊すかもしれない。それは使えないかもしれない。
小さなことから始めなさい。そして決して「なぜ」と尋ねてはいけない——なぜなら、私たちは分析に興味がないからだ。それが、私がブッダの心理学と呼ぶ東洋の心理学と、分析的プロセスである西洋の心理学との違いだ。

フロイト派やユング派、アドラー派の、または他のタイプの精神療法（セラピー）に行くなら、彼らはすぐに分析し始める。これがその違いだ。彼らは「私たちに話してごらんなさい、あなたの問題は何ですか？　詳細に話してごらんなさい」と言う。フロイト派の精神分析では、患者はずっと話し続けて、分析者はただ側に座って彼の話を聞き、彼の頭で何が何なのかを分析する。そして最後に彼は「これが問題だ」と解答を与える。しかしこれは一つの解釈だ。それは患者よりも、精神分析者に関することをより多く示すかもしれない。それは「彼の」分析だ。

それを試すことができる。違うセラピストのところに行くと、彼らは常にあなたの問題を異なって解釈するだろう。アドラーのところに行くなら、彼はすべてを劣等感として解釈する。それが彼の基本原理だ。あなたが政治の中にいるなら、彼は、あなたは劣っている、だから権力衝動がある、と言う。あなたがフロイトのところに行って——あなたは同じ人だ——「私はあまりにも野心的で、私は偉大な政治家に、偉大な政治指導者になりたい」と言うなら、彼はあなたのセックスを通してそれを分析する。彼は、たぶんあなたは少し性的不能か何かになっている、と言うだろう——なぜなら、人が少し性的不能になり始める時はいつでも、それの代用になる何らかの力を求めるからだ。だから、四十五歳から五十歳あたりの政治家たちは非常に危険だ。気をつけなさい。なぜなら彼らは性的能力を失い始める頃までに、他のどこかで自分自身を証明しなければならないからだ。

アドルフ・ヒトラーは性的不能であったため、性的能力があるという証明のために破壊的になった可能性は充分あり得る。フロイト派のところに行くなら、彼はそのように分析する。ユング派のところに行くなら、彼は非常にオカルト的な、神話的な意味を見つける。彼は世界の神話を詳しく調べて、そこに意味を見つける。

東洋のアプローチは全く異なる。それは「なぜ」は問題ではないと言う。事実はそこにあり、その事実で充分だ。私たちはそれの過去に立ち入らない。それは助けにはならない。それは問題をより複雑にする。なぜ過去に立ち入ったり、未来に立ち入ったりするのだ？　事実はここにある。それはあなたの前にある。それに直面しなさい。それに気をつけていなさい。「気をつけているBeware」とは、それに「気づいているbe aware」という意味だ。ただそれを見てごらん。

これは完全に異なるアプローチだ。そしてブッダたちは、あなたが正しく、洞察力を持って事実を見るなら、それは消える、と言ってきた。それは現在、東洋心理学の最も実存的で体験的な基礎の一つになっている。ただ観察するだけで、まさに明かりを暗い部屋に持って来るように、暗闇は消える。そして暗闇と共に存在していたすべての問題は、暗闇と共に消える。

たとえば、暗い家に入ると家具の上でつまずくことがある。そしてあなたは怒り、家具を叩き、そして「ここに敵がいる！」と言う。それからあなたは闇の中を手探りする。絵画があなたの上に落ちると、あなたは激怒してすべてを打ち壊したくなる。しかし、これらの問題はすべて暗闇によって引き起こされる。

明かりを持って来れば、気づきをもたらせば、突然、暗闇は消える——そして暗闇が消えると、あなたはもう家具の上でつまずかなくなり、絵画はあなたの上に落ちなくなり、そこには怒りも激怒もなく、あなたは怒り狂うこともなく、正気を失うこともない。それらの問題は暗闇に関係していた。それらは暗闇と共に消える。

西洋では、「なぜこの絵画は落ちたのだ？」と分析しようとし始める。今、精神分析医のところに行って分析を受けるのは、非常に金がかかる。「そもそも、なぜこの絵画は落ちたのだ？　あなたの子供時代に、あなたと母親との間で何か問題があったに違いない——そうでなければ、なぜ絵画は落ちたのだ？　なぜあなたは家具につまずいたのだ？　あなたは事故を起こしやすいのに違いない——他の人々は同じ部屋を通過しても、家具につまずかなかったからだ。だからそれは、あなたの子供時代の精神的外傷(トラウマ)について、何かを示しているのだ。たぶんあなたが産まれようとした時、あなたは引っかかって動けなくなり、医師はあなたを引き出さなければならなかったのだろう。だからそれ以来あなたはつまずいていて、つまずき続けるのだ。今、トラウマは解消されなければならない」

これらのことが――あなたは笑っているが――それらは西洋で非常に深刻な哲学になった。そしてそれらの偉大な提唱者たちがいて、誰もが、自分は最終的な解決を見つけたと主張している。

東洋では、私たちはそのようには働きかけなかった。私たちは「なぜ」と尋ねない。私たちはこう言う。「絵画は落ちたから、絵画は落ちた。今私はそれに当たったので、私は当たった。絵画が問題ではない。家具が問題ではない。問題は部屋が暗いことにある」

もちろん、あなたは決して暗闇につまずかない――その論点を見てごらん――あなたは家具につまずく。あなたは決して暗闇にはつまずかない。絵画はあなたの頭の上に落ちてあなたを傷つける。暗闇は決して、あなたの頭上に落ちてあなたを傷つけることはないが、暗闇が問題になっている。起きている問題に多くの注意を払い過ぎると、あなたは間違った方向に行くだろう。なぜなら、それらは本当の問題ではないからだ。本当の問題は部屋に光がないことだ。光をもたらしなさい。気づきとは疑問ではない。それはただ、より注意深くなろうと、より心に留めていようとしているるだけだ。

私は聞いたことがある……。

ある女性が、夫が大きなハサミで彼女へ残虐な攻撃をした、と不満を言って地元の裁判官の前にやって来た。

「裁判官！」と彼女は叫んだ。「彼は私に襲いかかって、私の顔をズタズタに切り裂きました！」

裁判官は彼女の顔を見たが、そこには争いの傷跡はほとんど見えなかった。

「いつ、それが起こったのですか？」

「つい昨晩です、裁判官」

「しかし、あなたの顔にどんな傷跡も見えませんが」と困惑した裁判官は言った。

「傷跡？」と女性は怒鳴った。「傷跡なんてどうでもいいわよ！　私には証人がいるのよ！」


さて、まるで証人がそれを証明できるかのようだ。まるでただ証人がいるだけで充分なようだ。椅子につまずいた理由を、絵画があなたの上に落ちた理由を見つけることができるが、それによっては何も解決されない。暗闇はそのままだ。あなたは、ある説明や別の説明を見つけ続けられる――東洋ではわずかな人々も、それを試さなかったわけではない。少数の人々はそれを試した。それは決して東洋的なアプローチの主流ではなかったが、少数の人々はそれを試した。

それがカルマの理論だ。それは説明を見つける努力だ。

あなたは商売をしていて、破産する。今あなたは「なぜ」と尋ねる。「なぜ他の人たちは成功していて、私は破産したのだ？　なぜだ？」

今、あなたの中に絶え間ない「なぜ？」という疑問がある。それであなたは宗教的な人の、聖職者の、占星術師のところに行く。彼はあなたの手相を見て、「あなたは過去生で何かをした。だからあなたは失敗したのだ」と言う。今、あなたは非常に救われた気分になる。あなたは一文無しのままだ。それは何も変わっていない。あなたの破産はそのままだが、あなたは自分の過去生で何か間違いをして、だからあなたは苦しんでいる、という説明だけであなたは満足する。今、答えはそこにあり、答えはあなたの疑問を晴らす。だが問題は手つかずのままだ。問題は、あなたは破産している、ということだ。あなたがどんな説明を得ても何の違いにもならない。

ある人は貧しくて、彼はいつも「私は善良で、正直で、誠実なのに貧しい」と感じている。すると誰かがこう説明する。

「この生ではあなたは善良で、正直だから、もちろん次の生ではそれに値する充分な報いを受けるだろう。不公平はない。少しの遅れはあるかもしれない」

インドで彼らは「しかし決して不公平はない。神はあなたに報いるだろう――待ちなさい、信頼しなさい」と言う。しかし彼は「だが私は貧しくて空腹だ」と言う。それから彼らは、過去生であなたは間違った事をした、悪いカルマを犯した、だからあなたは苦しんでいる、と言う。それは物事を明らかにさせる。

だからインドでは、五千年の歴史の中で一度も革命がなかったのだ――なぜならカルマの説明によって革命が潰されるからだ。ここではどんな革命もあり得ない。革命の必要はない。説明で充分だ。貧しい人は貧しく、金持ちは金持ちだ。金持ちが金持ちなのは、彼が善いカルマを行なったからで、貧しい人が貧しいのは、彼が悪いカルマを行なったからだ。今、貧しい人が何らかの革命を起こそうとするなら、彼は未来においても苦しむだろう――再び悪いカルマ、暴力、あれやこれやに。「だから、少なくとも今は、悪いことは何もしてはいけない。苦しみなさい、そうすれば次の生では――」……そして、次の生で何が起こるのかは誰にもわからない。だからそれは非常に美しい説明だ。

そう、マルクスが宗教は人々にとって阿片だと言う時、彼は間違っていない。それはそのように使われてきた。宗教自体が本当にそのようなものだということではなく、宗教は阿片として使われてきた、ということだ。その時、人々は麻痺させられる可能性がある。

私はあなたにこれを言いたい。決して説明に煩わされてはいけない。事実を見なさい。そして事実に気づいて、説明にあまり関心を持ちすぎてはいけない。そうしなければ、あなたはひたすら次のように続けるだろう。あなたは過去生で間違った事をした。だからあなたはそれほど暴力的で、攻撃的で、怒りで一杯なのだ。しかしあなたは、これまで他の質問をしたことがないのだろうか？「なぜ私は過去生で間違った事をしたのだろうか？」と。

すると彼らはこう言うだろう。「さらにそれ以前にあなたは間違った事をした」

しかし、それはずっと続いてゆく。問題は、なぜそもそもあなたは、最初の人生で間違った事をしたのだろうか？だ。そこに説明はない――神自身があなたを、あなたが間違った事をしなければならないように創造したのでない限り。しかしそれなら神が罪人であり、あなたではない。なぜあなたが、苦しまなければならないのだ？　彼が誤りを犯したのなら、彼に苦しませるがいい。

これらの説明は、自分を慰めるための貧しい努力だ。誰かが死んであなたは傷つき、多くの痛みを感じて、誰かにあなたを慰めてほしいと思っている。すると誰かがあなたを慰めに来る——なぜなら、需要があるところには供給があるからだ。それは経済の法則で、それはあらゆるところで当てはまる。あなたが泣いたり嘆いていたりするなら、ある馬鹿な、愚かな人が必ず来て、「泣いてはいけない。魂は不滅だ」と言うだろう。さて、それは何の変化にもならない。あなたの妻は死んで、あなたは死んだ妻と愛を交わすことができない。問題はそこにある。あなたは彼女を恋しく思うだろう。不滅の魂は、明日あなたのために食べ物を料理することができない。そしてあなたは、子供たちの世話をしなければならない。不滅の魂はやって来ない。

しかしある人は「魂は不滅だ」と言う。それは一種の慰めを与えてくれる。「だから彼女は本当は死んでいない。だから彼女はどこかにいるに違いない。いつか、どこかで会う可能性がある。そしてそれは良いことだ」

そしてあなたは夢を見始めて、それは慰めになる。しかしこの説明は精神安定剤、鎮静剤、アルコールのようなものだ。それはあなたを酔わせる。

誰かが死んであなたが心を痛めているなら、私はあなたに何と言うだろう？　私は、説明を求めてはいけない、と言う。この痛みを見なさい。死が起こった。それを見守りなさい。それはあなたを深く傷つけた。それを見守り、気をつけていなさい。生がどれほど儚いか、すべてがどのように終わるのかに気づいて、心に留めていなさい。ただ見なさい、生の流動的な現象を、束の間の夢のような存在を――。

ただ見なさい。そして説明しようとしてはいけない。逃げようとしてはいけない。避けようとしてはいけない。他のどこかに注意を向けようとしてはいけない。ただ見なさい。死が起こって、あなたは悲しんでいる。大きな悲しみがあなたに起こった。それを調べてみなさい。するとそれを見守り、それに気づくことによって、多くのことがあなたに明らかにされる。不幸や悲しみは消える――それと共にすべての愛着は消える。すべての愛着が悲しみをもたらすのが、あなたにわかるからだ。あなたが残念に思っているのは、あなたの妻の死ではない。それは死のせいではない。彼女が他の誰かの妻だったなら問題はなかった。彼女はあなたの妻だった。あなたが悩んでいるのは死の問題ではない。あなたの存在のある部分が奪われている――あなたはあまりにも、愛着していた――あなたは根こそぎにされたと感じている。あなたは自分の心に隙間を、空白を感じるだろう。

死がもたらす悲しみを見守ると、あなたは悲しみの背後にあるのは死ではなく、愛着であることに気づく。そして愛着の事実性を見ると、あなたはくつろぎ、愛着が少し緩む。次に死が起こる時は、それほどの悲しみはないだろう。そしてある日、死が起こっても悲しみがない時がやって来る。あなたは、これが物事のあり様だということを知る。あなたはそれを受け入れた。

あなたは生の現実（リアリティ）を、それは死で終わるということを知った。そしてやるべきことは他に何もない。あなたは気づくようになった。

質問四
お金に対する私の貪欲さ、お金を持つことや、自分がお金を稼ぐことができるのを見ること、それは何を意味しているのでしょうか？

それは、単にあなたが貪欲であることを意味している。

それについて大した哲学を論じる必要はない。それが意味しているもの、つまりあなたは貪欲だということ、それ以外に何の意味もない。そして貪欲は、自分は空っぽに違いない、だから何かあれこれを自分自身に詰め込みたい、と言っている。

お金は自分自身に物を詰め込む一つの手段だ。お金はあらゆるものを購入できるので、お金は非常に重要になる。その時あなたは、自分の空虚さにあらゆるものを詰め込むことができる。あなたは望むだけ多くの女性を持つことができ、望むだけ多くの宮殿を、多くの車、飛行機を持てる――あなたが望むものは何でもだ。あなたは自分自身に、物を詰め込み続けることができる。あなたは空虚だ。

空虚な人は貪欲な人だ。

そして、貪欲によって満たされる人は誰もいない。何らかのもので満たされる人は誰もいない。物事は外側にあるが空虚さは内側にあって、外側のものを内側に持ち込むことはできないからだ。だから金持ちになることはできるが、あなたは空虚なままだ。あなたの宝箱はいっぱいになるかもしれないが、あなたの心は空っぽのままだ。あなたの銀行預金残高は増え続けるが、あなたの魂は増大しない。それどころか、減少し始めるかもしれない――なぜならお金を追いかけるたびに、あなたはいくらかの魂を失うからだ。それは大きなリスクだ。あなたは自分の魂を失うことで、お金を稼いでいる。あなたの内なる純粋さを、内なる純潔さを壊すことによって、外部のもののために自分の内なるものを売り続ける。あなたは交換し続ける。結局、あなたは多くのお金と多くのものを積み上げたが、突然、内側では自分が乞食であることに気づく。

内なるものは、内なるものでしか満たすことはできない。私はあなたのお金を放棄しろと言っているのではない。それもまた愚かだ。絶えずお金を追い求めることは愚かで、お金を放棄することもまた愚かだ――なぜなら、誰もお金で自分の内なる空虚を満たすことはできないし、お金を放棄することでそれを満たすことはできないからだ。なぜなら両方とも外側にあるからだ。お金を蓄積しようと放棄しようと、どちらも外側にある。それは、直接問題を調べているわけではない。

あなたは内側で空っぽだ。そこで何かをしなければならない。祈りがそれを満たさなければならない。瞑想がそこで開花しなければならない――ただ神の香りだけが、あなたに満足を与えることができる。

だから私はお金に賛成でも反対でもない。お金は多くの物を購入できる。外側にあるものはすべてお金で購入できる。それについて問題はない。しかしお金は、あなたを内的な満足に導くことはできない……そしてそれが問題になる。あなたはそのために働かなければならない。

私自身の観察では、お金を持てば持つほど、内側の空虚さに気づく可能性は高くなる。なぜなら対比が物事を非常に明らかにさせるからだ。内側も貧しくて外側も貧しい人は、自分の内なる貧困がわからない。だから貧しい人々はより幸せに見えて、乞食は金持ちより、億万長者より幸せに見えるのだ。なぜだろう？ それは乞食は両方の面で貧しいから、内側も貧しくて外側も貧しいからだ。そこには対比がない。それはまるで、白い壁に白いチョークで書くようなものだ。読むことはできない。金持ちには自分の周りに多くの豊かさがあり、まさにその真ん中はすべてが空虚で、貧乏している。対比のせいで、それは痛む。黒板の上に白いチョークで書いているようなものだ。それは明らかで目立つようになる。

だから私は、お金に反対ではない。実のところ、私のアプローチ全体は、裕福な人々だけが宗教的であり得る、というものだ。貧しい人には不可能だ。貧しい人が宗教的であることは非常に難しい。貧しくて宗教的でいるためには、優れた知性、非常に優れた知性が、独特の知性が必要だ。そうして初めて、宗教的であることができる。白い壁に白いチョークで書かれたものを読むには非常に鋭い目が必要だが、黒板上のものを読むのは非常に簡単だ。

人間の歴史全体に関する私の分析では、国が非宗教的である時は、いつでも豊かになる。国は非宗教的である時はいつでも豊かになり、豊かである時はいつでも宗教的になる。このように車輪は動く。

ブッダの時代のインドは黄金の鳥であり、非常に豊かで宗教的だった。それは世界で最も豊かな国だった。全世界は嫉妬していた。その頃、インドは豊かで宗教的だった。しかし国が宗教的になる時はいつでも、貧しくなり始める――宗教的な人は、外側のことを気にかけないからだ。気にかけない時、それは消える。その時、国は貧しくなる。現在インドは貧しく、名目上宗教的なだけだ。

太陽はアメリカから昇る。宗教の未来は、インドではなくアメリカにある。インドは共産主義の道を歩まざるを得ない。それは避けることができない。それは既にその途上にあり、ゆっくり動いている。それは非常に古い国なので、それは非常にゆっくりと、老人のペースで動いているが、それは動いている。ゆっくり、ゆっくりとそれは動いている。それは民主主義を放棄し、自由を放棄し、ますます唯物主義的に、社会主義的になっている。それは最初の一歩だ。それからやがて、それは共産主義国になるだろう。共産主義になることによって、それは再び豊かになる。豊かになることによって、それは再び宗教的になる。

アメリカは豊かになり、遅かれ早かれ貧しくなる。ヒッピーを見ることができる。彼らは既に動いて、豊かな社会から離脱した。彼らがそれの無益さを見たからだ。それは無意味だ。彼らは戦争についてではなく、愛について語る。戦争ではなく、愛について語り始める瞬間、国は貧しくなる——なぜなら豊かなままであるためには、人は絶えず暴力的で、攻撃的なままでなければならないからだ。彼らは質素な生について語っているが、質素な生は豊かな生にはなり得ない。科学技術は消える。科学技術が消えるなら、豊かさは消える。アメリカは豊かであり、宗教的になるだろう。そして宗教的になることによって、やがてその豊かさを失う。

次の世紀にはロシアかどこかの国が非常に豊かになって、突然宗教的になる可能性がある。歴史という車輪は非常に弁証的だ——テーゼ、アンチテーゼ、このようにそれは動く。

私は豊かさに反対ではない。私は宗教に賛成する。あなたが非常に知的なら、貧困な中にいても富の無益さを見ることができる。だがその時は、非常に洞察力が鋭くなければならない。あなたは自分が持っていないものについて考えなければならないし、それが無意味であることを認識しなければならない。それを持たずに、それを無意味であると認識することは非常に難しい。それを持ちながら、それが無意味であることを認識するのは簡単だ。

だから私は、再びそれを繰り返したいと思う。貧しい人が宗教的になるなら彼は知性を示していて、金持ちが非宗教的なままだったら彼は愚かさを示している。宗教的でない金持ちは、単に彼が馬鹿だということを意味している。貧しくて宗教的でない人にはただ同情が必要になる。彼は馬鹿ではない。彼を許すことができる。金持ちが宗教的でないなら、彼を許すことはできない。それは彼が愚かであることを示している。彼は富を持っているが、それでもそれが無益であるとはわからなかった。

あなたの貪欲さは、あなたが空虚に感じていることを示している。今、あなたはそれを物で埋めることができるが、決して満たされることはない。または、あなたは内側の意識に向かって成長し始めることができる。するとそれは満たされる。

人々は生涯にわたって、すべてのエネルギーを貪欲によって浪費し続けられるが、この野心はあなたを助けたりしない。


ムラ・ナスルディンと彼の隣人は、自分たちの息子たちを育てる問題について話していた。

「ムラ、君の息子は非常に野心的なのか?」と隣人は尋ねた。

「そうだ、」とナスルディンは言った。「彼は金持ちになって成功するという非常に大きな考えを持っているので、既に俺を、ある種の貧しい親族として見始めたのだ」

彼は非常に成功して金持ちになろうと思うだけで、既に父親をある種の貧しい親族として見始めた!

貪欲の道を歩み始めるなら、エゴ・トリップを続けることができる——そしてそれはあなたの全人生を奪い取ることができる。人々はまさに最後まで、貪欲なままでいる。彼らは死につつあるが、それでも貪欲なままだ。死でさえ彼らに気づかせない。

ソロモンとアービングは、ドレス販売の事業仲間だった。彼らはこれまでのキャリアで最悪の時期を迎えていて、何を作ったら売れるのか困り果てていた。彼らの裁縫室には裁縫するドレスがなかった。彼らはいずれも、家族にお金を残す唯一の道は、自殺行為に同意することだと決心した。彼らはくじを引き、ソロモンが最初に飛び降りることになった。ソロモンは三十階の窓から飛び降りたが、彼は落ちていた時に、通り過ぎた各階のすべての裁縫室が忙しく働いていることに注目した。彼は後ろにいるアービングに叫んだ。「飛ぶな！　ベルベット布を裁縫しろ！」

最後の最後まで——あなたは死に瀕しているかもしれないが、商売は、貪欲の商売は続いていく。いったんあなたが関わると、そこから抜け出すのは非常に難しい。人はますます巻き込まれる。そして貪欲の道であなたは何度も侮辱され、屈辱を受けるが、それでもあなたは再び起き上がって、再び突進する。

特売品を宣伝した衣料品店の前には、早朝から待っている長い行列があった。

ある男が行列の先頭まで歩いて行った。人々は彼をつかまえて、行列の終わりまで押し戻した。もう一度彼は行列の先頭に向かったが、彼らは彼を蹴って、排水溝の中に押し込んだ。それでも彼は起き上がり、汚れを払い落として、行列の終わりの人に言った。

「もし彼らがもう一度そんなことをするなら、私は店を開けるつもりはない」

それでも彼は店を開ける準備ができている！　彼らは彼を排水溝に投げ込んだ！　しかし人々は、ほとんど正気を失って突進し続ける。貪欲は一種の狂気だ。

お金を使いなさい。だが決して貪欲であってはいけない。手段としてのお金は全く問題ない。それは優れた交換手段であり、非常に実用的だ。それを使いなさい。だがそれに使われてはいけない。それを所有しなさい。それに所有されず、主人のままでいなさい。

質問五

ＯＳＨＯ、今日あなたの感動的な講話の後、私は頭を下げてお礼を言うために、幾分おごそかにあなたが座っていた所へ近寄りました。でも頭を下げた時、代わりに笑っている自分に気づきました。

質問はパリトーショからだ。

それでいい。それが私にお礼を言う方法であり、私に感謝する方法だ。私は真面目さに反対だ。あなたが私の近くに来るなら、笑って来なさい。時々あなたが生真面目で深刻になる時でさえ、私はあなたを笑わせる。私への笑いは祈りだ。深刻な顔は病的な顔だ。決して深刻になって神のところに行ってはいけない。笑い、踊りながら行きなさい。するとあなたの祈りは聞かれるだろう……そしてあなたの「ありがとう」は目的地に届く。

パリトーショ、あなたが私にお礼を言うために来て、そして笑い始めたのはよかった。それが正しい方法であり、完璧な方法だ。花のように、それは開く。

あなたは生真面目で深刻な花を見たことがあるだろうか？　彼女たちはいつも笑っている。彼女たちの笑いを通して、彼女たちは神に捧げている。人間を除いて、誰もこの地球上で深刻そうには見えないし、また、人間を除いて誰も悲しそうには見えない。人間を除いて誰も困惑しているようには見えない。動物、鳥、木、岩石、川、山――誰も深刻そうには見えない。彼らはみんな笑っている。彼らは笑いの中で神に祈っている。彼らと手を結びなさい。

常に覚えておきなさい。あなたの笑いが深ければ深いほど、あなたの祈りはより深くなる。踊ることができるなら、あなたは神の社に入ったのだ。あなたは神の近くに来た。

そうだ、踊ることは神に達する唯一の道だ。

第十一章

生の海岸で小石を集める

Collecting Pebbles on the Seashore of Life

ブッダは言った。

私は王や君主の地位を、太陽光線に浮かぶ塵の粒子とみなしている。

私は貴金属や宝石を、煉瓦や小石とみなしている。

私は絹や錦織の派手なドレスを、使い古したぼろきれとみなしている。

私はこの宇宙を、ホーリー祭用の果実と同じくらい、小さなものとみなしている。

私はアナヴァタプッタの湖を、人が足に塗る油の一滴とみなしている。

私はブッダたちによって教えられた様々な救済の技法を、

想像力によって生み出された宝とみなしている。

私は仏教の卓越した教義を、夢の中で見られる貴金属、またはきわめて貴重な織物とみなしている。

私はブッダたちの教えを、目の前にある空の花とみなしている。

私は涅槃（ニルヴァーナ）を、白昼夢または悪夢からの目覚めとみなしている。

私は異端と正統の間の争いを、六頭の神話的な龍のふざけた行動とみなしている。

私は同一性の教義を、本性（リアリティ）の絶対的な地盤とみなしている。

ブッダは人間の歴史上、最も偉大な無政府主義者だ。

彼は外側からのどんな規則も信じない。あなたが外側から自由になるのを助けるために、彼は内側の規則、内なる規律をあなたに教える。ひとたびあなたが内なる規律の道を学んだら、彼はそこにいて、それも壊す用意ができている——なぜならあなたは、外側または内側から支配されているからだ。あなたは奴隷だ。自由は規則がない時にだけ存在する。

だから内なる規律は、社会、国家、大衆、文明、文化などの外的な支配から抜け出るための一歩に過ぎない。あなたが外的な支配から解放されるなら、ブッダはあなたの内なる規律も破壊し始める。だから私は、彼をこれまでで最も偉大な無政府主義者と呼ぶのだ。どんな外側の規則も存在すべきではないと教えた人々はいたが、内側の規則でさえ奴隷状態、微妙な奴隷状態の形であると教えたのはブッダだけだ。無規律が彼の規律だ。そして人が絶対にどんな規律もなしにいる時、そこには美しさがある。なぜならそこには自由があるからだ。それで人は、他人が課したり自分自身が課したどんな規則にも従わず、自発的に行動する。その時、人は単純に無から行動する。そしてその反応は全面的(トータル)で、何も抑えられていない。そしてどんな種類の強制もなく、暴力もない。そこには途方もない優美さがあり、祝福がある——なぜなら今や行動する者は完全に消え、行為者はもういないからだ。あなたが自分自身を律しようとしているなら、行為者は微妙な形で残っている。あなたが自分自身を律しようとしているなら、あなたは精神分裂症のまま、分割されたままだ。あなたの一部はあなたに規律を課して、別の部分はあなたによって規律を課せられている。だから一部は主人になり、別の部分は奴隷になる。再び分割があり、再び二元性があり、再びあなたは一つではない。

そしてこの二元性には必ず対立がある。なぜなら真実(リアリティ)においてあなたは一つであり、この二元性は虚構(フィクション)だからだ。誰が誰を管理しようとしているのだろう？　誰が誰に支配されるのだろう？　内側には一つの存在、一つの実存しかない。何らかの種類の規律をもたらすことは、その単一性を分割することを意味する。その分割が惨めさであり、その分割が地獄になる。

だからまずブッダは、神はいない、と言う――そこに神と神への信仰があるなら、人は決して自由にはなれないし、そこには支配者が、独裁者がいるからだ。世界に神がいるなら、民主主義はあり得ない――不可能だ。神が人間を創造したのなら、もちろん彼が究極の権力者だ。神が全能で、遍在していて全知なら、どうやって自由が存在できるだろう？　あなたは決して一人にされない。神はどこにでもいる。それがいわゆる宗教的な人々の教えだ。

彼らはこう言う。「神はあなたがどこにいようとも、あなたを見ている。最もプライベートな状況でも、神はそこにいて、絶えずあなたを見ている。神の目はあなたの後を追っている」

これは非常に危険な教えのようだ。それは、あなたにはどんな自由もないことを、あなたにはどんなプライバシーもないことを意味している。そして神は遍在する覗き魔のようだ。神は常に鍵穴のところにいて、あなたは彼から逃げられない。彼の存在そのものが破壊的だ。彼の存在は、人間には自由がないことを意味している。

神は死んだ、今や人間は自由だ、というニーチェの宣言には仏教的な雰囲気がある。

ブッダはこう言った。神は存在せず、そこには自由がある。自由とは、あなたは誰によっても創造されていない、誰にも支配されていない、誰にも操られていない、ということだ。

ブッダにとっては、自由が神だ。それを理解してみてごらん。それが難しいのは、ブッダが子供っぽいマインドにとって非常に理解し難い用語を使うからだ。子供っぽいマインドが常に理解できるのは、あなたを支配し、あなたを見守っている神がいる、同情的で親切で、偉大な父親や母親がいる、ということだ。これらは真実を理解する子供っぽいやり方だ。

ブッダは言う――神はいない、そして自由は絶対的なものだ、と。その絶対的な自由こそブッダの神だ。自由は神だ。自由は神性だ。そこでまず彼は、外側の信念をすべて取り除く。神を信じる必要はない。信じること自体が障壁になる。

つい先日の夜、イギリスからあるサニヤシンが来たが、彼女は非常に神経質になっていて、震えておどおどしていた。そして彼女は「私はまだあなたを信じることができないので、とても怖いです」と言った。私は「誰があなたに私を信じるように要請したのだ？」と言った。彼女は自分が疑っていると思っていたので恐れていた。普通の宗教は、信じる時にだけ宗教的になる、と人々に教えてきた。信じないならあなたは宗教的ではない。西洋は、どんな信仰も必要としない偉大な宗教が東洋に存在していたことを、全く知らない。それどころか東洋の宗教は、信仰は障壁だと言う。信仰のない宗教を想像することは、キリスト教徒やイスラム教徒、そしてユダヤ教徒にとって非常に難しい。ヒンドゥー教徒やジャイナ教徒にとっても、それを想像することは難しかった。

ブッダとは偉大な革命であり、非常に急進的な見解を持つものだ。彼は、すべての信念は危険だ、と言う。信じるべきではない。見るべきだ。

私はそのサニヤシンに言った。

「心配しなくていい。疑いは完全にオーケーだ。疑うことは信じることよりもましだ。疑いは決して、あなたの邪魔をすることはできない。疑いは開いたままだ。信じることはマインドの閉鎖になる――開き口は閉じられ、あなたは見ない」

実のところ、信じる人は見ることを恐れるようになる。たぶん真実は彼の信仰に反しているだろう。ではどうしたらいい？――彼は目を閉じる。目を開けるよりも閉じている方が自分の信仰を守りやすい。誰にわかるだろう？　真実は、あなたの信仰と一致しないかもしれない。真実はあなたの信仰を打ち砕くかもしれない。真実はあなたの信仰に反するかもしれない。それはキリスト教的ではないかもしれない。それはヒンドゥー教的ではないかもしれない。それはイスラム教的ではないかもしれない。そうなると、あなたはどうするだろう？　だから目を閉じたままでいるほうがいい。

信仰を持つ人は恐れる。彼は探さず、問いかけず、探求しない。彼は決して探検しない。彼は自分の信仰に凝り固まったままだ。彼は心に自分の信仰をしっかりと保持する。これは恐れからのものだ。

宗教は恐れからのものではない——少なくとも真の宗教は、恐れからのものではない。少なくとも、それは恐れから生じるべきではない。真の宗教は恐れのない状態にある。

ブッダはこう言う——神に対して、どうしたら恐れなしでいられるだろう？ ユダヤ教の神は言う——私は非常に嫉妬深い。私以外の神を崇拝してはいけない。私は非常に嫉妬深い。そしてあなたが他の神を崇拝するなら、私はあなたを破滅させるだろう。

さて、これらの言葉は非常に政治的で、非常に愚かに見える。そしてこれらの言葉を神自身の口を借りて言わせることは、全く馬鹿げている。神が「私は非常に嫉妬深い」と言うのか？——それなら神は非常に人間的に、人間より劣っているようにも見える——なぜなら嫉妬しない人間がいたからだ。嫉妬しないブッダが存在していた。ブッダは、ユダヤ教の神より優れた意識状態にあるようだ！ 嫉妬だと？ 他の誰かを崇拝することを、自分の信奉者たちに禁じるのか？

「なぜなら私は嫉妬深いからだ。そして私はあなたを破滅させるだろう」？ ユダヤ教の神が言うことは全く信じられない。彼はこう言う。

「もしあなたが私に反する何かを行なうなら、十世代にわたって私はあなたを苦しめるだろう。あなただけでなく、あなたの十世代の子供たちが苦しめられる。そして私を崇拝するなら、百世代にもわたたって、報いがあなたに訪れるだろう」

さて、これはどんな類の神だろう？ そしてあなたの子供たちは何もしていない。あなたがある罪を犯し、神に背くと、何世代にもわたってあなたの子供たちは苦しむ。あなたが善いことをしたなら、百世代にわたってあなたの子供たちは報いを得る。そしてユダヤ人の言葉での「善いこと」とは、あなたが全能の神に従うことを意味する。あなたが背くなら、それは罪だ。あなたが従うなら、それは美徳だ。

そこに真の価値はないようだ。神は不合理なことを言うかもしれないが、あなたが従うならそれは美徳になり、あなたが背くならそれは罪になる。そして「十世代にわたって私は復讐するだろう」というこの脅しと、「十世代にわたって私は報いるだろう」というこの賄賂――どんな類のマインドが、この神の概念を考え出したのかを見てごらん。それはあまり神性ではあり得ない。それは全く神性ではない。それは実際のところ、人間以下だ。

ブッダが言うには、神はいない。恐れてはいけない。人を恐れさせないために、神はいないとブッダは言う。そして彼は、人が真理の探求者になるためにはどんな信念も必要ない、と言う。信念は必要条件ではない。それは障害だ。開いていなさい。探検しなさい。疑い、考えて、瞑想して、実験しなさい。そしてマインドがどんな信念もなしに真理を体験するようになる時、マインドそのものが真理になる——なぜならその時、真理とマインドの間に交感があるからだ。

恐れ知らずでありなさい。誰もあなたを支配する必要はない。自由は、まさにその土台だ。

まず彼は外的な信念を、神、地獄、天国を信じることを落とす。あなたの地獄と天国は、単なるあなたの投影に過ぎないからだ。あなたがさまざまな地獄と天国を知っているならわかるだろう。チベット人の地獄に火はない。なぜならチベット人の地獄には、より以上の寒さが、より多くの氷がなければならないからだ。彼らは知っている。彼らは寒さに苦しんでいるので、地獄には全く火がない。もちろん、ヒンドゥー教徒の地獄には火がある。彼らは暑さに苦しんでいる。ヒンドゥー教徒の天国の概念は、エアコン付きの天国だと言ってもいい。太陽は決して熱くなく、涼しい風がいつも吹いていて、陰になる木があり、花はダイヤモンドのようだ……そしてすべてが涼しい。もちろん、暑い国は何世紀も暑さに苦しんでいるのでそんな夢を見る。

しかし物事は続いていく——それらはあなたの投影だ。気候の数と同じだけ、多くの地獄と天国が世界にある。なぜなら、それはあなた自身の気候の経験に依存しているからだ。チベット人にとって、地獄の火はほとんど天からの贈り物のように見えるだろう。いや、火は地獄には存在しない。そこは全く寒い。あなたは寒さで凍死する。火は天国に存在する。そこは、すべてが暖かい。

さて、こうした概念は何を示しているのだろう？　それはあなたのマインドを示していて、天国や地獄については何も示していない。人は自分の夢の中に、自分の投影の中に留まっている。

あなたが死ねば、身体に関する限りあなたは死ぬかもしれないが、あなたのマインドは存続する。実際、仏教のアプローチは、天国と地獄の考えが生じたのは、人がその生涯にわたって死後の生について投影したり考えたりするからだ、というものだ。

そして彼が多くの罪と過ちを犯していたら、後ろめたくなり、自分は地獄に行くだろうと感じる。彼は非常に怖れる。彼が死ぬ頃には恐怖が生じる。「今、物事を正す時間はない」。今、彼は地獄に行こうとしている。そして彼には地獄についての、地獄とは何かについての考えがある。だから人が死ぬ時、彼が身体から解放される時、その投影は現実味を帯びてくるのだ。彼は夢を見始める。だからヒンドゥー教徒が死ぬ時、確かに彼は死後の夢を見る。すぐに彼は、天国か地獄のどちらかの夢を見る。それは状況次第だ。彼が善人で、高徳で礼拝者だったら、もちろん彼は非常に自分に自信を持っている。死ぬ時、彼は自分が天国に行くのがわかっている。死後、マインドはすぐに夢を見始める。一つの死と別の誕生との間の時間は、夢を見ることに使われる。

あなたは夢の世界を生きる――まさに夜間に生きているように。あなたの身体がくつろいで眠りにつく時、何が起こるだろう?――あなたは夢を見始める。あなたは眠りの中で自分の身体を忘れる。睡眠は小さな死であり、非常に小さな死だ。あなたは身体を忘れ、身体を全く覚えていない。あなたはマインドだけになる――まるでマインドが、身体および身体に感じる現実性(リアリティ)という重荷をもう負っていないかのように。マインドは解放される。身体的な現実性や客観的な現実性の重圧が、マインドにかかることはない。

マインドは解放される。突然、あなたは夢を見始める。もちろん、あなたの夢はあなたの夢だ。それは何であれ、どんな現実とも関係がない。

あなたが死ぬ時、まさにこのようなことが起こり、それはより大きな割合で起こる。あなたが死ぬと、身体的な現実性や客観的な現実性のすべての重圧は消える。マインドは自由に夢を見る。睡眠の中でも重荷はある。睡眠の中でもあなたは身体と繋がっているが、死ぬとあなたは完全に断ち切られる。今やマインドは完全に自由になる。気球のように、それはその投影の中へ上昇し始める。だからもしあなたが、悪い人生を生きていたなら……。私が「もしあなたが悪い人生を生きていたなら」と言う時、私が意味しているのは、もしあなたが自分の人生は悪かったと思うなら、あなたがこの人生は悪だと教えられてきたなら、ということだ。

たとえばジャイナ教徒が肉を食べていたら、彼は自分の死後、地獄を経験するだろう。だが、それについて一度も考えたことがないイスラム教徒、キリスト教徒、非菜食主義者は違う。彼は地獄の苦しみを味わうことはない。しかしジャイナ教徒は、地獄の苦しみを味わうことになる。彼が肉を食べたら、彼の考えは罪悪感を抱かせる。罪がそこにあり、罪は投影する。そして彼は地獄とは何かを知っている。地獄が投影される。

死と誕生の間には素晴らしい夢見の時間があり、あなたはその夢の時間を長く生きることができる――なぜなら夢の時間は、あなたの目覚めている時間とは完全に異なるからだ。椅子に座っているだけで、一瞬眠りに落ちて夢を見る、ということを時々観察したことがあるだろうか？　そしてその夢は何年も経ったほど長い――夢の時間ではそうだ。それから突然、あなたは目覚めて時計を見るが、たった一分しか過ぎていなかった。さて、あなたは困惑する。どうやって一分間の夢で、多くの年月に関する投影を見ることができたのだろう？　あなたは子供だった。それから若者になり、それから単科大学や総合大学に行き、そして恋をし、結婚をして、ちょうど教会から出て来たところで、夢は壊れた。そして多くの年月の大変な広がりがある。どうやって、それはたった一分で起こったのだろう？

夢の時間は実際の時間とは異なる。それはほんの一分で起こることができる。だからたぶん死と誕生の間には、ほんの二、三分、またはせいぜい数日か数時間しかないのかもしれない。しかしそれは非常に長く見える。あなたは無限の夢を見ることができる。地獄の夢を見ることができ、天国の夢を見ることができるが、あなたは見続ける。

数人のサニヤシンたちが届けてくれた美しい逸話がある。

昔々、シヴァというプレイボーイがいた。ある日、彼は突然亡くなった。彼の友人たちは、彼が地獄に着いたかどうかを尋ねてみようと考えた。もちろん、当然、彼は地獄に着いたはずだと彼らは思っていた。そこで彼らは悪魔に電話をかけた。

電話が通じて、「ハロー、こちらは悪魔だ」という声が鳴り響いた。

「もしもし、悪魔様、シヴァは地獄に着きましたか？」

「いや、別の場所に聞いてくれ。ここにはプレイボーイたちが充分いる。そしてもうこれ以上面倒な事はいらないのだ」と悪魔は言った。

そこで彼らが天国に電話すると、ものすごく神聖な声が言った。

「ハロー、こちらは聖母マリアです」

「シヴァは天国に着きましたか？」

「いいえ、まだ来ていません、」と聖母マリアは言った。「明日かけ直してください」

そこで彼らは、次の日に再び電話した。すると同じ純粋で神聖な気高い声が「ハロー、こちらは聖母マリアです」と言った。彼らが再びシヴァについて尋ねると「いいえ、まだ来ていません。明日かけ直してください」と言った。そして彼女の声は蜜のように甘かった。最初は甘く、最後も甘く、終始甘かった！

そこで次の日、彼らが再び電話をすると、素晴らしく色っぽい声が聞こえた。

「ハロー、こちらはマリアよ」

友人たちはお互いを見て「じゃあ、彼は着いたのだ」と言った。

あなたの地獄はあなたの地獄だ。あなたの天国はあなたの天国だ。それはあなたの投影であり、夢の中に投影されたあなたの個性だ。これらは現実ではない。

ブッダはとてつもなく実存的だ。彼は、天国も地獄もない、天国や地獄が存在するのは、ただ人間の夢の中だけだ、と語った最初の宗教的な人間だ。あなたが生きている間に夢を見るのを止めたなら、天国や地獄は存在しない。実際には、罪も美徳も存在しない。彼は最も偉大な因習破壊主義者であり、偶像破壊者だ。彼はあなたからすべてを奪い取る——なぜなら、すべてが奪い取られない限り、マインドが存続することを彼は知っているからだ。マインドには支えるものが必要だ。すべての支えるものが奪い取られるなら、マインドは崩壊する。そしてその崩壊の中で、現実はその真の色合いで、その真の音色で現れる。

リアリティはマインドがない時にだけある。マインドとは歪める能力だ。

さて、これは最後の経文で、途方もなく重要なものだ。それぞれの文は剣のようで、それはマインドの根を断ち切る。そしてマインドの根を断ち切ることに関しては、ブッダは誰も、自分自身さえも排除しない。それが彼の信頼できるところだ。彼が他人の哲学に反対しているわけではない。彼は哲学そのものに反対している——彼自身の哲学にも反対している。それがマスターの真正さだ。他人の哲学に反対することは非常に簡単だが、自分自身の哲学に反対することは、その人が自分自身の哲学を持っていないことを意味する。彼は単に真実を、哲学がリアリティへの扉ではないということを主張しているだけだ。彼は自分自身のものも含めて、すべての技法に反対する。

あなたは驚くだろう。「それなら、なぜ彼は技法を使うのだ？」

技法はただあなたのせいで、あなたがジャンプをする準備ができていないので使われる、というだけのことだ。ジャンプは大きすぎるので、あなたは少しずつそれに取り組む。そのため、彼は技法を考案しなければならない。同じことが私についても言える。私はあなたに、どんな技法もなしに量子的飛躍をしてほしいが、あなたはそうすることができない。奈落の底は深すぎて、恐怖があなたを支配する。だから私はあなたのために、小さな踏み台を作らなければならない。ゆっくり、ゆっくりと、私はあなたを説得する。あなたが準備できるようになればなるほど、私はあなたを無技法、ノー・マインド、無宗教へ押し動かしていく。本質的な宗教は無宗教であり、最も偉大な技法は無技法だ。そしてノー・マインドの状態に至ることは覚醒に至ることだ。ブッダは、多くの種類の人々と話さなければならなかったが、これらの経文は充分な発達段階に達した、成熟した弟子たちのためのものだ。

一度それは起こった。

私は狂気じみた漁師のムラ・ナスルディンと雑談していて、彼にこう言った。

「私は気づいたんだが、ナスルディン、君が捕まえた魚について話す時、聞く人が違うたびに、その大きさが変わるんだね」

「そうさ、」と彼は言った。「俺はその人が信じてくれると思えるものよりも、決して大きくは言わないことにしているのだ」

それはブッダがしていることでもある。あなたが子供っぽいマインドを持って彼のところに来たなら、彼はあなたが遊べるように何かの玩具を与える。あなたがもう少しましで、もう少し成長したマインドを持ち、もう少し成熟してやって来たなら、彼はそれらの玩具を与えない。そしてあなたが真実を聞くために本当に充分成熟していて、恐れていなければ、それなら……その時、これらの経文がある。

今日の経文が最後だ。それはまさに、成長した人々のためにだけ意図されている。

だから、非常に注意深く耳を傾けてごらん。

かつてイエスの弟子が「あなたは世界に、平和のメッセージをもたらしましたか？」と彼に尋ねたと伝えられている。彼は「いや、私は平和をもたらさない。私は剣をもたらす」と言った。剣だと？　そしてキリスト教徒は、何世紀にもわたってそれについて頭を悩ませてきた。なぜなら、それは正しいようには見えないからだ。イエスは平和のメッセンジャーなのに、彼は「いや、私はあなたに、平和ではなく剣をもたらした」と言う。そして彼は「私があなたに教えることは、どのように自分の母親を憎むか、どのように自分の父親を憎むか、どのように自分の妻を憎むか、どのように自分の夫を憎むか、そしてどのように自分の子供を憎むか、だ。そしてあなたが自分の父親と母親を憎む準備ができていない限り、私について来ることはできない」と言う。

さて、「神は愛だ」と言うイエスから来ているこれらの言葉は、非常に矛盾しているように、辻褄が合わないように見える。彼が何を意味しているかを明らかにすることは難しい。それはキリスト教徒にとっては難しかった。彼らはこれらの文を避けている。

しかし、あなたがブッダのこの経文を理解すれば、イエスも理解できるだろう。彼が「剣」で意味しているのは、それぞれのマスターは、マインドの根を断ち切るために剣を世界にもたらす、ということだ。

そして彼が「あなたが自分の父親や母親や家族を憎まない限り、私について来ることはできない」と言う時、彼は何を言っているのだろう？　彼が言うのは、あなたが母親によって、父親によって、家族によって、あなたに与えられてきたそのマインドを落とさない限り、あなたが過去を落とさない限り、社会があなたに与えたもの——善の考えと悪の考え——を完全に忘れない限り、社会があなたに与えたすべての条件付けを落とさない限り、私について来ることはできない、ということだ。

この経文は剣のようだ。それは切る、それは完全に切る。ブッダが非常に厳しいのは、彼が大きな慈悲を持っているからだ。彼は、あなたが自分の奴隷性を再び見つけることができる抜け穴を許さない。だからまず、すべての外的な規律を落として、それから、内なる規律も落としなさい。その規律のない状態の中に自由があり、涅槃（ニルヴァーナ）があり、解脱（モクシャ）がある。その自由から起こるものは、何でも美徳だ。奴隷状態から起こるものは、何でも罪だ。

ブッダは言った。

私は王や君主の地位を、太陽光線に浮かぶ塵の粒子とみなしている。

彼は、すべての政治権力、すべての権力そのものは愚かだ、と言う。それを求めてはいけない。野心的であってはならない。なぜなら、すべての野心は塵しか集めないからだ。あなたが塵に幻滅を感じていなければ、真実とは何かを知ることはできないだろう。野心に取りつかれている人は、全く真実を知ることができない。野心でいっぱいの目は、そうあるものを決して見ない。彼らは自分が見たいものしか見ない。野心的なマインドは間違ったマインドであり、野心的でないマインドが正しいマインドだ。

非野心的であること——それはどういう意味だろう？　それは、あなたは未来を切望していないし、次の瞬間を切望していない。次の瞬間を望んではいないし、希望を捨て、この瞬間に生きていてどんな未来も持たず、現在が存在するすべてだ、という意味だ。

非野心的なマインドは静かになり、その静寂は自発的に生じる——あなたが自分自身を静めるわけではない。非野心的なマインドは静かだ。行くべきところはどこにもなく、切望するべきものもない。その時、真実性(リアリティ)が手に入る。

野心的なマインドにとって、真実(リアリティ)は手に入らない。なぜなら、リアリティはただ現在においてしか手に入れることはできないが、野心的なマインドは常に他のどこかにあるからだ。常に他のどこかだ。野心的なマインドは決して満足しない。不満がまさにその根底にある。

ブッダは言う。あなたは何を望んでいるのだ？ 王国を望んでいるのだろうか？ 偉大な王や高貴な人になりたいのだろうか？

私は王や君主の地位を、太陽光線に浮かぶ塵の粒子とみなしている。

なぜ彼は、「太陽光線に浮かぶ」と言うのだろう？ 時々あなたは見たことがあるだろう……太陽光線が屋根から入り、部屋全体が薄暗く、一筋の太陽光線だけが部屋に入る。その時あなたは、その中に浮かんでいる塵を、浮かんでいる塵の粒子を見ることができる。それらは輝き、ダイヤモンドのように見える。それらは普通の塵だ。太陽光線がそこになければ、あなたはそれらを見ることさえなかっただろう。太陽光線の中でそれらはダイヤモンドのように見える。それは輝き、光り輝くようになる。

ブッダはこう言っている。あなたが野心を投影する時、野心という太陽光線がそこにある時、塵の粒子は非常に貴重なものに見える。それらはそれ自体では貴重ではない。そして彼は、自分が王として生れたことを知ったはずだ。それで彼はその宮殿を去った。彼の野心が落ちた日、突然太陽光線は消えて、彼にはただ塵ばかりが見えた。

その夜、彼は宮殿と王国、そして新しく生れた彼の子供を後に残して去った。二輪戦車の御者は、彼がどこに行くのかも知らずに彼を王国から連れ去った。そして御者は尋ねてはいけないことになっていた。しかしブッダが二輪戦車から降りて御者に「さあ、私の服を受け取って、どうかお前の汚れた服を私に与えてくれ」と言った時、彼はブッダが何を意味しているのか理解できなかった。彼は「何をしているのですか？　気が狂ったのですか？」と言った。彼は老人で、ブッダの父親と同じ年齢だった。そして彼はこう言った。

「私はあなたを見てきましたし、まさにあなたが幼い頃からあなたを愛していました。何をしているのですか？　私はちょうど、あなたのお父様のようなものです。私に言ってください。あなたの悩みは何なのですか？　なぜあなたはこの美しい宮殿から、この王国から出て行くのですか？あなたは王国で最も幸福な人なのですよ。どこへ行かれるのですか？」

するとブッダは言った。「私はその宮殿を見ている。それは燃えている。すべてが燃えている。全世界が燃えている。そして私は涼しい日陰に移りたいのだ」

御者はもちろん、彼が何を言っているのか理解できなかった。

「あなたは何を話しておられるのですか？　どこにも火は見えません。あなたは何を話しておられるのですか？」

ブッダは「お前にはわからないかもしれないが、私は火を見た。すべては炎上していて、すべては燃えている。なぜなら、すべては死に向かって動いているからだ」と言った。

ちょうどその前日、彼は若者の祝典を開催するために町へ、彼の首都へ行った。すると路上で彼は死体に出くわした。彼はその瞬間まで、死体を見たことがなかった。彼は「この人に何が起こったのだ?」と尋ねた。

その物語は美しい。物語は東洋的な方法で、神話的な方法で伝えられている。物語は、御者が死について話すことを、そのような質問に答えることをブッダの父親に禁止されていた、と伝えている――なぜなら父親はブッダが生れた時、彼が死を知るようになったら、彼は世界を放棄するだろうと事前に警告されていたからだ。だから御者は何も言おうとしなかった。しかし物語は、これを見ていた一人の神が御者の身体に入った、と伝えている。ブッダが放棄する準備ができた瞬間が来たのを見て、その放棄を通してのみ彼が悟ることを、存在の稀な瞬間が到来したのを見て、神々は助け、御者に真実を言わせた。

御者は「その人は死んでいます、殿下」と言った。

そこでブッダは「これは私にも起こるのだろうか?」と尋ねた。そして御者は神が強いていたために言わなければならず、「はい、これはあなたにも起こることになります」と言った。

するとブッダは言った。「それなら家に戻れ。それなら若者の祝典の開催式を行なうことに意味はない。私はもう若くない。死を見て、私は老いてしまった。死を見て、私は死んでしまった」

偉大な一瞥が、偉大な洞察が起こった。そしてブッダは次の日に言った。

「全世界は燃えている。私は死と死が来る時を見た。それなら何の意味があるのだ？　私は死を超えた何かを見つけたい」


私は王や君主の地位を、太陽光線に浮かぶ塵の粒子とみなしている。


だが、私たちは死を見ない。私たちの野心は、私たちがそれを見るのを妨げている。たとえ死があなたのすぐ前にやって来ても、あなたの野心が障壁として機能するため、あなたはそれを見ることができない。それはあなたが見るのを許さない。それは目隠しのようなものだ。

私は聞いたことがある……。


ニューヨークの裕福な製造業者は、神経衰弱に苦しんでいた。

「あなたは休息を取らなければなりません」と彼の医師は助言した。

「フロリダに行きなさい。太陽の下で横になってのんびりしたり、泳ぎに行ったりしなさい。一ヶ月で良くなるでしょう」

実業家は医師の助言に従い、マイアミに行って、水泳パンツを履いて暖かな砂浜を散歩した。その時、水の誘惑に抵抗できず、彼はひと泳ぎした。しかし彼は、自分が運動不足で過した年月を買いかぶっていて、いつの間にか背が立たないところにいて、泳いで戻ることができなかった。

「助けてくれ！　助けてくれ！」と実業家は大声で叫んだ。「救ってくれ！　溺れているのだ！」

注意深い救助員は、叫び声を聞いて水に飛び込み、無事に彼を引き上げた。

製造業者の妻は、浜辺の現場に走って来た。「アービング、あなた、大丈夫？　私に話して！」

「私は大丈夫だ」、アービングは滴をたらしながらぜいぜいと息をしていた。

「だが私は、内緒で尋ねたいことがある。お願いだ。身を屈めてくれ」

心配した妻は身を屈めた。「ええ、アービング、私に尋ねたいことって何？」

「言ってくれ、私はこんなことに対して、いくらチップを払えばいいのだ？」


彼は死に直面していた……。だが彼は妻に尋ねている。「言ってくれ、私はこんなことに対していくらチップを払えばいいのだ？」

命が問題ではなく、お金が問題だ。「私はいくらチップを払わなければならないのだ？」

死に直面しても、人は死の存在そのものが、彼の人生全体を無意味にすることに決して気づかない。死がそこにある時、お金に意味はない。しかし野心的なマインドは、非常に異なる世界に、彼の野心の太陽光線が、塵の粒子をダイヤモンドのように輝かせる世界に生きている。太陽光線が消えると、野心がなくなると、すべては台無しになり、あなたは自分がどこへ行こうとしていたのかを、何を切望していたのかを見ることができる。命が消えようとしているのならば――そしてそれは消えようとしている――それは遅かれ早かれ、死という砂漠に入ることになる。それは時間の問題に過ぎない――そうすると……それならあなたが切望しているものは、何でも無意味になる。死はあなたからすべてを奪い取る。

ブッダは言う――死が破壊できないものを探しなさい。

私は貴金属や宝石を、煉瓦や小石とみなしている。

あなたのすべてのお金、すべての宝石、すべての銀行預金残高を、ブッダは「私は小石とみなしている」と言う。あなたとは、生という海岸で遊んでいる子供であり、小石を――もちろん着色されたものを――集めている子供だ。それらはもちろん美しく見えるが、それらは海岸の小石で、取るに足らないものだ。そしてあなたがそれらを集めている間に、生はあなたの手から急いで抜け出し、すり抜けている。あなたは大変なリスクを冒している。この機会は、ただ小石を集めるだけで潰されるべきではない。

二人の小さな女の子を遊園地に連れて行った男は、ムラ・ナスルディンが午後ずっと回転木馬に乗り続けていることに注目した。一度、回転木馬が停止した時、ムラは急いで降りて一杯の水を飲み、そしてまた戻ってきた。彼がその女の子たちの近くを通り過ぎた時、彼女たちの父親は彼に言った。「ムラ、あなたは本当に回転木馬に乗るのが好きなんですね?」「いや、そんなことはない。むしろ、俺はそれが大嫌いで、それのせいで非常に気分が悪いのだ」とナスルディンは言った。「しかしこれを所有しているやつは、俺から百ルピーを借りているので、支払い代わりとしてそれに乗ることが、彼から借金を回収する唯一の方法なんだ」

お金は、世界で最も大きな強迫観念であるようだ。お金は、世界で最も大きな狂気であるようだ。私たちは自分の命を売って、小石を集め続ける。私たちはそれをお金と呼ぶ。ある日私たちは単純に消えて、お金はここに残される。そして、あなたがそのお金を集めることで浪費した生は、より創造的な方法で使うことができた。それは歌に、ダンスになることができた。それは祈りに、瞑想になることができた。それは真実の認識に、自由の実現になることができた……だが、あなたは取り逃がした。

ブッダは言う。

私は絹や錦織の派手なドレスを、使い古したぼろきれとみなしている。

あなたが求め続けているものは、すべて愚かに見える。食べるためだけに生きている人々がいる。

着飾るためだけに生きている人々がいる。物で遊び続けている人々がいる――子供の頃なら良い。だが極めて少数の人々しか、大人にならないようだ。彼らは確かに年老いるが、ごく少数の人々しか大人にならない。年老いることと大人になることは、全く別のことだ。成長した人とは、物事を玩具であるものと玩具ではないものを見抜くことができる人だ。小さな子供たちが遊んでいる――あなたは彼らを笑うが、あなたは自分自身の生を覗き込んだことがあるだろうか？　あなたは少しでも成長したのだろうか？　たぶんあなたは玩具を変えた――彼らは玩具の車で遊んでいて、あなたは本物の車で遊んでいる――だが遊びは同じままだ。そういう人々がいる……。

かつて私は大学の教授でいて、ある教授はちょうど私の向かいに住んでいた。彼は車を持っていたが、それは常にそこに置いたままになっていて、彼は毎日、定期的にそれを掃除して洗っていた。私は次第に戸惑うようになった。なぜなら、それは決して玄関先から出なかったからだ。

私が尋ねると彼は言った。「知ってのとおり、交通量は多いし、車はとても美しく、それを大学に持って行くことは危険だ。君は学生を知っているだろう、誰かがそれを引っ掻くかもしれない」

「では、なぜ君はこの車を購入したのだ？」

彼は「それを愛しているのだ」と言った。

さて、車を愛することについて考えてごらん！　しかし車を愛する人々や、家を愛する人々がいる。彼らに何が起こったのかを見るのは、あまり難しくない。これらは人を愛することができない人々だ。彼らは物しか愛することができない――なぜならあなたは、物を人よりも上手く操作したり管理できるからだ。人は常に危険だ。女性を愛するなら、それは常に危険になる。男性を愛するなら、それは常に危険になる――それは男性または女性が自由で、本質的に自由だからだ。

あなたは完全に支配することはできない。人間はあらゆる方法で試みた――結婚、法律、そしてあれやこれやを作り、それの周りに体面、刑罰、受賞を作り、そしてただ一つのことを、つまり、女性はもう自由ではない、男性はもう自由ではない、ということを確実にするためにあらゆるものを作ろうとした。男性が夫である時、彼はもはや人ではない。女性が妻である時、彼女はもはや人ではない。自由が失われている。今や、夫は物で、妻は物だ。彼らはより簡単に支配され得る。妻が何かをするなら、あなたは法廷に行くことができる。治安判事はあなたを助け、警察はあなたが妻を「物である状態」に押し戻すのを助ける。

人々は物を愛し……そして人を恐れている。

それから人々は、馬鹿げた限界にまで行くことができる。さて、車には実用性がある。確かにそれには実用性があるが、車と恋愛関係にあるのは馬鹿げている。そしてこれはロマンスだ！　私は彼が毎日三十分間、完全に没頭してそれを洗うのを見た。そして車は一度も使用されなかった。彼は自転車で大学に行き、車はそこに置かれたままだった。しかし彼は、車がそこにあることに非常に満足していた。彼はまるで女性を見ているかのように車を見て、人体に触れているかのように車に触れた。私は彼を見守った。彼が車を見る時、彼の目は突然輝き、大きな何かが車の周りで起こった。それは馬鹿げている――馬鹿げているだけでなく、それは気違いじみている。

私はこの宇宙を、ホーリー祭用の果実と同じくらい小さなものとみなしている。
私はアナヴァタプッタの湖を、人が足に塗る油の一滴とみなしている。

そしてブッダはこう言う。あなたが気づくなら、宇宙全体は非常に小さく見える――なぜなら気づきは宇宙全体より大きいからだ。

人間は身体を見ると非常に小さく、マインドを見ると非常に愚かで、意識を見るなら人は途方もなく広大だ。三つの物が人間の中で出会う。広大なもの、無限のものが彼の意識の中で、彼の覚醒の中で出会う。境界線は後退して消える。それが瞑想する時に気づくものだ。身体はあなたを含んでいない。実際は、あなたが身体を含んでいる。普通あなたは「私は身体の中に存在している」と思っている。それは絶対に間違いだ。身体があなたの中に存在している。あなたはより広大で、より大きい――身体より大きいだけでなく、この宇宙全体より大きい。すべてを収容しているのは覚醒だ。しかし身体を見るなら、あなたは非常に小さい。それで、あなたが自分の身体と同一化し続ければ、大きくなりたいという大きな欲望が生じる。それが政治であり、お金に対する欲望と野心であり、あなたが美しい服を着て、自分自身をよく見せようとしていることだ。あなたは身体を、自分のちっぽけさや自分の小ささを隠そうとする。あなたはそれを美しく見せようとし、それを貴重なものにしようとする。

ある時、ムラ・ナスルディンが蒸し風呂に入っていると、そこへ非情な殺人者であり、偉大な皇帝で偉大な征服者であるタムルラーニが来たと言われている。そこにはたった二人だけ、ムラ・ナスルディンとタムルラーニだけがいた。

そしてタムルラーニは、いつものようにムラ・ナスルディンに尋ねた。

「私は君が非常に賢明な男であると聞いている。君は私の価格が、私の値段がいくらだと思うかね？」

もちろん、彼はムラが「あなたは値段のつけられない方です。宇宙全体は、あなたの前では何の価値もありません」と言うことを望んでいたに違いない。

だがムラは彼を見て、それについて考え込み、「六十ルピーだ」と言った。

タムルラーニは非常に怒って「どういう意味だ、六十ルピーとは？　私が身に付けているこのタオルでさえ、六十ルピー以上の価値があるぞ！」と言った。

ナスルディンはこう言った。

「だから、六十ルピーと言ったのだ。俺はあなたを勘定に入れていない——あなたには何の価値もない——このタオルだけだ。俺は無茶なことは言わない。だから六十ルピーと言うのだ」

あなたが身体と同一化しているなら、もちろん、あなたの価値は大したものではない――大したものではあり得ない。あなたが自分の身体を売りに行くなら、それからどれくらいの価値を得られると思うだろうか？　科学者に尋ねるなら、彼らは「だいたい五ルピーくらいだ」と言う。六十ルピーでさえない……だいたい五ルピーに近い。そこには、ある程度のアルミニウムと鉄とリンといった物がある。それらが市場ですべて集められて売られるなら、五ルピー程度の値段が付けられるだろう――それが真実なのは、物価が非常に高くなったからだ。

そもそも、誰もあなたの身体を買うつもりはない。あなたが死ぬ瞬間すぐに、誰でも「今すぐそれを終わらせよう」と言って、何らかの方法であなたを処分する準備ができている。

それは起こった。

偉大な皇帝アクバルについて伝えられているのは、スーフィーの神秘家ファリッドによく会いに行き、彼の足に触れた、ということだ。さて、アクバルの宮廷の人々は少し嫉妬した。

「偉大な皇帝アクバルが、貧しい乞食の足に触れているだと？」

そこで、彼らはある日アクバルに告げた。

「これは見た目がよくありません。それは屈辱的です。その乞食の足に触れる必要はありません。あなたの頭は皇帝の頭ですが、あなたはご自身の頭を、彼の足に置くのですか？」

アクバルはこう言った。

「一つの事をしてみるがいい。死んだ人の頭を持って来て、それを売ろうとしてみるがいい」

皇帝がそう言ったので、彼らは試さざるを得なかった。

どこへ行っても人々は彼らを追い払い、「気が狂ったのか！　ここから出て行け！　お前の持っている頭は悪臭を放っているのに、誰がこの頭を欲しいと思うのだ？　出て行け！」と言った。

彼らはデリーのすべての店で、すべての市場でやってみたが、至る所で追い出された。彼らは戻って来て言った。

「誰も買うつもりがありません――それだけではなく、人々は聞こうとさえしません。彼らはただこう言うだけです、『ここから出て行け！　気が狂ったのか？　人間の頭で、我々はどうしたらいいのだ？』」

アクバルは言った。「それならお前はどう思う？　私の頭は単なる人間の頭だ。ある日、お前はそれをどんな値段ででも売ることはないだろう。だから、私がこの役に立たない頭をファリッドの足元に置くとしても、なぜお前はそれが屈辱的だと思うのだ？」


かつて偉大なスーフィーの神秘家が、少数の人々に捕らえられたという話がある。彼らは奴隷市場で彼を売りたいと思っていた。彼は非常に若く健康な男で、輝いていた。だから彼らは非常に喜び、良い値段で売ろうとして彼をつかまえると、彼は彼らにこう言った。

「あなたが私を売ろうとしているのはわかっているが、一つだけ言わせてほしい。私の話を聞くなら、あなたは可能な限りの高値で売ることができる。私は自分の値段を知っているが、あなたは知らない。だから売る用意ができたら、『それは適切な値段なのか？』と私に尋ねなさい」

数時間後、彼らは王に出会い、王は「その男は見た目がいい。彼を買おう。五千ルピー支払おう」と言った。それは当時では充分過ぎる値段だったので、彼らは売る用意をした。

だが神秘家は「待ちなさい。これは大した額ではない。適切な買い手に来てもらいなさい。そしてあなた方に言おう。馬鹿なことをするんじゃない」と言った。そのため彼らは断った。

ある金持ちが来て、一万ルピーを出すと言った。彼らは売る用意をして、神秘家に尋ねようとさえしなかった。しかし、神秘家は言った。

「待ちなさい！　あなた方は馬鹿なのか？　見ていなかったのか？　値段は今二倍になっているのだ。ちょっと待ちなさい」

それから別の金持ちが来て、一万五千ルピーを出すと言った。今、売人たちは彼が正しかったことに気づいた。「我々は非常に貴重な男を持っている」。そしてこれは一日中続いた。多くの人々が申し出たが、神秘家は「待ちなさい」と言っていた。最後の提示額は五万ルピーだったが、神秘家は「待ちなさい！」と言った。その後、人々は家に帰り始め、市場は閑散となった。最後の人が来たが、彼はただ藁の束しか持っていなかった。それは最後の人だった。

売人たちは言った。「さて、買い手はいないようだから、また八日間待たなければならないだろう。

来週、また市場がある」

神秘家は「待ちなさい、この人に尋ねなさい」と言った。彼らがその人に尋ねると、彼は「この藁束を与えることができます。他には何も持っていません」と言った。

神秘家は「それは適正な値段だ。それで売りなさい！　これは全く適正な値段だ。今、この機会を逃してはいけない」と言った。

売人たちは頭を叩き始めて、こう言った。「我々は狂人をつかまえてしまった！　我々は五万ルピーを失って、今彼は『これは適正な値段だ！』と言っている」

しかし彼は何かを見せ、何かを指し示していた——値段はなく、身体は非常にちっぽけで非常に小さい、ということを。あなたが身体と同一化しているなら、あなたは藁と、藁の束と、またはブッダが言う『汚物で満ちた皮の袋』と同一化している。あなたがマインドと同一化しているなら、あなたにはもう少し自由がある。しかしマインドは馬鹿で、愚かで平凡だ。それは真実について何も知らない。それはただ真実について推論し、推測し続けるだけだ。マインドとは当てずっぽうだ。

ブッダは言う——あなたが本当に自分自身を知るようになれば、あなたは広大で、無限だ。

あなたは神だ。

私はこの宇宙を、ホーリー祭用の果実と同じくらい小さなものとみなしている。

私はアナヴァタプッタの湖を、人が足に塗る油の一滴とみなしている。

ブッダはこう言っている——あなたが人をその真の現実(リアリティ)で知るなら、彼はとても広大なので、最大の湖は彼の足にある油滴にすぎない。彼はとても広大なので、宇宙全体は彼よりも小さい。

私はブッダたちによって教えられた様々な救済の技法を、想像力によって生み出された宝とみなしている。

これは剣だ。それはあらゆるものを根元から断ち切る。今、彼は言う——私はブッダたちによって教えられた様々な救済の技法を、想像力によって生み出された宝とみなしている。すべての技法はマインドによって作られるので、それらはマインドを超えてあなたを導くことはできない。マインドによって作られたものは、マインドを超えてあなたを導くことはできない。マインドを超えるためには、マインドによって作られるものすべてから去らなければならない。技法もまた、マインドによって作られる。ヨーガ、タントラ、ヤントラ、マントラ——すべての技法はマインドの創造物、想像……美しい想像、甘い夢、黄金の夢だ。そしてもちろん、それらはブッダたちによって作られる。

あなたを身体から連れ出すために、マインドが使われる。だから、身体との同一化からあなたを連れ出すためのテクニックがいくつかある。それから、あなたをまさにマインドの境界まで連れて来るための、マインドが終わるまさに末端にあなたを連れて行くための技法が他にある。それで、あなたはマインドから飛び出さなければならない——もちろん、すべての技法から飛び出すことによって、そうしなければならない。

私はブッダたちによって教えられた様々な救済の技法を、想像力によって生み出された宝とみなしている。私は仏教の卓越した教義を、夢の中で見られる貴金属またはきわめて貴重な織物とみなしている。

ブッダはこう言う。私があなたに言っていることでさえ……たぶんそれは非常に貴重ではあるが、それは夢の中で見る貴金属、または宝石だ。

真実は言い表すことができない、それが私が常にあなたに話していることだ。それを言い表す瞬間、それは嘘になる。真実は語ることができない。それを言う瞬間、それは今やほとんど夢の一部になり、もはや真実ではない。

禅宗徒たちはこう言う。ブッダは決して生れず、決して地上を歩かず、決して一つの教えも説かず、決して誰かを彼の弟子(サニヤシン)に入門(イニシエイト)させなかった。それでも彼らはブッダを礼拝しに行く！　臨済は、それは馬鹿げていると言っていた。

ある懐疑的な哲学者が来て、彼は臨済がブッダは決して生れなかったと言っているのを聞いた。そしてちょうど臨済の後ろには、ブッダの大きな彫像があった。思索家が待っていると、臨済は、ブッダは決して何も教えなかった、と言った。実際、彼が決して存在しなかったのなら、どうやって彼は教えることができたのだろう？　そうして説教が終わった時、彼は彫像のところに行って、その足に触れて二、三の花を供えた。懐疑的な思索家は言った。

「待ってください！　すべてには限度というものがあります。これは度が過ぎています！　あなたは、この人は決して地上を歩かなかったと言いました。彼は決して教えなかったと言います。実際に、彼は決して存在しなかったと言います。それなら今、あなたは誰の足に触れているのですか？あなたは誰の足に触れていて、これらの花は誰に供えられているのですか？」

すると、臨済は笑ってこう言った。

「私がこれらの花をこの人に供えるのは、彼は教えたが、それでも彼は、『私はあなたに何も教えていない』と言ったからだ。彼は生まれたが、それでも彼は『生まれるものは誕生と死を超えている』と言った。彼は地上を歩いたが、それでも内側の深いところでは、彼は不動のままでいて、決して歩かなかった。車輪は動いたが、甑(こしき)はその場所に留まって、中心が定まっていた」

ブッダの教えは、途方もなく矛盾している。まず彼はあなたに「これをしなさい、それをしなさい」と教えて、それから彼は突然、「すべてを落としなさい。今、マインドの境界線が現れた。さあ、この最後の夢も落としなさい」と言う。

私はブッダたちの教えを、目の前にある空の花とみなしている。

あなたは時々、海辺で、岸に座って見守ったことがあるだろうか？――空を覗き込むと、空の中を花々が動いているのが見えるだろう。現在、科学者たちはそれらはイオンだと言う。またはウィルヘルム・ライヒに尋ねるなら、それらはオルゴン・エネルギーの粒子だと言う。眼科の専門医に尋ねるなら、彼らは、そこには何もない、あなたの視神経の内側の動きが、空の中に何らかの虚像を作っているだけだ、と言う。指で目を押すと、その花がもっと見える。これは空の花と呼ばれる――それは存在しないが、あなたはそれを見ることができる。そして目を動かすなら、それは降りて来たり上がったりする。ヨーヨーのようにそれで遊ぶことができる。しかしそれは存在せず、それは実存的ではない。

ブッダは言う。

私はブッダたちの教えを、目の前にある空の花とみなしている。

すべての教えは無意味だ。真実を教えることはできず、それをつかむことしかできない。それを教える方法はない。教えることによって、言葉を、教義を、信念を伝えることはできる。真実は、決してそのように伝えることはできない。しかしブッダと共に在ることで、それをつかむことができる……それは伝わりやすい。それゆえに、ブッダと共に在り、マスターと共に在り、光明を得た人と共に在ることのサットサングに価値がある。

「光明を得ること」、それはどういう意味だろう？　ブッダは単に次のことを意味すると言う。

私は涅槃（ニルヴァーナ）を、白昼夢または悪夢からの目覚めとみなしている。

彼は、あなたは夢の中に生きている、と言う。野心、欲望、千と一つの種類の貪欲、怒り、色欲、熱情という夢の中に。あなたは夢の中に生きている。ニルヴァーナ、光明とは、夢から出て来ること、ただ目覚めることに他ならない。その中にオカルト的なものは何もなく、秘教的なものは何もない。ブッダの教えに秘教的なものはない。彼は非常に単純だ。

彼はこれがすべてだと言う――世界の中に生きている人、世俗的な人、サンサーラ的な人（輪廻の中に生きている人）は夢の中にいる――それがすべてだ。

そして、ブッダとは夢から出て来た人だ。その違いは彼らの意識にあるのではない。その違いはただ、世俗的な人にはブッダよりも余分なものがある、というだけだ。ブッダには覚醒だけがある。世俗的な人には、ブッダよりも余分なものがある。ブッダには気づき、覚醒だけがある。世俗的な人は、気づきに加えて夢を持っている。そしてその夢のせいで、気づきは曇ってしまう――ちょうど太陽が曇で覆われると見えなくなるように。雲が消えると太陽はそこにある。しかし内なる光に関する限り、ブッダと無知な人の間に違いはない。彼らは同じものでできている。

私は異端と正統の間の争いを、六頭の神話的な龍のふざけた行動とみなしている。

そしてブッダは、伝統的なものと反伝統的なもの、正統と異端、有神論者と無神論者、そしてお互いに争い、議論し、証明し、反証している千と一つの種類の哲学や体系、それはすべてナンセンスだと言う。彼は、それは単なるゲーム、マインド・ゲーム、架空のものだと言う。それには何の重要性もない。理論や教義にあまり巻き込まれすぎてはいけない。それらは夢の一部だ。夢見の状態から出て来なさい。もっと気づくようになりなさい。

私は同一性の教義を、本性（リアリティ）の絶対的な地盤とみなしている。

これは彼の究極の断言だ、それに瞑想してごらん。

私は同一性の教義を、本性（リアリティ）の絶対的な地盤とみなしている。

ブッダはこう言う。ものは違っていない、それらは同じだ。それらはただ違うように見えるだけで、ただ違って現われるだけだ。そこにある木、岩、あなた、動物、そして星に違いはない。最も奥深い核では、本性(リアリティ)は全く同一だ。実質は同一であり、区別はない。区別は夢だ。

物理学者はその一つの本性を「電気」または「エネルギー」と呼ぶ。物質主義者、マルクス主義者、共産主義者はその本性を「物質」と呼ぶ。観念論者はその本性を「マインド」と呼ぶ。ヨーギはその本性を「意識」と呼ぶ。ブッダはその本性を「無」と呼ぶ。

さて、この「無」という言葉は非常に重要だ。

「無 nothingness」とは、物ではない no-thing-ness、という意味だ。物はない。すべての物は単なる形、夢に過ぎない。私たちは形において違っているだけで、形は単なる夢だ。それはまるで、金から多くの種類の飾りを作れるようなものだ。それらの形が、違う飾りが単なる夢であるのは、金がその本性だからだ。すべての形の背後には金がある。すべての形の背後には一つの本性がある。ブッダは、その同一性が本性の絶対的な地盤だ、と言う。

あなたが内側に入るなら、あなたは形から離れる。まず身体という形から離れる。それを観察したことがあるだろうか? 私の近くにいて瞑想する人々は、何度もその洞察に至る——そしてこれらの言説は、あなたが自分自身の洞察を持っている場合にだけ理解できる。でなければ、それらを理解することは不可能だ。瞑想している時、何度も自分の形を、自分の身体を忘れるということが起こる。あなたは自分が誰なのか、自分がどのように見えるのかがわからない。あなたは自分の顔を忘れる。実際、深い瞑想では、あなたは完全に自分の身体を忘れる。目を閉じる時、あなたは無形だ。あなたのマインドにも形がある。あなたはヒンドゥー教徒、キリスト教徒、イスラム教徒、ジャイナ教徒、仏教徒だ。そうするとあなたにはマインドの形がある。あなたはキリスト教徒の観点から考える。あなたには自分を定義する特定の存在証明(アイデンティティ)、教義がある。だが更に深く進むなら、マインドも消える。その時、あなたはもはやキリスト教徒ではない。
最も深い核では、あなたは身体でもマインドでもない。それならあなたは何だろう?

ブッダは言う——あなたは無 nothingness であり、物ではない no-thing-ness。今、あなたは物ではない。あなたは宇宙だ。あなたはどんな考えにも閉じ込められてなく、無限だ。あなたは常にそこにあったものであり、常に残るものだ。あなたは永遠だ。そうなると、あなたにとって誕生も死もない。あなたは空のようなものだ。雲は来ては去るが、空は雲に触れられないままでいる。何百万回も雲は往来してきたが、それでも空は純粋で汚れのないままだ。それは雲によって堕落したり汚染されたりしなかった。あなたは内なる空だ。そしてすべての形が消える時、内側も外側も消える。なぜならそれらも形だからだ。そうなると、内側のものも外側のものもない……一つであることが、同一性がある。
ブッダはそれを「神」とは呼ばない——それを「神」と呼ぶことで、あなたは再び形について考え始めるかもしれないからだ。しかし、それこそがまさに「神」という言葉が意味するものであり、または意味すべきものだ――神とは、すべての中に存在している同一性だ。
「神」とは存在を、在ること isness を意味する。木は在る、岩は在る、雲は在る、人は在る――形は違うが、在ることは同じだ。在ることに関する限り、木とあなたは同じだ。形は違う。木は緑色であなたは緑色ではない。木には花があるが、あなたにはどんな花もない。そして鳥は空を飛べるが、あなたは飛ぶことができない。しかしこれらは形の違いだ。だが在ることは同じだ。その在ることを見つめることが、瞑想のすべてだ。その在ることを認識するようになるのが、ニルヴァーナだ。

これが、この四十二章の経文の最後の経文、最後のメッセージだ。

これは四十二番目の経文で、ブッダの究極のメッセージだ。

私はあなたが、それを今すぐに理解できるだろうとは思わない。もちろん知的には理解できる。だが真の理解は、実存的でなければならない。あなたが内なる規律の道に従い、それを落とせるところまで来たなら、その理解は生じる。あなたが瞑想さえ障害物になるところまで瞑想の道に従い、それを落とすなら……。それはちょうど、一階から別の階へ階段で移動して、次の階に達した時には階段から離れるようなものだ。それに固執してはいけない。すべての技法は階段だ――またはブッダの用語では、すべての技法は舟のようなものだ。川を渡り、そして舟から離れ、それについてはすべて忘れなさい。

技法は使われて、それから落とさなければならない。それを最初から覚えていなければならない——なぜなら、あなたが技法に執着しすぎる可能性があるからだ。あなたは技法にしがみつくようになるほど執着する。あなたはそれを所有し始め、それはあなたを所有し始める。そうなると薬は病気になってしまう。

それは起こる。あなたは病気だ。あなたは薬を飲む。それで病気は消えるが、今あなたは薬を捨てることができない。あなたは薬に、薬品(ドラッグ)に慣れてしまった。病気が消えたら、すぐに薬を投げ捨てなさい。

瞑想 meditation は薬 medicine だ——あなたは病気だから、それを使わなければならない。健康になったなら、すぐにそれを落としなさい。

すべての方策はいつか落とさなければならないし、すべての経典はいつか落とさなければならない。ブッダは、自分の教えや技法さえ落とさなければならないと言う。これが彼の偉大さだ。

ツァラトゥストラが弟子たちに別れを告げていた時、彼が最後に弟子たちに言ったことを覚えておくがいい。それをあなたのハートに留めておきなさい。これが、ブッダが最後の経文で言っていることだ。

ツァラトゥストラは弟子たちに「今、私は立ち去る。そしてこれが私の最後のメッセージだ。ツァラトゥストラに気をつけなさい！」と言い、彼は立ち去った。

ツァラトゥストラに気をつけなさいだと？　マスターに気をつけなさい……なぜなら、あなたはあまりにも恋に落ち過ぎてしまう可能性があるからだ。あなたはあまりにも愛着し過ぎるようになる。真のマスターとは、あなたが恋に落ちるように手を貸して、それからあなたが自立してマスターから去ることができるように手助けする人だ。真のマスターは、決してあなたの松葉杖にはならない。決してだ！　彼はあなたがしがみつき過ぎていることに気づく前に、あなたの生から退き始める。なぜなら究極のゴールは自由だからだ。それはすべての松葉杖から、すべての支柱から、あらゆる規律、教義、技法から自由になることだ。すべてから自由になること、それがゴールだ。常にそのゴールを覚えておきなさい。そのゴールを覚えていることは、あなたが道に迷わないための役に立つ。

一つの小さな物語でこの講話を終えることにしよう。それはハシッド（ユダヤ神秘主義）の物語、「三人の囚人」だ。

「熾天使（セラフ）」と呼ばれたイスタリスクのラビ・ウリの死後、ハシッド派の一人がラビ・ビルンハムのところに行って、彼の弟子になりたいと言った。ラビ・ビルンハムは「あなたの教師はどんな方法で、あなたに奉仕することを指示したのだ？」と尋ねた。

「彼の方法は、」とハシッド派は言った。「私たちの心に人間性を植え付けることでした。そのため、貴族であれ学者であれ、彼のところに来た人は誰でも、まず市場の井戸で二つの大きなバケツを満たすか、または路上で、他の何らかのきつくて卑しい労働をしなければなりませんでした」

ラビ・ビルンハムは言った。

「あなたにある物語を話そう……二人は賢くて一人は馬鹿な三人の男が、一度夜のような暗い地下牢に入れられて、毎日食べ物と食器が彼らのところに運び降ろされた。暗闇と監禁状態の惨めさは、愚か者から最後のわずかな感覚を奪ったので、彼は食器の使い方がもうわからなくなり、見ることができなかった。仲間の一人が彼に見せたが、次の日には再び忘れていた。そのため賢い仲間は、絶えず彼に教えなければならなかった。しかし三人目の囚人は黙って座っていて、愚か者についていては気にしなかった」

「一度、二人目の囚人が彼に、なぜ助けようとしなかったのかと尋ねた。『見なさい』と彼は言った。『君は非常にがんばっているが、それでも決してゴールに達しないのは、毎日君のやることが台無しになっているからだ。しかし私はここに座っているが、ただ座っているだけではない。私は太陽光線が入れるように、そして私たち三人みんながすべてを見ることができるように、壁に穴を開けようとしているのだ』」

現在、世界には二つのタイプのマスターがいる。最初のタイプを私は教師と呼ぶ。彼はあなたに物事を、規律、美徳、品格を教えるが、次の日、あなたは忘れる。再び彼は、あなたに同じことを教えて、次の日また、あなたは忘れる。二番目を私はマスターと呼ぶ。彼はあなたに美徳を教えず、品格を教えず、普通の謙遜、謙虚さ、清貧を教えない——違う。彼は、光が差し込んであなたが自分自身を見ることができるように、あなたの存在に穴を開ける。彼はあなたを気づかせようとし、光で満たそうとする。それが真のマスターだ。東洋で私たちは彼を、正しいマスターという意味のサットグルと呼ぶ。教師は多いが、サットグルはほんの稀にしかいない。この差異を覚えておきなさい。

教師と一緒にいるなら善人になるかもしれないが、光明を得ることはできない。そしてあなたの善良さは、常に火山の上に留まっている。それはどんな瞬間にも、噴火する可能性がある。教師と一緒にいるなら、彼はあなたに外側のこと——自制する方法、善くある方法、奉仕者である方法、人々に奉仕する方法、非暴力的である方法、愛情深くて親切で、同情的である方法——を教える。彼は千と一つのことをあなたに教える。

あなたがマスターのところに来るなら、彼はただ一つのことを教える——それは気づく方法であり、光があなたの牢獄に入ることができるように、あなたの存在に穴を開ける方法だ。そしてその光の中で、すべては自発的に起こり始める。

そして物事が自発的に起こる時、それにはそれの美しさがある。その時、素晴らしい祝福がある。

ブッダの道　超越の道シリーズ❹

二〇二三年七月十二日　初版第一刷発行

講　話■ＯＳＨＯ
翻　訳■スワミ・ボーディ・デヴァヤナ（宮川義弘）
照　校■マ・ギャン・プーナム
装　幀■スワミ・アドヴァイト・タブダール
発行者■マ・ギャン・パトラ
発行所■市民出版社
〒一六七―〇〇四二
東京都杉並区西荻北一―十二―一　エスティーアイビル
電　話〇三―六九一三―五五七九
ＦＡＸ〇三―六九一三―五五八九
郵便振替口座：〇〇一七〇―四―七六三一〇五
e-mail：info@shimin.com
http://www.shimin.com
印刷所■シナノ印刷株式会社
Printed in Japan
ISBN978-4-88178-286-6 C0010 ¥2500E

●著者（OSHO）について

ＯＳＨＯの説くことは、個人レベルの探求から、今日の社会が直面している社会的あるいは政治的な最も緊急な問題の全般に及び、分類の域を越えています。彼の本は著述されたものではなく、さまざまな国から訪れた聴き手に向けて、即興でなされた講話のオーディオやビデオの記録から書き起こされたものです。

ＯＳＨＯは、「私はあなたがただけに向けて話しているのではない、将来の世代に向けても話しているのだ」と語ります。ＯＳＨＯはロンドンの「サンデー・タイムス」によって『二十世紀をつくった千人』の一人として、また米国の作家トム・ロビンスによって『イエス・キリスト以来、最も危険な人物』として評されています。

また、インドのサンデーミッドデイ誌はガンジー、ネルー、ブッダと共に、インドの運命を変えた十人の人物に選んでいます。

ＯＳＨＯは自らのワークについて、自分の役割は新しい人類が誕生するための状況をつくることだと語っています。彼はしばしば、この新しい人類を「ゾルバ・ザ・ブッダ」――ギリシャ人ゾルバの世俗的な享楽と、ゴータマ・ブッダの沈黙の静穏さの両方を享受できる存在として描き出します。

ＯＳＨＯの講話と瞑想の様々な面で一貫しているのは、過去のあらゆる時代を超えた知恵と、現代と未来の科学技術の最大の潜在力、その両者を網羅する展望です。

ＯＳＨＯはまた、内なる変容の科学への革命的な寄与――加速する現代生活を踏まえた瞑想へのアプローチによっても知られています。ＯＳＨＯ独特の「活動的瞑想法（アクティブメディテーション）」は、静けさと思考のないリラックスした状態を日々の生活へもたらすことができるように、心と体に蓄積されたストレスを最初に発散させるという目的で作られたものです。

●より詳しい情報については　http://**www.osho.com**　をご覧下さい。

多国語による総合的なウェブ・サイトで、ＯＳＨＯの書籍、雑誌、オーディオやビデオによるＯＳＨＯの講話、英語とヒンディー語のＯＳＨＯライブラリーのテキストアーカイブやＯＳＨＯ瞑想の広範囲な情報を含んでいます。

ＯＳＨＯマルチバーシティのプログラムスケジュールと、ＯＳＨＯインターナショナル・メディテーションリゾートについての情報が見つかります。

●ウェブサイト

http://.osho.com/Resort
http://.osho.com/AllAboutOSHO
http://www.youtube.com/OSHOinternational
http://www.Twitter.com/OSHOtimes
http://www.facebook.com/pages/OSHO.International

◆問い合わせ　Osho International Foundation ; www.osho.com/oshointernational,
oshointernational@oshointernational.com

●OSHOインターナショナル・メディテーション・リゾート

場所：インドのムンバイから百マイル（約百六十キロ）東南に位置する、発展する近代都市プネーにあるOSHOインターナショナル・メディテーション・リゾートは、通常とはちょっと異なる保養地です。すばらしい並木のある住宅区域の中にあり、二十八エーカーを超える壮大な庭園が広がっています。

OSHO瞑想：あらゆるタイプの人々を対象としたスケジュールが一日中組まれています。それには、活動的であったり、そうでなかったり、伝統的であったり、画期的であったりする技法、そして特にOSHOの活動的（アクティブ）な瞑想が含まれています。瞑想は、世界最大の瞑想ホールであるOSHOオーディトリアムで行なわれます。

マルチバーシティー：個人セッション、各種のコース、ワークショップがあり、それらは創造的芸術からホリスティック健康管理、個人的な変容、人間関係や人生の移り変わり、瞑想としての仕事、秘教的科学、そしてスポーツやレクリエーションに対する禅的アプローチなど、あらゆるものが網羅されています。マルチバーシティーの成功の秘訣は、すべてのプログラムが瞑想と結びついている事にあり、私達が、部分部分の集まりよりもはるかに大きな存在であるという理解を促します。

バショウ（芭蕉）・スパ：快適なバショウ・スパは、木々と熱帯植物に囲まれた、ゆったりできる屋外水泳プールを提供しています。独特のスタイルを持った、ゆったりしたジャグジー、サウナ、ジム、テニスコート……そのとても魅力的で美しい環境が、すべてをより快適なものにしています。

料理：多様で異なった食事の場所では、おいしい西洋やアジアの、そしてインドの菜食料理を提供しています。それらのほとんどは、特別に瞑想リゾートのために有機栽培されたものです。パンとケーキは、リゾート内のベーカリーで焼かれています。

ナイトライフ：夜のイベントはたくさんあり、その一番人気はダンスです。その他には、夜の星々の下での満月の日の瞑想、バラエティーショー、音楽演奏、そして毎日の瞑想が含まれています。

　あるいは、プラザ・カフェでただ人々と会って楽しむこともできるし、このおとぎ話のような環境にある庭園の、夜の静けさの中で散歩もできます。

設備：基本的な必需品のすべてと洗面用具類は、「ガレリア」で買うことができます。「マルチメディア・ギャラリー」では、ＯＳＨＯのあらゆるメディア関係の品物が売られています。また銀行、旅行代理店、そしてインターネットカフェもあります。ショッピング好きな方には、プネーはあらゆる選択肢を与えてくれます。伝統的で民族的なインド製品から、すべての世界的ブランドのお店まであります。

宿泊：ＯＳＨＯゲストハウスの上品な部屋に宿泊する選択もできますし、より長期の滞在には、住み込みで働くプログラム・パッケージの一つを選べます。さらに、多種多様な近隣のホテルや便利なアパートもあります。

www.osho.com/meditationresort
www.osho.com/guesthouse
www.osho.com/livingin

日本各地の主なOSHO瞑想センター

OSHOに関する情報をさらに知りたい方、実際に瞑想を体験してみたい方は、お近くのOSHO瞑想センターにお問い合わせ下さい。

参考までに、各地の主なOSHO瞑想センターを記載しました。尚、活動内容は各センターによって異なりますので、詳しいことは直接お確かめ下さい。

◆東京◆

・**OSHOサクシン瞑想センター**　Tel & Fax 03-5382-4734
マ・ギャン・パトラ　〒167-0042　東京都杉並区西荻北1-7-19
e-mail osho@sakshin.com　http://www.sakshin.com

・**OSHOジャパン瞑想センター**
マ・デヴァ・アヌパ　Tel 03-3701-3139
〒158-0081　東京都世田谷区深沢5-15-17

◆大阪、兵庫◆

・**OSHOナンディゴーシャインフォメーションセンター**
スワミ・アナンド・ビルー　Tel & Fax 0669-74-6663
〒537-0013　大阪府大阪市東成区大今里南1-2-15 J&Kマンション302

・**OSHOインスティテュート・フォー・トランスフォーメーション**
マ・ジーヴァン・シャンティ、スワミ・サティヤム・アートマラーマ
〒655-0014　兵庫県神戸市垂水区大町2-6-B-143
e-mail j-shanti@titan.ocn.ne.jp　Tel & Fax 078-705-2807

・**OSHOマイトリー瞑想センター**
スワミ・デヴァ・ヴィジェイ　Tel & Fax 0798-72-2508
〒662-0026　兵庫県西宮市獅子が口町1番16号　夙川ライムヴィラ104
e-mail mysticunion@mbn.nifty.com　http://mystic.main.jp

・**OSHOターラ瞑想センター**　Tel 090-1226-2461
マ・アトモ・アティモダ
〒662-0018　兵庫県西宮市甲陽園山王町2-46　パインウッド

・**OSHOインスティテュート・フォー・セイクリッド・ムーヴメンツ・ジャパン**
スワミ・アナンド・プラヴァン
〒662-0018　兵庫県西宮市甲陽園山王町2-46　パインウッド
Tel & Fax 0798-73-1143　http://homepage3.nifty.com/MRG/

・**OSHOオーシャニック・インスティテュート** Tel 0797-71-7630
スワミ・アナンド・ラーマ　〒665-0051　兵庫県宝塚市高司1-8-37-301
e-mail oceanic@pop01.odn.ne.jp

◆愛知◆

・**OSHO 庵瞑想センター**　Tel & Fax 0565-63-2758
スワミ・サット・プレム　〒444-2326 愛知県豊田市国谷町柳ヶ入２番
e-mail satprem@docomo.ne.jp

・**OSHO EVENTS センター**　Tel & Fax 052-702-4128
マ・サンボーディ・ハリマ
〒465-0058　愛知県名古屋市名東区貴船 2-501 メルローズ 1 号館 301
e-mail: dancingbuddha@magic.odn.ne.jp

◆その他◆

・**OSHO チャンパインフォメーションセンター**　Tel & Fax 011-614-7398
マ・プレム・ウシャ　〒064-0951　北海道札幌市中央区宮の森一条 7-1-10-703
e-mail ushausha@lapis.plala.or.jp
http:www11.plala.or.jp/premusha/champa/index.html

・**OSHO インフォメーションセンター**　Tel & Fax 0263-46-1403
マ・プレム・ソナ　〒390-0317　長野県松本市洞 665-1
e-mail sona@mub.biglobe.ne.jp

・**OSHO インフォメーションセンター**　Tel & Fax 0761-43-1523
スワミ・デヴァ・スッコ　〒923-0000　石川県小松市佐美町申 227

・**OSHO インフォメーションセンター広島**　Tel 082-842-5829
スワミ・ナロパ、マ・ブーティ 〒739-1733　広島県広島市安佐北区口田南 9-7-31
e-mail prembhuti@blue.ocn.ne.jp http://now.ohah.net/goldenflower

・**OSHO フレグランス瞑想センター**　Tel 090-8499-5558
スワミ・ディークシャント　〒857-2326　長崎県西海市大瀬戸町雪浦下郷 1262
雪浦ブルーロータス内
e-mail: studio.emptysky@gmail.com　http://osho-fragrance.com

・**OSHO ウツサヴァ・インフォメーションセンター**　Tel 0974-62-3814
マ・ニルグーノ　〒878-0005　大分県竹田市大字挟田 2025
e-mail: light@jp.bigplanet.com　http://homepage1.nifty.com/UTSAVA

◆インド・プネー◆

OSHO インターナショナル・メディテーション・リゾート
Osho International Meditation Resort
17 Koregaon Park Pune 411001 (MS) INDIA
Tel 91-20-4019999　Fax 91-20-4019990
http://www.osho.com
e-mail : oshointernational@oshointernational.com

＜OSHO 講話 DVD　日本語字幕スーパー付＞

■価格は全て税別です。※送料／DVD 1 本¥260　2～3 本¥320　4～5 本¥360　6～10 本¥460

■ **道元 7** —1 日をブッダとして生きなさい—

偉大なる禅師・道元の『正法眼蔵』を題材に、すべての人の内にある仏性に向けて語られる目醒めの一打。

『一瞬といえども二度と再びあなたの手には戻ってこない、過ぎ去ったものは永久に過ぎ去ってしまったのだ』。一茶の俳句など、様々な逸話を取り上げながら説かれる、好評道元シリーズ第 7 弾！（瞑想リード付）

●本編 117 分　●￥3,800（税別）● 1988 年プネーでの講話

■ **道元 6** —あなたはすでにブッダだ—（瞑想リード付）

●本編 2 枚組 131 分　●￥4,380（税別）● 1988 年プネーでの講話

■ **道元 5** —水に月のやどるがごとし—（瞑想リード付）

●本編 98 分　●￥3,800（税別）● 1988 年プネーでの講話

■ **道元 4** —導師との出会い・覚醒の炎—（瞑想リード付）

●本編 2 枚組 139 分　●￥4,380（税別）● 1988 年プネーでの講話

■ **道元 3**—山なき海・存在の巡礼—（瞑想リード付）

●本編 2 枚組 123 分　●￥3,980（税別）● 1988 年プネーでの講話

■ **道元 2** —輪廻転生・薪と灰—（瞑想リード付）

●本編 113 分　●￥3,800（税別）● 1988 年プネーでの講話

■ **道元 1**—自己をならふといふは自己をわするるなり—（瞑想リード付）

●本編 105 分　●￥3,800（税別）● 1988 年プネーでの講話

■ **禅宣言 3**　—待つ、何もなくただ待つ—（瞑想リード付）

禅を全く新しい視点で捉えた OSHO 最後の講話シリーズ。「それこそが禅の真髄だ—待つ、何もなくただ待つ。この途方もない調和、この和合こそが禅宣言の本質だ（本編より）」

●本編 2 枚組 133 分●￥4,380（税別）● 1989 年プネーでの講話（瞑想リード付）

■ **禅宣言 2**　—沈みゆく幻想の船—（瞑想リード付）

深い知性と大いなる成熟へ向けての禅の真髄を語る、OSHO 最後の講話シリーズ。あらゆる宗教の見せかけの豊かさと虚構をあばき、全ての隷属を捨て去った真の自立を説く。

●本編 2 枚組 194 分●￥4,380（税別）● 1989 年プネーでの講話

■ **禅宣言 1**—自分自身からの自由—（瞑想リード付）

禅の真髄をあますところなく説き明かす、OSHO 最後の講話シリーズ。古い宗教が崩れ去る中、禅を全く新しい視点で捉え、人類の未来への新しい地平を拓く。

●本編 2 枚組 220 分　●￥4,380（税別）● 1989 年プネーでの講話

■ **内なる存在への旅** －ボーディダルマ 2－

ボーディダルマはその恐れを知らぬ無法さゆえに、妥協を許さぬ姿勢ゆえに、ゴータマ・ブッダ以降のもっとも重要な＜光明＞の人になった。

●本編 88 分　●￥3,800（税別）● 1987 年プネーでの講話

■ **孤高の禅師** ボーディダルマ—求めないことが至福—

菩提達磨語録を実存的に捉え直す。中国武帝との邂逅、禅問答のような弟子達とのやりとり、奇妙で興味深い逸話を生きた禅話として展開。「“求めないこと” がボーディダルマの教えの本質のひとつだ」

●本編 2 枚組 134 分　●￥4,380（税別）● 1987 年プネーでの講話

＜OSHO 講話 DVD 日本語字幕スーパー付＞

■価格は全て税別です。※送料／DVD 1本¥260　2～3本¥320　4～5本¥360　6～10本¥460

■ 無意識から超意識へ — 精神分析とマインド—

「新しい精神分析を生み出すための唯一の可能性は、超意識を取り込むことだ。そうなれば、意識的なマインドには何もできない。超意識的なマインドは、意識的なマインドをその条件付けから解放できる。 そうなれば人は大いなる意識のエネルギーを持つ。OSHO」その緊迫した雰囲気と、内容の濃さでも定評のあるワールドツアー、ウルグアイでの講話。

●本編 91 分　●￥3,800（税別）● 1986 年ウルグアイでの講話

■ 大いなる目覚めの機会— ロシアの原発事故を語る—

死者二千人を超える災害となったロシアのチェルノブイリ原発の事故を通して、災害は、実は目覚めるための大いなる機会であることを、興味深い様々な逸話とともに語る。

●本編 87 分　●￥3,800（税別）● 1986 年ウルグアイでの講話

■ 過去生とマインド— 意識と無心、光明—

過去生からの条件付けによるマインドの実体とは何か。どうしたらそれに気づけるのか、そして意識と無心、光明を得ることの真実を、インドの覚者 OSHO が深く掘り下げていく。

●本編 85 分　●￥3,800（税別）● 1986 年ウルグアイでの講話

■ 二つの夢の間に —チベット死者の書・バルドを語る—

バルドと死者の書を、覚醒への大いなる手がかりとして取り上げる。死と生の間、二つの夢の間で起こる覚醒の隙間——「死を前にすると、人生を一つの夢として見るのはごく容易になる」

●本編 83 分　●￥3,800（税別）● 1986 年ウルグアイでの講話

■ からだの神秘 —ヨガ、タントラの科学を語る—

五千年前より、自己実現のために開発されたヨガの肉体からのアプローチを題材に展開される OSHO の身体論。身体、マインド、ハート、気づきの有機的なつながりと、その変容のための技法を明かす。

●本編 95 分　●￥3,800（税別）● 1986 年ウルグアイでの講話

■ 苦悩に向き合えばそれは至福となる—痛みはあなたが創り出す—

「苦悩」という万人が抱える内側の闇に、覚者 OSHO がもたらす「理解」という光のメッセージ。「誰も本気では自分の苦悩を払い落としてしまいたくない。少なくとも苦悩はあなたを特別な何者かにする」

●本編 90 分　●￥3,800（税別）● 1985 年オレゴンでの講話

■ 新たなる階梯 —永遠を生きるアート—

これといった問題はないが大きな喜びもない瞑想途上の探求者に OSHO が指し示す新しい次元を生きるアート。

●本編 86 分　●￥3,800（税別）● 1987 年プネーでの講話

■ サンサーラを超えて—菜食と輪廻転生— ※ VHS ビデオ版有。

あらゆる探求者が求めた至高の境地を、ピュタゴラスの＜黄金詩＞を通してひもとく。菜食とそれに深く関わる輪廻転生の真実、過去生、進化論、第四の世界などを題材に語る。

●本編 103 分　●￥3,800（税別）● 1978 年プネーでの講話

※ DVD、書籍等購入ご希望の方は市民出版社迄お申し込み下さい。（価格は全て税別です）
郵便振替口座：市民出版社　00170-4-763105
※日本語訳ビデオ、オーディオ、CD の総合カタログ（無料）ご希望の方は市民出版社迄。

発売 (株)市民出版社 www.shimin.com
TEL. 03-6913-5579
FAX. 03-6913-5589

< OSHO 既刊書籍 > ■価格は全て税別です。

伝記

OSHO・反逆の軌跡—異端の神秘家・魂の伝記

■著／ヴァサント・ジョシ

OSHO の生涯と活動を、余すところなく弟子が綴る魂の伝記。悩み惑う日常からの脱却と、自己本来の道への探求を促す自由と覚醒の足跡。誕生から始まる劇的な生涯そのものが、まさに OSHO の教えであることを示す貴重な書。

<内容> ●青少年期：冒険の年 ●光明 ●ワールドツアー ●あなたに私の夢を託す 他

■ A5 変判並製 400 頁 ¥2,600（税別） 送料 ¥390

新装版 朝の目覚めに贈る言葉
新装版 夜眠る前に贈る言葉
—魂に語りかける 365 日のメッセージ集

眠る前の最後の思考は、朝目覚める時の最初の思考になる。特別に朝と夜のために編まれた OSHO の言葉。生きることの根源的な意味と、自分を見つめ活力が与えられる覚者からの 365 日のメッセージ。コンパクトサイズでギフトにも最適。

<朝> B6 変判並製 584 頁 2,300 円（税別） 送料 390 円
<夜> B6 変判並製 568 頁 2,200 円（税別） 送料 390 円

探求

奇跡の探求 I , II
—内的探求とチャクラの神秘

内的探求と変容のプロセスを秘教的領域にまで奥深く踏み込み、説き明かす。II は七つのチャクラと七身体の神秘を語る驚くべき書。男女のエネルギーの性質、クンダリーニ、タントラ等への深い洞察が全編を貫く。

■ I ：四六判上製 488 頁 2,800 円（税別）／送料 390 円
■ II ：四六判並製 488 頁 2,450 円（税別）／送料 390 円

瞑想の道—自己探求の段階的ガイド
<ディヤン・スートラ新装版>

■四六判並製 328 頁 2,200 円（税別）／送料 390 円

死ぬこと 生きること
— 死の怖れを超える真実

■四六判並製 448 頁 2,350 円（税別）／送料 390 円

魂のヨーガ
— パタンジャリのヨーガスートラ

■四六判並製 408 頁 2,300 円（税別）／送料 390 円

グレート・チャレンジ
— 超越への対話

■四六判上製 382 頁 2,600 円（税別）／送料 390 円

探求の詩（うた）
— インドの四大マスターの一人、ゴラクの瞑想の礎

■四六判並製 608 頁 2,500 円（税別）／送料 390 円

新瞑想法入門— OSHO の瞑想法集大成

禅、密教、ヨーガ、タントラ、スーフィなどの古来の瞑想法から、現代人のための OSHO 独自の瞑想まで、わかりやすく解説。瞑想の本質や原理、探求者の質問にも的確な道を指し示す。真理を求める人々必携の書。

■ A 5 判並製 520 頁 3,280 円（税別）／送料 390 円

真理の泉
—魂の根底をゆさぶる真理への渇望

■四六判並製 448 頁 2,350 円（税別）／送料 390 円

アティーシャの知恵の書
（上）（下）—みじめさから至福へ

■上：四六判並製 608 頁 2,480 円（税別）／送料 390 円
■下：四六判並製 450 頁 2,380 円（税別）／送料 390 円

インナージャーニー
— 内なる旅・自己探求のガイド

■四六判並製 304 頁 2,200 円（税別）／送料 320 円

隠された神秘— 秘宝の在処

■四六判上製 304 頁 2,600 円（税別）／送料 390 円

愛の道— 機織り詩人カビールの講話

■ A5 判並製 360 頁 2,380 円（税別）／送料 390 円

＜OSHO 既刊書籍＞ ■価格は全て税別です。

＜超越の道シリーズ　全４巻＞ 送料各￥390

❶ブッダ―最大の奇跡
❷ブッダの悟り
❸ブッダの真実
❹ブッダの道

仏教経典は何千も存在するが、真の理解は困難を極める。OSHOが初めてブッダを紹介したこの講話では、最初の手引きとして短い『42章経』が選ばれた。

仏教の本質をすべて含むこの『42章経』の講話は、OSHOからの慈悲のメッセージでもある。

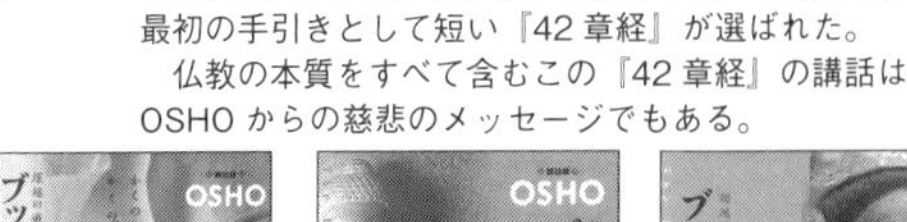

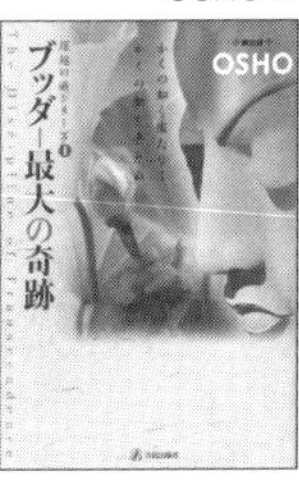

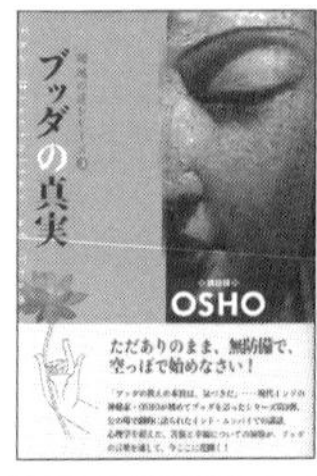

1 ■四六判並製　￥2,450(税別)
2 ■四六判並製　￥2,500(税別)
3 ■四六判並製　￥2,500(税別)
4 ■四六判並製　￥2,500(税別)

112の瞑想秘法の書 上・下巻

●ロングセラータントラ秘法の書シリーズ１巻〜10巻を収録

ロングセラー「タントラ秘法の書シリーズ」全10巻を、待望の上下２巻で刊行！シリーズ１巻〜10巻までの80講話、10冊分を２冊分に完全収録のボリュームは、あらゆる瞑想法を網羅した必見の書。

＜内容＞■上巻　第一部　内なる宇宙の発見〜第五部　愛の円環
　　　　■下巻　第六部　覚醒の深みへ〜第十部　空の哲学

■ A5判上製／各5,300円(税別) 送料各￥500

心理学を超えて Ⅰ,Ⅱ― 珠玉の質疑応答録シリーズ

ウルグアイの講話１

内容の濃さで定評のあるウルグアイでの講話。

探求者の質問に親密に答え、光明や涅槃、古今東西の神秘家、テロリズムや社会問題をも取り上げる。人類の未来への可能性と道を示す広大で多岐に渡る内容を、博覧強記の現代の覚者OSHOが縦横無尽に語り尽くす。

＜内容＞　●真理ほど人を不快にさせるものはない　●世間こそワークの場だ　他

■Ⅰ：四六判並製　472頁　￥2,450(税別) 送料￥390
■Ⅱ：四六判並製　512頁　￥2,500(税別) 送料￥390

神秘家の道 ウルグアイの講話２

― ウルグアイでの質疑応答録シリーズ

少人数の探求者に親密に語られた珠玉の質疑応答録。

■四六判並製 896頁 3,580円(税別)／送料390円

炎の伝承 Ⅰ,Ⅱ ウルグアイの講話３

― ウルグアイでの質疑応答録シリーズ

■Ⅰ：四六判並製 496頁 2,695円(税別)／送料390円
■Ⅱ：四六判並製 496頁 2,695円(税別)／送料390円

究極の錬金術 Ⅰ,Ⅱ

― 自己礼拝 ウパニシャッドを語る

■Ⅰ：四六判並製 592頁 2,880円(税別)／送料390円
■Ⅱ：四六判並製 544頁 2,800円(税別)／送料390円

・代金引換郵便（要手数料￥300）の場合は商品到着時に支払。・郵便振替、現金書留の場合には代金を前もって送金して下さい。

こころでからだの声を聴く

― ボディマインドバランシング　ガイド瞑想CD付

OSHOが語る実際的身体論。最も身近で未知なる宇宙「身体」について、多彩な角度からその神秘と英知を語り尽くす。ストレス・不眠・加齢・断食など多様な質問にも具体的対処法を提示。

■ A5判変型並製 256頁 2,400円(税別)／送料390円

■価格は全て税別です。

神秘家 **エンライトメント** ●アシュタバクラの講話	インド古代の12才の覚者・アシュタバクラと比類なき弟子・帝王ジャナクとの対話を題材に、技法なき気づきの道についてOSHOが語る。 ■ A5判並製／504頁／2,800円 〒390円
ラスト・モーニング・スター ●女性覚者ダヤに関する講話	過去と未来の幻想を断ち切り、今この瞬間から生きること――。スピリチュアルな旅への愛と勇気、究極なるものとの最終的な融合を語りながら時を超え死をも超える「永遠」への扉を開く。 ■ 四六判並製／568頁／2,800円 〒390円
シャワリング・ウィズアウト・クラウズ ●女性覚者サハジョの詩	光明を得た女性神秘家サハジョの、「愛の詩」について語られた講話。女性が光明を得る道、女性と男性のエゴの違いや、落とし穴に光を当てる。 ■ 四六判並製／496頁／2,600円 〒390円
禅 **無水無月** ●ノーウォーター・ノームーン	禅に関する10の講話集。光明を得た尼僧千代能、白隠、一休などをテーマにした、OSHOならではの卓越した禅への理解とユニークな解釈。OSHOの禅スティック、目覚めへの一撃。 ■ 四六判上製／448頁／2,650円 〒390円
そして花々は降りそそぐ ●パラドックスの妙味・11の禅講話	初期OSHOが語る11の禅講話シリーズ。「たとえ死が迫っていても、師を興奮させるのは不可能だ。彼を驚かせることはできない。完全に開かれた瞬間に彼は生きる」――OSHO ■ 四六判並製／456頁／2,500円 〒390円
書簡 **知恵の種子** ●ヒンディ語初期書簡集	OSHOが親密な筆調で綴る120通の手紙。列車での旅行中の様子や四季折々の風景、日々の小さな出来事から自己覚醒、愛、至福へと導いていく。講話とはひと味違った感覚で編まれた書簡集。 ■ A5判変型上製／288頁／2,300円 〒320円
インド **私の愛するインド** ●輝ける黄金の断章	光明を得た神秘家や音楽のマスターたちや類まれな詩などの宝庫インド。真の人間性を探求する人々に、永遠への扉であるインドの魅惑に満ちたヴィジョンを、多面的に語る。 ■ A4判変型上製／264頁／2,800円 〒390円
タントラ **サラハの歌** ●タントラ・ヴィジョン 新装版	タントラの祖師・サラハを語る。聡明な若者サラハは仏教修行僧となった後、世俗の女性覚者に導かれ光明を得た。サラハが国王のために唄った40の詩を題材に語るタントラの神髄！ ■四六判並製／480頁／2,500円〒390円
タントラの変容 ●タントラ・ヴィジョン 2	光明を得た女性と暮らしたタントリカ、サラハの経文を題材に語る瞑想と愛の道。恋人や夫婦の問題等、探求者からの質問の核を掘り下げ、内的成長の鍵を明確に語る。 ■ 四六判並製／480頁／2,500円 〒390円
スーフィ **ユニオ・ミスティカ** ●スーフィ、悟りの道	イスラム神秘主義、スーフィズムの真髄を示すハキーム・サナイの「真理の花園」を題材に、OSHOが語る愛の道。「この本は書かれたものではない。彼方からの、神からの贈り物だ」OSHO ■ 四六判並製／488頁／2,480円 〒390円
ユダヤ **死のアート** ●ユダヤ神秘主義の講話	生を理解した者は、死を受け入れ歓迎する。その人は一瞬一瞬に死に、一瞬一瞬に蘇る。死と生の神秘を解き明かしながら生をいかに強烈に、トータルに生ききるかを余すところなく語る。 ■四六判並製／416頁／2,400円 〒390円

数秘&タロット&その他

■ **わたしを自由にする数秘**―本当の自分に還るパーソナルガイド／著／マ・プレム・マンガラ
<内なる子どもとつながる新しい数秘> 誕生日で知る幼年期のトラウマからの解放と自由。 同じ行動パターンを繰り返す理由に気づき、あなた自身を解放する数の真実。無意識のパターンから自由になるガイドブック。 A5 判並製 384 頁 2,600 円（税別）送料 390 円

■ **直感のタロット**―人間関係に光をもたらす実践ガイド／著／マ・プレム・マンガラ
<クロウリー トートタロット使用 ※タロットカードは別売 > 意識と気づきを高め、自分の直感を通してカードを学べる完全ガイド本。初心者にも、正確で洞察に満ちたタロット・リーディングができます。 A5 判並製 368 頁 2,600 円（税別）送料 390 円

■ **和尚との至高の瞬間**―著／マ・プレム・マニーシャ
OSHO の講話の質問者としても著名なマニーシャの書き下ろし邦訳版。常に OSHO と共に過ごした興味深い日々を真摯に綴る。 四六判並製 256 頁 1,900 円（税別）送料 320 円

＜瞑想 CD ＞

■価格は全て税別です。

メディテイティブ・ヨガ
全10曲
61分41秒

◆チンマヤ、ジョシュア 他

¥2,622（税別）

シタールをはじめとする東洋の楽器で彩られた、くつろぎと瞑想的な音作りで定評のある東西の一流ミュージシャンの秀曲を、ヨガや各種エクササイズに適した流れで再構成。各曲独自の音階が各チャクラにも働きかけます。

マンダラ瞑想
全4ステージ
60分

◆デューター

¥2,913（税別）

強力な発散浄化法のひとつで、エネルギーの環を創り出し、中心への定まりをもたらす瞑想法。各15分の4ステージ。目を開けたままその場で駆け足をし、次に回転を伴う動きを上半身、眼球の順に行ない、最後は静かに静止する。

ノーディメンション瞑想
全3ステージ
60分

◆シルス&シャストロ

¥2,913（税別）

グルジェフとスーフィのムーヴメントを発展させたセンタリングのメソッド。この瞑想は旋回瞑想(ワーリング)の準備となるだけでなく、センタリング(中心を定める)のための踊りでもある。3つのステージからなり、一連の動作と旋回、沈黙へと続く。

グリシャンカール瞑想
全4ステージ
60分

◆デューター

¥2,913（税別）

呼吸を使って第三の目に働きかける、各15分4ステージの瞑想法。第一ステージで正しい呼吸が行われることで、血液の中に増加形成される二酸化炭素がまるでエベレスト山の山頂にいるかのごとく感じられる。

ワーリング瞑想
全2ステージ
60分

◆デューター

¥2,913（税別）

内なる存在が中心で全身が動く車輪になったかのように旋回し、徐々に速度を上げていく。体が自ずと倒れたらうつ伏せになり、大地に溶け込むのを感じる。旋回を通して内なる中心を見出し変容をもたらす瞑想法。

ナーダ　ヒマラヤ
全3曲
50分28秒

◆デューター

¥2,622（税別）

ヒマラヤに流れる白い雲のように優しく深い響きが聴く人を内側からヒーリングする。チベッタンベル、ボウル、チャイム、山の小川の自然音。音が自分の中に響くのを感じながら、音と一緒にソフトにハミングする瞑想。

◆瞑想実践 CD◆ バルド瞑想（CD4枚組）

再誕生への道案内　チベット死者の書に基づくガイド瞑想

定価：本体 4,660円+税
送料 320円
180分（CD4枚組構成）

死に臨む人は、肉体の死後、再誕生に向けて旅立ちます。その道案内ともいうべきチベットの経典「チベット死者の書」を、現代人向けにアレンジしたのが、この「バルド瞑想」です。

バルドとは、死後、人が辿る道のりのことで、「死者の書」は、その道筋を詳細に著しています。人類の遺産ともいうべきこの書を、生きているうちから体験するために、このガイド瞑想は制作されました。意識的な生と死のための瞑想実践ＣＤです。◆制作・ヴィートマン　◆音楽・チンマヤ

【内容】

- ■ Part 1 原初の澄み渡る光の出現　第二の澄み渡る光の出現
- ■ Part 2 心の本来の姿の出現　バルドの1日目から49日目
- ■ Part 3 再生へ向かうバルド　再生のプロセス、子宮の選び方